DIE DAGOBERTAS

Irmtraud Potkowski
Judith Rauch
Andrea Sauter

Die
Dagobertas

Frauen
erobern
die Welt
des Geldes

Deutsche Verlags-Anstalt
Stuttgart München

Die Deutsche Bibliothek –
CIP-Einheitsaufnahme

Ein Titeldatensatz für diese
Publikation ist bei
Der Deutschen Bibliothek erhältlich

ISBN 3-421-05560-2

© 2001 by Deutsche Verlags-Anstalt GmbH
Stuttgart München

Alle Rechte vorbehalten

Typografie & Satz
schack verlagsherstellung, Dortmund

Grafik
Klasmeier-Design, Dortmund

Druck & Bindearbeit
Wiener Verlag, Himberg

INHALT

5. DER FESTE BODEN UNTER DEN FÜSSEN

6. VIELE WEGE FÜHREN ZUM ZIEL

9. Geld, Liebe und eine Reise nach New York

Vorwort

Dies ist ein praktisches Buch. Ein Buch aus der Praxis für die Praxis. Die drei Autorinnen wissen, wovon sie reden, wenn es ums Thema »Frauen und Geld« geht. Irmtraud Potkowski und Andrea Sauter sind Finanzplanerinnen. Tag für Tag beraten sie Frauen in den verschiedensten Lebenslagen zum Thema Geld. Sie planen mit ihnen ihre finanzielle Zukunft, helfen ihnen dabei, sich richtig zu versichern und ihr Geld gewinnbringend anzulegen. Aber sehr oft muss noch etwas vorausgehen: die Klärung der Frage, welche Werte und welche Ziele die betreffende Frau im Leben hat. Dann wird Finanzplanung zur Lebensplanung.

Irmtraud Potkowski und Andrea Sauter sind auch die Gründerinnen des erfolgreichen Fraueninvestmentclubs Dagoberta in Ludwigsburg bei Stuttgart. Im ersten Kapitel erfahren sie mehr über diese sehr aktiven Damen, die unserem Buch den Namen gaben.

Judith Rauch, die dritte Autorin, ist Journalistin. Sie hat sich als Redakteurin der feministischen Zeitschrift *Emma* bereits Ende der 80er Jahre mit dem Thema »Frauen und Geld« beschäftigt. Später hat sie als Reporterin der Zeitschrift *Das Beste/Reader's Digest* und als freie Journalistin die unterschiedlichsten Frauen- und Männerwelten kennen gelernt. Und oft über beide gestaunt.

Übrigens: Alle Fallgeschichten (»Stories«), die Sie in diesem Buch lesen können, sind authentische Erlebnisse von Frauen aus den Dagoberta-Clubs. Nur die Namen und einige persönliche Details wurden verändert, um die Privatsphäre der Frauen zu wahren.

Und ein bisschen Statistik haben wir auch betrieben: eine Umfrage zum Thema Geld, an der sich die Mehrzahl der 161 Dagobertas im März und April 2001 freiwillig und anonym beteiligte. Die Ergebnisse finden Sie an verschiedenen Stellen in diesem Buch.

Als Leserin haben Sie mehrere Möglichkeiten, mit diesem Buch umzugehen. Sie können es lesen, einfach nur lesen. Vom Anfang bis zum Ende. Oder auch nur einige Kapitel. Sie werden dann sicherlich interessante und nützliche Informationen erhalten, einiges über die Dagobertas erfahren und sich sehr wahrscheinlich gut unterhalten.

Wenn Sie aber an Ihrer finanziellen Situation wirklich etwas ändern wollen, so geht dies über den Informationskonsum hinaus. Veränderungen setzen Handlungen voraus!

Sie müssen also selbst aktiv werden. Das heißt: Sie sollten sich zuallererst auf die Suche nach einem Bleistift begeben. Denn es gibt Checklisten in diesem Buch, die auf Ihre Antworten warten. Acht sind es – acht Schritte auf dem Weg zur Geld-Kompetenz.

So gerüstet, können Sie sich mit diesem Buch auf den Weg machen – auf den Weg in Ihre ganz persönliche finanzielle Zukunft.

Übrigens: Probieren Sie Ihren Bleistift doch gleich einmal auf den nächsten zwei Seiten aus!

Warum haben Sie dieses Buch gekauft?

_____

_____

_____

_____

_____

_____

_____

Wenn Sie vollkommen frei wählen könnten, was würden Sie im kommenden Sommer am liebsten tun?

_____

_____

_____

_____

_____

_____

... und warum tun Sie es nicht ?

1. Dagoberta – und Geld macht doch glücklich !

Ich will reich werden!

Über Träume, Reichtum und Angst. Und: Wie dieses Buch beim Reich- und Glücklichwerden hilft

Träumen Sie manchmal davon, reich zu sein? In einer Badewanne voll Geld zu schwimmen wie Donald Ducks Onkel Dagobert – das ist vielleicht nicht gerade ihr Traum.

Aber: Leben, wie es ihnen gefällt, ohne Existenzängste, finanziell unabhängig und selbständig? Das schon eher!

Träumen Sie manchmal davon, wie Sie leben würden, wenn Sie ganz frei wären? Was würden Sie tun? Wo würden Sie leben? Mit wem?

Träumen Sie manchmal davon, Zeit zu haben für alles, was Ihnen wichtig ist? Zu arbeiten, was Sie möchten und nur dann, wenn Sie möchten? Davon, Ihr Leben selbst zu bestimmen?

Wir sind überzeugt, von Zeit zu Zeit träumt jede Frau diese Träume. Dabei träumt jede Frau einen anderen Traum, denn jede Frau hat ihre ganz persönliche Vorstellung von Glück.

Aber gewiss, es sind nur Träume! Wir leben in der Realität und nicht im Märchen.

»Und sie lebten glücklich und zufrieden bis an ihr Lebensende«, so enden viele Märchen, wenn das arme Mädchen seinen Prinzen gefunden hat und er es nun auf seinem Pferd in eine Welt entführt, in der alle Wünsche erfüllt werden.

Von dieser Welt handelt dieses Buch nicht. Es ist ja kein Märchenbuch.

Sie wünschen?

Aber bleiben wir noch einen Moment im Märchen: Stellen Sie sich vor, Sie begegnen einer guten Fee. Und Sie haben drei Wünsche frei. Was wünschen Sie sich? Denken Sie ruhig eine Weile nach! Und seien Sie nicht zu bescheiden!

1. _____

2. _____

3. _____

Und? Würden Sie sich nach Erfüllung dieser drei Wünsche als glücklich bezeichnen? Aber sicher!

Wie gesagt: Den Prinzen werden sie in diesem Buch nicht finden. Wohl aber die Prinzessin in sich selbst. Und auch ohne der guten Fee zu begegnen, werden Sie erleben, dass Wünsche wahr werden können. Und dass ein glückliches und zufriedenes Leben nicht nur im Märchen vorkommt.

Macht Geld glücklich?

Das Sprichwort sagt: »Geld macht nicht glücklich.« Wir meinen: In unserer Kultur ist Geld die Grundvoraussetzung zum Glücklichsein.

Sie erinnern sich sicher an Momente, in denen Sie sich glücklich fühlten. Und Sie kennen sehr genau die großen und kleinen Wünsche, deren Erfüllung Sie glücklich machen würde. Nicht alle davon haben auf den ersten Blick mit Geld zu tun, ganz bestimmt nicht! Aber wenn Sie genauer hinschauen?

Dann stellen Sie vielleicht fest: Geld ist nicht nur notwendig zur Erfüllung unserer Grundbedürfnisse. Sondern es schafft auch die Voraussetzung zur Erfüllung vieler unserer Hoffnungen, unserer Erwartungen, unserer Wünsche!

Geld bedeutet Leben ...

Gesundheit und Lebenserwartung hängen unmittelbar von Geld ab. In den armen Ländern auf unserem Globus ist das ganz offensichtlich: Armut ist dort die häufigste Todesursache. Fast zwei Milliarden Menschen weltweit sind krank. Die Mehrzahl davon hat keinen Zugang zu den wichtigsten Medikamenten. Jedes sechste Kind in den Entwicklungsländern stirbt, ehe es fünf Jahre alt ist. Die meisten dieser Kinder könnten gerettet werden, wenn sie die gleiche gesundheitliche Versorgung und Ernährung erhalten würden wie Kinder in den Industriestaaten.

Aber auch in den Industriestaaten hängen Gesundheit und Lebenserwartung vom Geld ab. Kinder aus sozial schwachen Familien sind häufiger krank als Kinder aus wohlhabenden Familien. Privat versicherte Patienten erhalten die besseren Medikamente, im Krankenhaus ist für sie schneller ein Bett frei.

... und Überleben.

Gerade in Extremsituationen kann Geld die letzte Rettung sein. Die Geiseln von Jolo wurden mit Geld freigekauft. Im Kosovo-Krieg konnten manche Albaner-Familien nur überleben, weil sie ihren serbischen Verfolgern Geld für die Flucht über die Grenze zahlten.

Geld vertreibt die Sorgen.

Sorgen machen krank. Die Sorge um den Arbeitsplatz, wenn wir in der Zeitung von Fusionen, Rationalisierungsmaßnahmen, Stellenabbau lesen. Die Sorge, ob wir angesichts der Probleme der Rentenversicherung im Alter noch genügend Geld haben werden. Die Sorge um die Zukunft der Kinder ...

Das Gefühl der Sorglosigkeit, zumindest gelegentlich, gehört unbedingt zum Glücklichsein dazu. Aber was lässt uns die Sorgen vergessen?

Geld bedeutet Sicherheit...

Geld wird immer dann wichtig, wenn Mangel unsere Existenz bedroht. Die Sicherheit, unsere elementaren Bedürfnisse befriedigen zu können, ist eine Grundvoraussetzung zum Glücklichsein. Die Sicherheit, auch im Falle einer möglichen Scheidung nicht mittellos dazustehen.

... und Freiheit

»Geld«, schreibt die amerikanische Journalistin Rebecca Johnson in einem *Vogue*-Artikel[1], »so lernten wir in jenen prägenden Jahren, als plötzlich nicht mehr so viel davon verfügbar war, bedeutet nicht nur die Möglichkeit, Dinge zu kaufen. Es bedeutet Freiheit. Die Freiheit, einer schlechten Anstellung, einer schlechten Stadt, einem schlechten Mann den Rücken zu kehren.« Eine Erfahrung, die Frauen auf der ganzen Welt bestätigen können!

Geld ist Zeit

Sie kennen sicherlich das Sprichwort »Time is money«, Zeit ist Geld. Wir finden, man kann es auch genau umgekehrt sehen: Geld ist Zeit. Zeit gehört zum Wichtigsten, was wir mit Geld kaufen können.

Zeit, die Dinge zu tun, die uns glücklich machen: Mit einem guten

Buch und einem Gläschen Schampus sich in der Badewanne räkeln. Mit den Töchtern am Samstag ins Kino gehen und einen total spannenden Actionfilm anschauen. Mit dem Liebsten den Sonntagabend im gemeinsamen Lieblingsrestaurant verplaudern. Mit einer Freundin nach München in die Oper fahren. In die Kalahari reisen, um die größten Löwen zu bestaunen. Und vieles mehr...

Geld bedeutet Unabhängigkeit...
Für die englische Schriftstellerin Virginia Woolf – wie für viele selbständig denkende Frauen quer durch die Jahrhunderte – war die finanzielle Unabhängigkeit die Grundvoraussetzung für das Entstehen ihrer Werke. »Intellektuelle Freiheit hängt von materiellen Dingen ab. Dichtung hängt von intellektueller Freiheit ab.«² Virginia Woolf legte darum großen Wert auf Geld – und ein Zimmer für sich allein.

»Wes Brot ich ess, des Lied ich sing«, dieses Sprichwort beschreibt die Lage aller Abhängigen in der Geschichte sehr gut, und damit nur allzu oft die Lage der Frauen. Und wir meinen: Daran hat sich bis heute nichts geändert!

»Ich will reich werden!«
Welches Gefühl haben Sie, wenn Sie diesen Satz laut sagen? Fühlen Sie sich stark? Toll? Verwegen? Lustvoll? Prahlerisch? Ungläubig? Lächerlich? Einfach doof? Hinterlässt dieser Satz bei Ihnen eher ein positives oder eher ein negatives Gefühl? Und warum?

Warum haben wohl Frauen oft regelrechte Hemmungen, diesen Satz laut auszusprechen? Haben wir Angst vor den Folgen dieses Satzes? Angst, dass Geld und Glück vielleicht doch nicht zusammengehören könnten?

Denken Sie bei Reichtum eher an Marlene Dietrich, die im Alter einsam und allein in ihrer Wohnung mitten in Paris lebte? Oder eher an Virginia Woolf, die dank des Erbes ihrer Tante, welches ihr eine lebenslange Rente garantierte, frei und unabhängig schreiben konnte?

Sie werden erfahren, was Ihre Einstellungen und Gewohnheiten mit Ihrer finanziellen Situation zu tun haben – und dass Sie alles erreichen können, was Sie wollen. Vorausgesetzt, Sie wollen es.

Apropos **er-reich-en** können: Wann wären sie reich? Bitte schreiben Sie eine Zahl auf:

Reich wäre ich mit .... Mark.

Wir werden im Verlauf des Buches noch auf diese Zahl zurückkommen.

Frauen und kein Geld

Frauen sind die Hälfte der Menschheit, leisten zwei Drittel der Arbeitsstunden, verdienen ein Zehntel der Einkommen und besitzen ein Hundertstel des Weltvermögens. An dieser Situationsbeschreibung der Vereinten Nationen aus dem Jahr 1980[3] hat sich in den vergangenen 20 Jahren nicht dramatisch viel verändert.

Das Geldverdienen im Sinne von Arbeiten haben Frauen zwar gelernt. Den richtigen Umgang mit dem selbst verdienten Geld, den haben Frauen noch nicht gelernt. Denn wie sonst sollte man den Widerspruch erklären, der in diesen Zahlen liegt: Frauen verdienen (immerhin!) ein Zehntel der Einkommen, besitzen aber nur ein Hundertstel des Vermögens.

Anders gefragt: Wo bleibt das Geld, das Frauen schon einmal in Händen hatten? Warum wird kein Vermögen daraus?

Lähmende Angst

»Frauen ist es tendenziell angenehmer, sich die Finger wund zu arbeiten, als ein paar Monate lang zu lernen, wie sie ihr Geld für sich arbeiten lassen könnten. Was sie daran hindert, ist nicht die Zeit, die sie dafür aufbringen müssen, sondern die Angst vor dem Scheitern«, schreibt die Amerikanerin Colette Dowling in ihrem Buch *Sterntaler. Wie Frauen mit Geld umgehen.*[4]

Angst ist wirklich ein schlechter Ratgeber. »Die Angst, etwas nicht zu schaffen, ist das größte Hindernis«, hat auch die junge amerikanische Sängerin Lauryn Hill beobachtet. Viele Freunde prophezeiten ihr das Ende ihrer Karriere, als sie auf dem Höhepunkt ihres Erfolgs beschloss, erst einmal zwei Kinder zu kriegen. Sie aber setzte sich über die Angst hinweg und hat es nicht bereut.[5]

Viel zu oft bremst uns die Angst. Sie lässt uns in Lebenssituationen ausharren, die eigentlich unzumutbar sind. Sie veranlasst uns zu schweigen, wo wir besser den Mund aufmachen sollten.

Angst vor dem Alleinsein. Angst vor der Zukunft. Angst, nicht geliebt zu werden. Angst vor Armut im Alter. Angst vor Verlust. Angst, nicht die richtige Entscheidung zu treffen. Angst, nicht genug zu wissen.

Die Liste ließe sich beliebig lang fortsetzen. Und sicher fallen Ihnen zu diesem Thema auch noch einige Punkte ein.

Wie dieses Buch Ihnen hilft

Zum Glück gibt es ein wirksames Mittel, wie Sie Ängsten begegnen, wie Sie Ängste überwinden können: Wissen!

Zum Beispiel in Sachen Geld: Wenn Sie die verschiedenen Möglichkeiten des Vermögensaufbaus kennen, müssen Sie im Gespräch mit dem Bankangestellten nicht mehr fürchten, dass er Ihnen Anlagen »aufschwatzt«, die sich im Nachhinein für Sie als ungeeignet herausstellen. Wenn Sie wissen, wie die Börse funktioniert, wenn Sie die Chancen und Risiken kennen, können Sie für sich entscheiden, ob und in welchem Maße Sie sich mit Aktien, Anleihen, Optionen et cetera beschäftigen möchten. Und falls Sie sich dagegen entscheiden, werden Sie stichhaltige Argumente dafür haben. Und nicht etwa das Gefühl, dass Sie etwas versäumen.

Sie müssen kein Hochschulstudium abgeschlossen haben, nicht 17 Seminare besucht, 13 Bücher gelesen und zehn Zeitschriften abonniert haben und darüber hinaus jeden Abend vor dem PC verbringen, um Ihr Geld sinnvoll zu verwalten und vor allem zu vermehren!

Allerdings wird Abwarten und Hoffen, dass Ihnen wie dem Mädchen im Sterntaler-Märchen die Goldstücke vom Himmel ins Hemdchen fallen, nicht zum Erfolg führen.

Reich werden ist nicht schwierig. Vorausgesetzt, Sie nehmen sich etwas Zeit. Zeit für dieses Buch, in dem Sie

- eine ganze Menge über Geld und Geldanlagen, aber auch über Ziele und Strategien lernen können
- eine ganze Menge über sich selbst und Ihren eigenen Weg zum Wohlstand erfahren werden
- den Frauen-Investmentclub »Dagoberta« aus Ludwigsburg kennen lernen
- an den Lebensgeschichten einiger Dagobertas teilhaben und aus ihnen lernen können
- Schritt für Schritt Ihren persönlichen Finanzplan erstellen – acht Checklisten helfen Ihnen dabei!

Sterntaler oder Dagoberta?

Wenn Sie es leid sind, Sterntaler zu spielen, entweder weil Ihnen noch kein Geld ins Hemdchen gefallen ist oder weil Sie sich für diese Rolle doch ein wenig zu erwachsen fühlen, dann versuchen Sie es doch einmal mit dem Modell »Dagoberta«. Wer ist Dagoberta?

Wir haben sie so definiert:

Dagoberta ist eine Frau.
Eine selbstbewusste Frau.
Die ihre Stärken und Schwächen kennt,
die ihre Bedürfnisse kennt, sich selbst wertschätzt und mag,
die Erfolg sucht und ihn genießen kann,
die sich Ziele setzt und diese erreichen will,
die Spaß hat an dem, was sie tut,
die Verantwortung übernimmt für sich und ihr Leben,
die weiß, dass jede Frau »ihres Glückes Schmied« ist.

Dagoberta hat ein erwachsenes, gesundes Verhältnis zu Geld.

Das heißt:
Sie schätzt Geld, ohne es zu vergöttern.
Sie ist sich ihrer Verantwortung für ihre finanzielle Zukunft bewusst.
Sie plant ihr Einkommen und ihre Ausgaben.
Sie sorgt vor für ihr eigenes Alter.
Sie hat Rücklagen als Sicherheit.
Sie sichert Risiken ab, die sie nicht selbst tragen kann.
Sie kann Geld ohne Schuldgefühle ausgeben.
Sie genießt die Freiheiten, die Geld ihr ermöglichen.
Sie weiß, dass frau mit Geld viel Gutes tun kann.

Sterntaler oder Dagoberta – das ist die Frage, die Sie für sich entscheiden müssen. 161 Frauen in Ludwigsburg haben sich entschieden. Vorhang auf für die Dagobertas!

Wie Träume wahr werden

Dagoberta – 161 Frauen und ihr Investmentclub.
Eine Erfolgsgeschichte mitten aus Deutschland

19. Juni 1999: In einem engen Schulungsraum in Ludwigsburg drängen sich über 50 Frauen. Ein Gesprächskreis über Probleme mit Erstklässlern? Eine Infoveranstaltung über die neueste Diät – »Schlank in zwei Stunden« – aus Amerika? Vielleicht eine Dessous-Party? Oder treffen sich hier Frauen aus den neuen Internet-Berufen, um Job-Tipps und Visitenkarten auszutauschen?

Nichts von alledem. Es geht um Aktien. Aktien? Die Frauen wollen einen Aktienclub gründen? So ist es.

Im Sommer 1999 war Deutschland im Aktienfieber. Aktien galten als der Weg zu schnellem Reichtum. Am Neuen Markt winkten gigantische Gewinne: 100 Prozent, 200 Prozent in einer Woche! Man musste nur die richtigen Aktien im Depot haben.

Aktien waren das Gesprächsthema in der Mittagspause, am Stammtisch, zu Hause vor dem Fernseher und beim Friseur. Auch Frauen wurden neugierig. Sie begannen nachzudenken, ob das Sparbuch noch die richtige Anlageform für ihr Geld sei. Und ob frau es nicht auch einmal mit Aktien versuchen sollte? Aber wie? Aber wo?

Da kam der kleine Artikel in der Ludwigsburger Kreiszeitung wie gerufen: »Frauen stürmen die Börse. Investmentclub etabliert sich auch in Ludwigsburg«. Genau! Das war das Signal, auf das viele gewartet hatten.

Die Frauen, die an diesem Juni-Abend gekommen waren, hatten viele Fragen: »Wie funktioniert überhaupt ein Investmentclub?«, »Ist das auch etwas für Anfängerinnen?«, »Wie viel muss ich da eigentlich investieren?« und: »Wie riskant ist das denn? Kann ich da nicht eine Menge Geld verlieren?«

Irmtraud Potkowski und Andrea Sauter von der Ludwigsburger Finanzplanerfirma SRW AG, die die Idee in die Welt gesetzt und die kleine Zeitungsmeldung lanciert hatten, versuchten, alle Fragen zu beantworten.

So funktioniert ein Aktienclub

Jeder Investmentclub, erklärten sie, arbeitet nach ähnlichen Prinzipien. Eine Gruppe Gleichgesinnter, ideal sind 15 bis 22 Personen, schließt sich zum gemeinsamen Wertpapiersparen zusammen. Man trifft sich regelmäßig, am besten einmal im Monat. Zu Anfang wird ein größeres Kapital auf ein gemeinsames Konto eingezahlt, zum Beispiel 1000 Mark pro Person, später ein monatlicher Beitrag: 100 Mark pro Person. Auch die Hälfte – anfangs 500, dann monatlich 50 Mark – ist möglich. Davon werden Aktien gekauft. Die Entscheidung, in welche Firmen investiert wird, trifft die Gruppe gemeinsam.

»Und wie ist das alles rechtlich geregelt?«, wollten einige Frauen wissen. Die Gründerinnen hatten sich gut informiert: »Als Rechtsform für einen Investmentclub hat sich die Gesellschaft bürgerlichen Rechts, kurz GbR, bewährt«, erläuterte Irmtraud Potkowski. »Die Mitglieder schließen untereinander einen schriftlichen Vertrag. Darin wird zum Beispiel geregelt, ob die Gewinne jährlich ausgeschüttet oder reinvestiert werden und was beim Ausscheiden eines Mitglieds geschieht. Dann wählen sie aus den eigenen Reihen eine Geschäftsführerin, eine Stellvertreterin, eine Schatzmeisterin und eine Schriftführerin. Die Ämter sollten jährlich wechseln, denn jede Frau sollte sich bewähren können.« Die Finanzplanerinnen hatten vorgesorgt und Musterverträge der Deutschen Schutzgemeinschaft für Wertpapierbesitz (DSW)[6] mitgebracht.

»Ein Aktienclub lebt von der aktiven Mitarbeit aller«, betonte Andrea Sauter, die bereits im Freundeskreis Erfahrungen mit einem Gemeinschaftsdepot gesammelt hatte. »Jede Mitgliedsfrau sollte eine oder mehrere Aktien beobachten, für die sie sich persönlich interessiert.« Dabei könne frau in kurzer Zeit eine Menge über Wirtschaftsfragen lernen.

Der Abend wurde noch lang, und die Frauen vereinbarten ein zweites Treffen drei Wochen später. Vorsichtshalber wurde diesmal ein größerer Raum reserviert.

Von der Theorie zur Praxis
Eine gute Idee! Denn zum zweiten Treffen im Saal des Ludwigsburger Ratskellers kamen schon über 100 Frauen. Sogar die Initiatorinnen waren überwältigt: »Nie im Traum hätten wir gedacht, dass in einer Stadt wie Ludwigsburg ein derart riesiges Interesse an Aktien und Börse besteht!« Viele Frauen hatten sogar lange Anfahrtswege in Kauf genommen. Die Begeisterung war groß. Und, zugegeben: Das Chaos auch.

Denn: So viele Frauen konnten unmöglich sinnvoll in einer Gruppe arbeiten und lernen! Es mussten Untergruppen gebildet werden. Außerdem gingen die Interessen auseinander: Es gab alte Börsenhäsinnen im Raum. Aber auch jede Menge blutige Anfängerinnen. Es gab Frauen, die am liebsten noch am gleichen Abend Geld auf den Tisch gelegt und ein Depot eröffnet hätten. »Ich will mindestens 5000 Mark anlegen«, rief eine. »So kleine Beträge – das bringt doch nichts.« Andere wollten dagegen erst einmal abwarten und sich noch genauer informieren. 77 entschlossene Frauen hatten sich bis zum Herbst in vier Gruppen zusammengefunden. 27 Frauen scharten sich um Irmtraud Potkowski, die vorschlug, »ihre« Gruppe »Dagoberta« zu nennen, angelehnt an den reichen Onkel Dagobert in den Donald-Duck-Comics. Die drei anderen gaben sich die Namen »Money Penny«, »Finanza« und »Börsiana«. Jede Gruppe bildete für sich eine eigene Gesellschaft bürgerlichen Rechts, gestaltete ihre Verträge individuell und eröffnete ihr eigenes Depot.

Vier Gruppen brauchen auch vier Räume. Und da es gemeinsame Vorträge und gemeinsame Besprechungen des gesamten Clubs geben sollte, brauchte frau noch zusätzlich einen großen Raum. So wurde das Hotel Krauthof in Ludwigsburg zum Stammlokal der Dagobertas, wie sie sich bald nannten. Und der Wirt, Herr Kraut, war der einzige Mann, der Zutritt zu ihren Treffen hatte. Bei all dem Stress, den er manchmal mit den Dagobertas hat (»Bitte nur einen kleinen Salat und ein Mineralwasser!«), so scheint er seine Rolle als Hahn im Korb doch ein wenig zu genießen.

Frauen unter sich sind stärker

In den einzelnen Gruppen lernten sich die Frauen, die sich ja zunächst nur wegen ihrer Neugier in Bezug auf Aktien zusammengeschlossen hatten, mit der Zeit genauer kennen. Einige stellten fest, dass sie sich von früher kannten, andere, dass sie gemeinsame Bekannte hatten. Frauen, die einander sympathisch fanden, verabredeten sich privat. Neue Freundschaften entstanden.

Bei den Monatstreffen aber dominiert das Thema Finanzen. Schon vor Sitzungsbeginn werden in kleinen Grüppchen Aktientipps ausgetauscht, und die Neuen hören mit großen Augen zu.

Heute, zwei Jahre nach der Gründung, gibt es 161 aktive Dagobertas, Frauen im Alter zwischen 28 und 75. Schon die Berufe sind sehr vielseitig, wie ein Blick in die Auswertung unserer Fragebogenaktion zeigt: Da gibt es die Bauingenieurin, die Beraterin, mehrere Buchhalterinnen, die Damenschneiderin, die Grafik-Designerin, die Handelsassistentin, mehrere Hausfrauen, die Hygieneinspektorin, diverse Kauffrauen, Kontoristinnen, Krankenschwestern, Lehrerinnen, die Rechtspflegerin, etliche Rentnerinnen, Sekretärinnen, die Tierärztin, die Zahnärztin, und noch etliches mehr. Ganz verschiedene Frauen also, und das macht den Club so interessant. Denn wo findet frau ein besseres lokales Netzwerk?

So unterschiedlich sie sind, in einem Punkt waren sich die Dagobertas von vornherein einig: »Wir wollen einen reinen Frauenaktienclub«. Warum? Wir wollten es genauer wissen und schrieben in unseren Fragebogen: »Was gefällt Ihnen im Frauenaktienclub ganz besonders?«
Hier einige Antworten, die Bände sprechen:

- ◆ »Es können alle Fragen gestellt werden.«
- ◆ »Es ist nicht peinlich, wenn frau sich nicht auskennt.«
- ◆ »Die Frauen sind unter sich.«
- ◆ »Wir können offen miteinander Geldgespräche führen.«
- ◆ »Keine Supermänner, die alles besser wissen.«
- ◆ »Die Aufbruchstimmung der Frauen.«
- ◆ »Die Frauen unterstützen sich gegenseitig bei Anlageentscheidungen.«

Und eine schrieb knapp, ihr gefalle »alles«.

Die Dagobertas werden mehr – und ihr Geld auch

Die Dagobertas haben folgende drei Ziele für sich formuliert:

1. Gemeinsames langfristiges Wertpapiersparen. Reich werden.
2. Gemeinsames Erlernen und Vertiefen des Fachwissens. Wissensaustausch bei den monatlich stattfindenden Treffen. Vierteljährliche Plenumveranstaltungen für alle Gruppen. Fachvorträge durch externe Referenten/innen.
3. Gemeinsam Spaß haben.

Vor allem Punkt 2 nahm zu Beginn viel Zeit in Anspruch. Denn rund 80 Prozent der Frauen kamen als absolute Greenhorns zu Dagoberta. Also waren zunächst die wenigen Expertinnen gefragt: Sie vermittelten Grundlagenwissen, erklärten Fachbegriffe. Dann wurden in gemeinsamen Diskussionen Kriterien für die Aktienauswahl aufgestellt, die interessantesten Märkte und Branchen diskutiert. So entstand eine Basis für die ersten Aktienkäufe im September 1999.

Die Aktienkurse stiegen im Laufe des Herbstes. Und die Begeisterung für die Börse stieg mit. Immer neue Interessentinnen wollten bei Dagoberta einsteigen: Freundinnen und Bekannte der Pionierinnen; Frauen, die Irmtraud Potkowski oder Andrea Sauter bei Vorträgen kennen gelernt hatten; Frauen, die in Rundfunk oder Zeitung von Dagoberta erfahren hatten. »Im Winter nahmen die Anfragen so stark zu, dass wir uns entschlossen, im April 2000 eine neue Gruppe zu gründen«, erzählt Irmtraud Potkowski.

Vielleicht ahnen Sie schon, wie es weiterging: Seit Sommer 2000 gibt es nicht eine, sondern vier neue Gruppen: »Fortuna«, »Spekulatia«, »Daxies« und »Pecunia«. Die Geschichte wiederholt sich.

Dagoberta macht Wünsche wahr

Mit den Frauen kamen auch die Wünsche: »Wir sollten eine Börse besichtigen«, schlug eine vor. Gesagt, geplant. Im November 1999 besuchten 30 interessierte Dagobertas die Stuttgarter Börse. Gespannt verfolgten sie das minutenschnelle Steigen mancher Kurse an den Anzeigetafeln auf der Besuchertribüne. Und wunderten sich darüber, wie viel Geld in der Schwabenmetropole in hochspekulative Anlagen, etwa Optionsscheine, fließt.

Zu Beginn des zweiten Jahrs standen die Depots der ersten vier Gruppen hervorragend im Plus. Alle vier hatten über 30 Prozent Rendite vorzuweisen. Da sollte der nächste Börsen-Trip doch etwas weiter, größer, beeindruckender ausfallen: New York war angesagt! Mehr darüber lesen Sie in Kapitel 9.

Und was planen die Dagobertas im dritten Jahr? Im Frühjahr 2001 waren die Aktienkurse weltweit gefallen. Sie vermuten richtig: Auch die Dagobertas sind nicht ganz davon verschont geblieben. Manche Depots stehen sogar im Minus. Das dämpft jedoch nicht die Reiselust der Damen. Im Oktober 2001 geht es nach Paris.

»Wir sollten uns die Unternehmen, die wir im Depot haben, doch etwas genauer anschauen.« Wieder so eine Idee, diesmal geäußert von einem Mitglied der Daxies. Sie hat auch gleich einen konkreten Wunsch parat: Ballard Power. Die Firma stellt Brennstoffzellen her. »Und Brennstoffzellen sind die Energie der Zukunft.«

»Aber ist das nicht eine kanadische Firma?«, fragt Irmtraud Potkowski vorsichtig. »Das schon. Aber es gibt eine Niederlassung in Kirchheim am Neckar.«

Wie praktisch! Auf diese Weise können sich die Dagobertas bequem an einem Nachmittag ein Bild von der neuen Technologie machen und die Prototypen von Autos bestaunen, die in naher Zukunft auf unseren Straßen fahren werden. Am 21. Juni 2001 ist es so weit.

Mittlerweile häufen sich die Termine. Frau verliert langsam den Überblick. Andrea Sauter weiß die Lösung: »Ein Newsletter, in dem die Veranstaltungen für die Dagobertas angekündigt werden und aktuelle Informationen stehen, das wäre toll«. Seit dem Sommer 2000 gibt es auch das: einen vierteljährlichen Rundbrief, 12 Seiten stark, geschrieben und gestaltet von den Geschäftsführerinnen der acht Dagoberta-Gruppen.

Klar, dass bei den vielen organisatorischen Aufgaben auch Kosten anfallen und nicht mehr alles in ehrenamtlicher Arbeit erledigt werden kann. Im Dezember 2000 wurde darum der Verein »Dagoberta e.V.« gegründet, der gewährleistet, dass die Wünsche der Dagobertas auch erfüllt werden. Der Vereinsbeitrag liegt bei 88 Mark im Jahr. Und auf diese Weise haben auch Frauen, die momentan in keine Investmentgruppe aufgenommen werden können, die Möglichkeit, im Plenum, bei Vorträgen, Reisen und Betriebsbesichtigungen dabei zu sein.

Ein Abend mit »Fortuna«

Im September 2000 lernte Judith Rauch die Dagobertas kennen. Irmtraud Potkowski und Andrea Sauter suchten nach einer schreiberfahrenen Frau, die ihnen helfen sollte, die Idee zum vorliegenden Buch zu verwirklichen. »Das ist ein Haufen pfiffiger Frauen«, war der erste Eindruck der Journalistin. Wenn es nicht so weit wäre von ihrem Wohnort Tübingen nach Ludwigsburg, wäre sie wahrscheinlich gleich Mitglied geworden. So wurde sie zumindest ein häufiger Gast.

»Ich will mir unbedingt mal ansehen, wie bei Euch so eine typische Clubsitzung abläuft«, sagte sie. »Das ist doch auch für die Leserinnen unseres Buchs interessant.« Gesagt, getan: Irmtraud Potkowski lud sie am 14. Februar 2001 zum Monatstreffen der »Fortuna« ein, deren Geschäftsführerin sie ist.

Um 18 Uhr geht's im großen Saal im Untergeschoss des Hotels Krauthof los. 17 Frauen sind gekommen. Das Protokoll vom Januar wird verteilt.

Die Schriftführerin Frau H. kündigt an, dass sie demnächst für ein Jahr beruflich nach China gehen wird und das Protokollschreiben heute Abend noch ein letztes Mal übernehmen kann. Eine neue Schriftführerin muss gewählt werden. Gelegenheit dazu wird bei der jährlichen Gesellschafterversammlung der GbR »Fortuna« sein. Die muss nämlich spätestens im März stattfinden, wie Irmtraud Potkowski feststellt.

Kaum ist ein Termin gefunden, entbrennt schon eine Diskussion um die Satzung. »Wäre es nicht sinnvoll, eine Sperrminorität festzuschreiben für die Mitglieder, die bei einer bestimmten Aktie ethische Probleme sehen?«, fragt die Ärztin Frau Dr. O. Damit könnten Firmen ausgeschlossen werden, die Waffen produzieren, Kinder ausbeuten oder die Umwelt schädigen. Die Fortunas stimmen mehrheitlich dafür, die Satzung so zu ändern, dass »ein Drittel der Anwesenden« künftig solche Aktienkäufe durch ihr Veto verhindern kann.

Während Listen die Runde machen, auf denen sich Interessentinnen für die nächsten Vorträge (»Technologie im Wechselbad der Gefühle«) und Besichtigungen eintragen können, verkündet die Kassiererin, Frau Sch., den Kontostand: Genau 4143,26 Mark stehen für Aktienkäufe zur Verfügung. Das ist nicht besonders viel Geld. Die Fortunas wollen erst noch eine Monatsrunde mit ihren Einzahlungen abwarten, bevor sie neue Aktien erwerben.

Aber diskutiert wird heftig, auch über das bestehende Depot. Der Flugzeugbauer »Bombardier« entwickelt sich stabil, »Medtronic« Medizintechnik hat sich gut gehalten. Aber »Nokia«, der einst so gepriesene Mobiltelefon-Hersteller aus Finnland, hat seit dem Kauf 38 Prozent verloren! Also verkaufen, um weitere Verluste zu vermeiden? Die meisten Fortunas sind dagegen. Sie glauben, dass der Handy-Markt sich wieder erholt.

Neun verschiedene Aktien sind derzeit im Depot der Fortuna. Und für jede Aktie gibt es eine zuständige Beobachterin, die das Auf und Ab des Kurses und die Nachrichten über die Firma im Auge behält. Andere Aktien stehen auf der »Watchlist«, das heißt: sie sind Kaufkandidaten. Frau Dr. O. schlägt vor, die Pharma-Firma »Aventis« in diese Liste aufzunehmen. Der deutsch-französische Konzern hat heftige Umstrukturierungen hinter sich. »Der Börse gefällt das.«

Dann werden noch weitere Aktien durchdiskutiert, vom biederen »Südzucker« über die innovative »Lambda-Physik« bis zur Softwareschmiede »IBS«. Eine Teilnehmerin hat einen Geheimtipp aus Stuttgart, »eJay«, Produzent von Musiksoftware. Sie will beim nächsten Mal Material über den Börsenneuling mitbringen.

Gegen 20 Uhr, als die Gruppensitzung schließt, ist Judith Rauch schwer beeindruckt, wie weit gespannt die Interessen sind.

Aktienfieber auch zu Hause

Aktien sind ein Hobby, das Kreise zieht: Von den 161 Dagobertas sind heute 85 Prozent nicht nur am Gemeinschaftsdepot ihrer Gruppe beteiligt sind, sondern haben auch ihr eigenes Aktiendepot zu Hause.

Und wie intensiv sie sich mit dem Thema beschäftigen! Die Mehrzahl der Frauen gibt an, dass sie sich 20 bis 30 Minuten am Tag mit Aktien, Börse und Co. befassen. Jede fünfte Frau widmet dem Thema eine Stunde am Tag, und einige sogar zwei Stunden und mehr.

Das sehen die Gründerinnen als ihren größten Erfolg an. »Es ist schön zu sehen, wie der Depotstand wächst«, sagt Irmtraud Potkowski. »Aber natürlich wächst er nicht immer so stark wie im Herbst 1999. Denn auch Dagobertas sind keine Wahrsagerinnen.« Andrea Sauter nickt. »Aber zu sehen, mit welcher Begeisterung die Frauen bei der Sache sind, wie viel Spaß sie haben, das ist eigentlich fast noch schöner.«

2. Frau und Geld – eine lustvolle Beziehung?!

Eleonores Story: »Geld bedeutet Unabhängigkeit«

Drei Frauengenerationen – drei Arten,
mit Geld umzugehen. Eleonore W., 75, erzählt.

Die glücklichste Zeit in meinem Leben? Im Grund ist es die jetzige.

Mein Mann und ich leben hier harmonisch und zufrieden in unserem eigenen Haus. Keiner gibt dem anderen ein böses Wort. Unsere Kinder sind groß, haben alle gute Berufe, und zwei Enkel gibt es auch. Und seit meine Mutter vor drei Jahren gestorben ist, haben wir auch die Verantwortung für sie nicht mehr zu tragen.

Durch das Erbe, das meine Mutter hinterlassen hat, bin ich heute finanziell unabhängig. Seit zwei Jahren habe ich meinen Aktienclub, die Dagoberta. Das macht mir Spaß, da komme ich unter die Leute. Eigentlich habe ich mich ja immer für Aktien interessiert, aber ich musste 74 werden, bis ich richtig einsteigen konnte! Na ja, besser spät als nie.

Inzwischen habe ich auch ein privates Aktiendepot. Mein Mann gibt mir morgens immer als erstes die Zeitung, damit ich die Kurse verfolgen kann. Wir haben uns auch einen PC zugelegt. Wenn er erst richtig läuft, kann ich die Aktienkurse im Internet beobachten.

So gut wie heute haben wir es nicht immer gehabt. Mein Mann und ich haben uns 1948 verlobt. Das war das Jahr der Währungsreform. Jeder Deutsche fing mit 40 Mark an. Mein Mann war Lehrer, ich arbeitete als Kinderkrankenschwester. Erst 1951 konnten wir heiraten. So lange dauerte es, bis wir eine Wohnungseinrichtung zusammengespart hatten. Und noch einmal zwei Jahre mussten wir warten, bis wir ein Anrecht auf eine Wohnung bekamen und in unser eigenes Reich ziehen konnten.

So lange wohnten wir im Haus meiner Schwiegermutter. Sie war nach dem Krieg aus Ostpreußen vertrieben worden, mit den zwei jüngeren Geschwistern meines Mannes. Der Schwiegervater war verschollen. Das heißt, dass meine Schwiegermutter zwei Jahre lang keine Rente bekam, bis jemand bezeugen konnte, dass er ihren Mann in einem Kriegsgefangenenlager gesehen hatte. Mein Mann unterstützte seine Mutter in dieser Zeit. Das wurde erwartet. Jeder half jedem, sonst wäre es gar nicht gegangen.

Einteilen, Sparen, Zusammenhalten, zusammen schaffen. So blieb es noch lange Zeit. 1952 hörte ich auf zu arbeiten, weil unser erstes Kind kam. Mit der Zeit wurden es vier: erst zwei Töchter, dann noch zwei Söhne. Als der jüngste kam, war ich schon 44 Jahre alt.

In den 60er Jahren beschlossen wir zu bauen; denn es war schwierig, als Familie mit Kindern eine Wohnung zu bekommen. Den Bauplatz, auf dem unser Haus steht, hatte meine Mutter geerbt. Sie gab ihn mir. Denn das elterliche Anwesen hatte sie meinem 18 Jahre jüngeren Bruder versprochen. Bei ihm wollte sie auch im Alter leben; er sollte eine Stube für sie einrichten. Nun, es kam anders, aber davon später.

Wir bauten also und legten einen Garten an. Wir machten vieles selbst im Haus und drum herum. Mein Mann ist ein guter Handwerker. Der Garten war meine Sache, und ich sehe es jetzt mit Freude, dass meine Kinder das Gärtnern übernehmen. So ist man also doch Vorbild gewesen, hat etwas weitergeben können.

Mein Mann und ich stritten uns nie um Geld. Um andere Dinge schon. Aber beim Geld hatten wir gemeinsame Ziele. Übrigens auch ein gemeinsames Konto. Ich war genau so unterschriftsberechtigt wie er. Unser Ziel war, unseren Kindern eine gute Ausbildung zu finanzieren. Deswegen musste das Haus in zehn oder zwölf Jahren abbezahlt sein; denn dann waren die Kinder mit der Ausbildung dran.

Das mit der Ausbildung war für mich noch keine Selbstverständlichkeit gewesen. Während mein Bruder ohne weiteres studieren durfte, hieß es bei mir: »Du bist ein Mädchen. Du heiratest ja doch mal.«

Ich machte also mit 14 Jahren meinen Volksschulabschluss. Dann musste ich ins Pflichtjahr, das heißt: Ich arbeitete für zehn Mark im Monat bei einer kinderreichen Familie. Dann wollte ich auf die Frauenfachschule gehen, die kostete jedoch 50 Mark Schulgeld im Monat. Das Geld musste ich mir zuerst verdienen; ich ging also mit 16 Jahren für zwei Jahre in eine Fabrik, Trikotagen nähen. Erst dann konnte ich meine Ausbildung zur Säuglings- und Kinderkrankenschwester machen, die zwei Jahre dauerte.

So schwer sollten es meine Kinder nicht haben. Mein Mann und ich waren uns auch einig, dass sie selber wählen sollten, was sie werden wollten. Man soll seinen Kindern keine Möglichkeiten verbauen. Aber in die richtige Richtung schieben sollte man sie doch. Wenn sie sich in der Pubertät auflehnen, »keinen Bock« haben, dann muss man sie doch wieder auf den richtigen Weg bringen. Oder nicht?

Meine Älteste, die Irene, wurde Erzieherin. Es war ihr Wunsch und Wille. Sie wohnt im Nachbarort, und seit sie ein Kind hat, arbeitet sie nur noch halbtags.

Die Zweite, Monika, wollte nach dem Abitur Medizin studieren. Ich habe ihr abgeraten: »Wenn der Bert auch studieren wird, wird es eng mit dem Geld«, sagte ich zu ihr. Also machte sie erst einmal eine Ausbildung in einer Werbeagentur. Dort lernte sie einen Mann kennen, heiratete und bekam ein Baby.

Bert ist zweieinhalb Jahre jünger als Monika. Er hatte nach der mittleren Reife »keinen Bock« mehr zum Lernen, wie er sich ausdrückte, und wurde Krankenpfleger. Dann kam der Ersatzdienst. Und dann die Erkenntnis: »Mutter, ich würde doch noch gern das Abitur nachholen.« Also ging er zur Abendschule und machte nebenher Nachtdienste im Operationssaal. Er wollte keine Unterstützung mehr von uns.

Als Bert so weit war, fragte Monika ihren Bruder: »Bert, was willst du studieren? Medizin? Gut, was du kannst, kann ich auch.« Unsere beiden Mittleren standen immer in einem gewissen Konkurrenzverhältnis zueinander. Aber sie hielten auch immer zusammen. Und wenn einer etwas ausgefressen hatte, stand der andere für ihn ein.

Also machten sie beide gleichzeitig den Mediziner-Test. Und bekamen Studienplätze: Monika in Tübingen, weil sie ein Kind hatte. Bert musste nach Berlin. Er kriegte nur 250 Mark elternabhängiges Bafög, davon lebte er in einer Bude, dass es einen grauste. Da waren Löcher in der Wand! Mein Mann fuhr immer wieder mal hin zum Renovieren. Monika wurde während ihres Studiums von ihrem Mann unterstützt. Zwei studierende Kinder allein zu finanzieren, das hätten wir tatsächlich nicht gekonnt.

Es war ja noch ein viertes da. Klaus. Er sagte nach der mittleren Reife, er brauche einen Beruf, in dem er »mit den Händen schaffen kann«. Er ist Industriemeister geworden, in einem chemischen Betrieb.

Wie wir das überhaupt geschafft haben mit den vier Kindern und nur einem Einkommen? Nun, anfangs mit eisernem Sparen. Wir hatten ja Schulden, das Haus war teurer geworden als geplant. Also wurde aus alt neu gemacht, solange die Kinder klein waren. Wir konnten uns lange Zeit kein Auto und keinen Urlaub leisten. Aber jeder bekam, was er brauchte. Und ich hatte auch immer eine kleine Reserve für Notfälle.

Und als Klaus, unser Jüngster, vier Jahre alt war, fing ich auch wieder zu arbeiten an. Hauptsächlich deshalb, weil ich mich über die Großen geärgert habe. Immer wenn es etwas im Haushalt zu tun gab, mal den Tisch abzuräumen oder etwas einzukaufen, waren sie verschwunden. »Ich bin doch nicht euer Hampel«, sagte ich zu ihnen. »Jetzt geh ich ins Geschäft, ich seh das nicht mehr ein.«

Ich kaufte eine Schreibmaschine und lernte tippen. Dann habe ich mir eine Teilzeitstelle gesucht – nachmittags dreieinhalb Stunden. Klaus ging derweil in den Kindergarten, und als er in die Schule kam, wechselte ich mit der Arbeit auf den Vormittag. Zwölf Jahre blieb ich im gleichen Betrieb. Dann wurde er verlegt, und ich habe noch einmal drei Jahre in einer anderen Firma geschafft.

Mein Mann war anfangs nicht so begeistert davon, dass ich wieder arbeitete. Aber er hat sich daran gewöhnt. Wie die Kinder es aufgenommen haben? Gut! »Mutter, wir sind so stolz auf dich«, haben sie oft gesagt. Gut, sie haben wohl einiges angestellt, wenn mein Mann mal nachmittags nicht da war, weil er in die Schule musste. Das haben sie mir nicht alles verraten.

Meine Mutter und die Schwiegermutter waren keine große Hilfe. Sie kamen mit den Kindern nicht zurecht. Und ich hatte auch immer das Gefühl, sie gönnen mir meine Arbeit nicht. Sie gönnen es uns nicht, dass wir mehr Geld haben und weiter kommen als sie.

Als unsere Älteste 14 war, haben wir zum ersten Mal gemeinsam Urlaub gemacht. Wir fuhren immer in einen kleinen Ort im sonnigen Italien, denn da brauchte man am wenigsten Kleider! Die Kinder waren viel draußen, aßen gut und kriegten dicke Backen. Heute machen meine Töchter dort mit ihren Kindern Urlaub.

Vor zehn Jahren kam dann eine Zeit, da sagten wir uns, mein Mann und ich: Jetzt haben wir es eigentlich geschafft! Das Haus und die Einrichtung waren komplett. Die Kinder gingen in die richtige Richtung. Und wir hatten Zeit füreinander. Ich hatte mit 60 aufgehört zu arbeiten, und mein Mann war mit 59 in Rente gegangen.

Dann kam aber doch noch eine Aufgabe auf uns zu: Meine Mutter war mittlerweile 89 Jahre alt. Sie wurde immer schwächer. Es fiel ihr schwer, allein zurechtzukommen. Meine Mutter hatte ja meinen jüngeren Bruder immer bevorzugt, weil sie geplant hatte, ihren Lebensabend bei ihm zu verbringen. Er hatte eine Stube für sie eingerichtet, wie es im Schwabenland Tradition ist. Das Dumme war nur: Seine Frau, meine Schwägerin, hatte ihren eigenen Kopf. Und sie kam mit meiner Mutter nicht zurecht.

Also bot ich meiner Mutter an, zu uns zu ziehen. Wir hatten ja Platz.

Die drei Großen waren ausgezogen. Klaus war das einzige Kind, das noch bei uns wohnte. Jetzt regte sich auch bei meinem Bruder das Gewissen. »Schwester, was hältst du davon, wenn wir sie teilen?«, fragte er. »Ein Vierteljahr wohnt sie bei uns, ein Vierteljahr bei euch.« Gut, so machten wir es. Meine Mutter zahlte uns einen monatlichen Betrag für Miete und Pflege.

Es war schon eine Umstellung für mich. Meine Mutter war einfach den ganzen Tag anwesend: vom Frühstück bis zum Zu-Bett-Gehen. Wenn sie nachts etwas brauchte, kam sie auch mal zu uns ins Schlafzimmer. Mein Mann und ich hatten ja immer darauf geachtet, dass jedes unserer Kinder sein eigenes Zimmer, seinen Bereich hatte. Aber in dieser Zeit mit meiner Mutter fragte ich mich manchmal: Wo ist eigentlich meine Intimsphäre?

Schließlich wurde meine Mutter pflegebedürftig. Sie brauchte jetzt auch Hilfe beim Anziehen und bei der Toilette. »Zu uns kann sie jetzt nicht mehr«, sagte mein Bruder. »Meine Frau hat ihren Beruf und kann sie nicht versorgen.« Also nahm ich meine Mutter ganz zu mir.

»Wie machen wir das jetzt finanziell?«, fragte ich sie. »Wie möchtest du es haben?«, antwortete sie. Ich fasste mir ein Herz: »Gib mir deine Rente«, sagte ich zu meiner Mutter, »dafür kannst du bei uns wohnen und wirst gepflegt.« Sie war einverstanden. Das Geld von der Pflegekasse kam auf ein Konto. Wir nahmen von diesem Geld, wenn wir in Urlaub gingen und unsere Mutter in einem Heim für Kurzzeitpflege betreut werden musste.

Von nun an konnte ich meinen beiden studierenden Kindern einen regelmäßigen Zuschuss zahlen, und die beiden anderen bekamen ihren Anteil zu Weihnachten. Ich achtete sehr darauf, dass alle gleich behandelt wurden, anders als es bei meinem Bruder und mir gewesen war.

Und meine Mutter trug auf diese Weise dazu bei, dass meine Kinder ihre Träume verwirklichen konnten. Es scheint ihr bewusst gewesen zu sein. Denn erst als Bert und schließlich auch Monika ihr letztes Examen gemacht hatten, starb sie. Vorher hatte sie sich regelrecht ans Leben geklammert.

Doch, ich bin zufrieden mit meinem Leben, auch wenn es manchmal hart war. Ich habe auf vieles verzichten müssen. In der Zeit, als wir meine Mutter pflegten, lebten wir sehr isoliert. Wir konnten ja nicht weg und sie allein lassen. Wir haben sicher manches versäumt in dieser Zeit. Man kann nichts nachholen im Leben!

Trotzdem denke ich: Für eine Frau meiner Generation habe ich viel erreicht. Ich habe zum Beispiel noch mit 50 den Führerschein gemacht. Das kam so: Ich wollte einmal nachmittags einen Kuchen backen und hatte keinen Vanillezucker mehr im Haus. Da habe ich meinen Mann und die Kinder gefragt, ob mal einer zum Supermarkt fahren könnte, um welchen zu holen. Aber keiner hatte Zeit. Angeblich. Da habe ich beschlossen, selbst Auto fahren zu lernen. Aus purem Trotz!

Meine Kinder sind stolz auf mich, und ich bin stolz auf meine Kinder. Meine Tochter Monika zum Beispiel: Sie ist Frauenärztin geworden und geht in ihrem Beruf auf. Sie ist geschieden. Ihre Ehe hat wohl das Lernen nicht vertragen. Sie hat ihr Kind alleine aufgezogen, mein Mann hat manchmal nachmittags auf den Jungen aufgepasst. Jetzt ist er 16.

Bert, unser Zweitjüngster, heiratet demnächst. Wir sind schon sehr gespannt auf die Schwiegertochter.

Unsere Kinder kommen immer gern ins Elternhaus. Alle vier. Sie wissen, dass wir nach wie vor für sie da sind. Aber in letzter Zeit sagen sie auch öfter mal zu meinem Mann und mir: »Sagt uns, wenn ihr etwas braucht!«

Das Schöne ist: Wir brauchen nichts. Wir haben alles, was wir brauchen.

Geld oder Liebe?

Warum dieses Dilemma typisch weiblich ist. Und wie Dagobertas der Romantik-Falle entkommen

»Geld oder Liebe?« – »Natürlich Geld«, sagt Philip, Irmtraud Potkowskis 20jähriger Sohn. »Zuerst mal richtig Geld verdienen.«

»Natürlich Liebe«, sagt Hanna, ihre 18jährige Tochter. »Zuerst kommt mein Chris.« Denkpause. »Aber was soll die Frage? Natürlich Geld und Liebe!« Interessant, nicht wahr? Der junge Mann wählt spontan das Geld, die junge Frau die Liebe. Das kann kein Zufall sein!

Aber noch etwas anderes ist interessant: Die junge Frau versteht die Frage gar nicht mehr. Sie will beides. Sie will sich nicht entscheiden müssen.

Unsere Mütter und Großmütter hatten nicht die Wahl. »Du heiratest ja doch mal«, bekam Eleonore zu hören, als sie wissen wollte, warum ihr Bruder studieren darf und sie nicht.

Die Botschaft dahinter war klar: Es lohnt sich nicht, in deine Ausbildung zu investieren, liebe Tochter. Deine Aufgabe ist es, einen Mann zu finden, der dich liebt und heiratet. Dem führst du dann den Haushalt, erziehst die Kinder und hast für dein Leben ausgesorgt. Einen eigenen Beruf, eigenes Geld brauchst du nicht.

Die Hausfrauenehe: Geld gegen Liebe

Das Modell der Hausfrauenehe, für das Eleonore erzogen wurde, hat lange Bestand gehabt und wirkt noch heute nach. Eigentlich erstaunlich, denn es geht keineswegs immer gut: Ehen zerbrechen. Männer werden arbeitslos. Frauen langweilen sich zu Hause. Kinder bleiben aus.

Doch auch wenn es scheinbar gut geht, schafft das Modell der Hausfrauenehe eine fatale Verquickung zwischen Geld und Liebe: Denn welche Frau kann je sicher sein, dass ihr Ehemann sie auf Dauer liebt und versorgen will? Und welcher Mann kann sicher sein, dass seine Ehefrau ihn nicht nur wegen seines dicken Bankkontos liebt?

Es war also sehr vorausschauend von Eleonore, dass sie sich gegen den Willen ihrer Eltern eine Ausbildung ertrotzt und erarbeitet hat. Es war richtig, vor der Ehe Berufserfahrung zu sammeln und eigenes Geld zu verdienen. Denn wie man sieht, gab diese Erfahrung Eleonore später gegenüber Mann und Kindern einen viel stärkeren Stand. Doch erst ihre Tochter konnte es sich leisten, sich ganz für den Beruf und gegen die Ehe zu entscheiden. So unterschiedlich wachsen Frauengenerationen auf.

Angeboren oder anerzogen?

»Der Mann muss hinaus ins feindliche Leben«, dichtete Friedrich Schiller in seinem »Lied von der Glocke« 1799. »Muss wirken und streben / Und pflanzen und schaffen, / Erlisten, erraffen, / Muss wetten und wagen /Das Glück zu erjagen.« Der Gegenpol: »Und drinnen waltet die züchtige Hausfrau, / Die Mutter der Kinder / Und herrschet weise / Im häuslichen Kreise, ...«

Das hört sich gut an. Geradezu ideal. Als beschreibe der Dichter nicht nur ein Idyll, sondern geradezu ein Naturgesetz. So selbstverständlich erscheint ihm die Arbeitsteilung von Mann und Frau, so gottgegeben und den beiden Geschlechtern angemessen, dass sie gar nicht mehr in Frage gestellt wird.

Doch wirkt hier wirklich die Natur? Sind uns unsere männlichen und weiblichen Eigenschaften, unsere Geschlechterrollen angeboren oder anerzogen?

Naturwissenschaftler und Philosophen, Feministinnen und Machos haben über diese Frage jahrhundertelang gestritten und sind zu keinem eindeutigen Ergebnis gekommen.

Historisch gesehen, hat es wohl zu allen Zeiten und in allen Kulturen eine Arbeitsteilung zwischen den Geschlechtern gegeben. Vielleicht war es sogar für das Überleben der Menschenart notwendig, dass Männer und Frauen komplementäre Eigenschaften entwickelten: beständig, ruhig, fürsorglich und friedfertig die Frau, die den Säugling trug und stillte; der Mann umherschweifend, beschaffend, verteidigend, ein starker Beschützer.[1]

So gesehen, wären die körperlichen und seelischen Geschlechtsunterschiede, die wir heute noch feststellen können, ein Erbe aus der menschlichen Vorzeit.

Kampf um das Recht auf Erwerb

Doch heißt das, dass die Aufteilung zwischen Frau und Mann, Drinnen und Draußen, Arm und Reich immer so war und immer so bleiben muss?

Keineswegs. Die von Schiller gepriesene Hausfrauenehe ist sogar eine recht neue Erfindung. Sie kam erst mit der Industrialisierung, also erst Ende des 18. Jahrhunderts, so richtig in Mode, und auch zunächst nur in der Oberschicht.

Im Mittelalter, aber auch noch im 15. und 16. Jahrhundert, waren Frauen wirtschaftlich viel selbständiger gewesen: Sie konnten in Handwerksberufen und als Kauffrauen Reichtümer verdienen. Sie wirkten in städtischen Ämtern als Zinsmeisterinnen, Geldwechslerinnen und Gerichtsvollzieherinnen. Als Hebammen und Ärztinnen dominierten sie das Gesundheitswesen.[2]

Im Sinne der Frauen war die Hausfrauenehe nie. Sie stellten sie zu allen Zeiten in Frage. Besonders heftig im deutschen Vormärz; denn die revolutionäre Stimmung um das Jahr 1848 trieb auch die deutschen Frauen auf die Barrikaden. »Man raube den Töchtern der mittleren und höheren Stände nicht die Mittel, sich gleich denen der dienenden und arbeitenden Klasse zu einem bestimmten Berufe vorzubereiten, eine gewisse Selbständigkeit zu verschaffen; denn dadurch wird einem der größten und dauerndsten Übel, den häufigen unglücklichen Ehen vorgebeugt«, schrieb 1840 eine unbekannte Autorin unter dem Pseudonym Ernestine. »Manches Mädchen (...) ergreift in der bitteren Not die dargebotene Hand des ungekannten, ungeliebten oder unleidlichen Mannes und bereut ein langes Leben hindurch, nichts Tüchtiges gelernt zu haben, um sich eine unabhängige Existenz sichern zu können (...).«[3]

Frauenrechtlerinnen wie Louise Otto-Peters, Fanny Lewald und Hedwig Dohm griffen den Gedanken auf. Sie kämpften nicht nur für politische Mitbestimmung und mehr Bildung für das weibliche Geschlecht, sondern forderten ganz selbstverständlich auch »Das Recht der Frauen auf Erwerb«.[4] Freilich dauerte es noch lange, bis es wirklich erreicht war:

- 1949 wurde die Gleichberechtigung von Männern und Frauen im Grundgesetz der Bundesrepublik Deutschland festgeschrieben. Doch noch bis
- 1953 galt laut Bürgerlichem Gesetzbuch: »Das Vermögen der Frau wird durch die Eheschließung der Verwaltung des Mannes unterworfen.«
- 1958 trat das »Gesetz über die Gleichberechtigung von Mann und Frau« in Kraft. Frauen können seitdem über das Familieneinkommen mitbestimmen. Aber erst
- 1977 wurde die Hausfrauenehe als Standardmodell abgeschafft. Bis dahin konnte der Ehemann seiner Gemahlin die Berufstätigkeit untersagen, falls diese »mit ihren Pflichten in Ehe und Familie« nicht vereinbar war.

Gesellschaftlicher Wandel

Nicht nur die Erfolge der Frauenbewegung, sondern auch andere technische, wirtschaftliche und soziale Errungenschaften trugen, vor allem im

20. Jahrhundert, dazu bei, dass Frauen und Männer heute freier in ihrer individuellen Lebensgestaltung sind:

- Funktionen, die früher dem einzelnen Mann übertragen waren – etwa Sicherheit und Verteidigung der Familie – werden längst durch staatliche Institutionen erfüllt: durch Polizei und Militär.
- Eine traditionelle Arbeitsteilung zwischen den Geschlechtern ist in der modernen Industrie- und Dienstleistungsgesellschaft nicht mehr notwendig. Maschinen ersetzen Muskelkraft. Mit Ackerbau, Viehzucht und Jagd ist nur noch eine Minderheit von Männern und Frauen beschäftigt.
- Auch aus der häuslichen Sphäre sind viele Arbeiten verschwunden: Nahrungsmittel, Medizin und Kleidung werden nicht mehr individuell hergestellt. Kinder nicht mehr in der Familie unterrichtet, sondern in Kindergärten und Schulen.
- Durch Fortschritte in der Medizin ist die Überlebensrate gestiegen. Die Folge sind weniger Schwangerschaften. Das schafft Freiräume für die Frauen.
- Durch Entwicklung von Verhütungsmitteln ist die Frau frei zu entscheiden, ob und wann sie Kinder möchte. Sexuelle Freiheit bedeutet persönliche Freiheit – für Männer und Frauen.
- Die Lebenserwartung hat sich innerhalb des 20. Jahrhunderts verdoppelt: Das Aufziehen der Kinder nimmt nur noch einen Teil des Frauenlebens in Anspruch.

Neue Rollen für Frauen und Männer

Die Voraussetzungen sind also geschaffen, dass Frauen und Männer heute nicht mehr auf starre Rollen festgelegt sind, sondern ihre eigenen Lebensentwürfe realisieren können.

Für die Männer heißt das: Sie sind nicht mehr die alleinigen Ernährer. Sie können daraus nicht mehr ihr Anspruchsverhalten rechtfertigen: weder auf Rundumversorgung im Haushalt noch auf die Familienkasse.

Dass sich die Erwartungen an Ehemänner ganz gravierend verändert haben, zeigt die Statistik: In Deutschland wird heute jede dritte Ehe geschieden, in Großstädten sogar jede zweite. Die Mehrzahl der Scheidungen wird von Frauen eingereicht. Und bei einer Befragung von Verheirateten stellte sich heraus: 52 Prozent der Frauen würden ihren Ehemann nach sechs Jahren Ehe nicht mehr heiraten. Nur 20 Prozent der Männer sagen, dass sie mit ihrer Ehefrau die falsche Wahl getroffen haben.[5]

Vorbei sind die Zeiten, als finanzielle Abhängigkeit die Grundlage der Ehe war. Erinnern sie sich an den Satz von Eleonore über ihre Tochter: »Die Ehe hat wohl das Lernen nicht vertragen«? Das Lernen als Schritt in die Eigenständigkeit der Frau kann eine Ehe, die auf Abhängigkeit gebaut ist, leicht sprengen.

Aber die Gefühle?

Doch bedeutet das, dass Frauen heute immun sind gegen das romantische Versprechen, ein Prinz werde kommen und sie aus allen Gefahren und Nöten des Erwachsenenlebens befreien? Keineswegs. Colette Dowlings Buch *Sterntaler* ist voll von Geschichten gut ausgebildeter, lebenstüchtiger Frauen, die im entscheidenden Moment ihre finanzielle Eigenständigkeit für einen Mann, einen idealisierten Helden, in den Wind geschlagen haben. Meist mit fatalen Folgen ...

Wissenschaftlerinnen haben festgestellt, dass 15-, 16jährige Mädchen sich auch heute noch in erotischen Fantasien ergehen, die »so klingen, als kämen sie geradewegs aus einem Groschenroman«. In diesen Romanen, die weibliche Teenager phasenweise geradezu verschlingen, ist der Held meist acht bis zwölf Jahre älter als die Heldin, »selbstsicher, gebieterisch, temperamentvoll, ebenso fähig zur Gewalt wie zur Leidenschaft«. Die Heldin dagegen ist »ein unscheinbares und naives kleines Ding, der eine erstaunliche Verwandlung gelingt, wenn sie schöne Kleider anzieht«. Der Held rettet sie in der Regel aus einer Krise, die ihr Angst macht, indem er sie heiratet.[6]

»Männer werden auf ihr Leben mit Heldensagen vorbereitet, Frauen wachsen mit dem Mythos der romantischen Liebe auf. In der Adoleszenz wird er dann gnadenlose Realität, wenn für das Mädchen ein Junge, ein Mann, die Ehe nachgerade das Heil bedeuten sollen«.[7]

Wen wundert's, dass diese Frauen ihr Gefühl, etwas wert zu sein, aus der Beziehung zu diesem Mann beziehen? »Ihre Leistungen sind nichts mehr wert, wenn *er* sie nicht schätzt. (...) Langsam, aber sicher hört sie auf, ihre eigene Integrität zu achten, und verliert ihr Gefühl für die eigene Bedeutung.«[8] So ist sie nicht nur finanziell vollkommen abhängig, sondern auch emotional. Im dritten Kapitel dieses Buchs werden Sie Carmen kennen lernen, der es in ihrer Ehe genau so erging.

Und die Lösung? Unser Rat an alle Leserinnen lautet:

Trennen Sie Geld und Liebe!

Sorgen Sie selbst für Ihre finanzielle Unabhängigkeit und überlassen Sie diese Sorge nicht einem Mann. Denn: »Mit eigenem Geld sind wir frei zu leben, mit wem wir wollen oder allein zu leben. Wir sind frei, Träumen nachzugehen, die wir vielleicht vernachlässigt haben, um Kinder großzuziehen. Wir sind frei von unnötiger Angst vor Armut und Alleinsein im Alter.«9

Mit anderen Worten: Nur mit eigenem Geld sind Sie frei für die Liebe. Eine Liebe, die unbelastet ist von Versorgungsansprüchen, Abhängigkeiten und dem ewigen Streit ums Geld.

Wir versprechen Ihnen: Ihre Beziehungen werden gewinnen. Und Sie werden beides haben, wie Hanna es sich wünscht: »Natürlich Geld und Liebe!«

Warum haben Frauen weniger Geld als Männer?

Auf diese Frage gibt es viele Antworten.
Das Schöne ist: Es muss nicht so bleiben, wie es ist.

Warum haben Frauen kein Geld? »Warum trinken Männer Wein und Frauen Wasser? Warum ist ein Geschlecht so reich und das andere so arm?«, fragt Virginia Woolf 1927 in ihrem Buch *Ein Zimmer für sich allein.*[10]

1. Unsere Geschichte hemmt uns

Einen Grund haben wir bereits im letzten Abschnitt herausgefunden: Es ist historisch noch sehr jung, dass Frauen selbst Geld verdienen können und es auch behalten dürfen. Erst seit dem Jahr 1953 können Frauen in der Bundesrepublik Deutschland über ihr eigenes Geld verfügen! Solche generationenlangen Erfahrungen legt frau nicht so einfach ab.

2. Frauen verdienen weniger als Männer

Frauen verdienen heute im Durchschnitt nur 76 Prozent des Einkommens der Männer.[11] Das liegt einmal daran, dass Frauen oft schlechter bezahlte Berufe wählen als Männer, etwa Friseurin, Erzieherin oder Krankenschwester werden. Es liegt aber auch an dem vertrackten Effekt, dass in Berufen, die zu Frauenberufen werden, mit der Zeit die Löhne sinken. Man kann das historisch sehr gut an den Büroberufen (vom Sekretär zur Sekretärin) zeigen.[12]

3. Frauen sind zu bescheiden

Sind Frauen und Männer jedoch gleich qualifiziert, so starten sie im gleichen Beruf in etwa mit dem gleichen Gehalt. Am Anfang gibt es fast keinen Unterschied. Im Laufe der Zeit aber vergrößert sich der Abstand zwischen dem Gehalt der Männer und der Frauen. Woran liegt das?

»Wenn es um ihr eigenes Geld geht, sind Frauen zu bescheiden«, sagt die Betriebswirtschafts-Professorin Sonja Bischoff. »Sie sind bereit, für einen Zuwachs an Jahresgehalt von vielleicht 5000 Mark notfalls die Firma zu wechseln und sind überrascht, wenn am Ende ein Plus von 20 000 Mark dabei herauskommt.«[13] Bischoff empfiehlt, in Frauennetzwerken Gehaltsfragen mindestens genau so intensiv zu diskutieren wie Beziehungskisten.

4. Frauen sind zu leise

Frauen möchten gern entdeckt werden. Unsere Fähigkeiten, unsere Leistungen selbst anzupreisen, ist uns zuwider. Irgendwann wird doch jemand merken, wie toll wir sind! Und so lange arbeiten wir, sind fleißig, machen ohne viel Murren Überstunden und glauben, die Gehaltserhöhung, der Aufstieg ergäbe sich dann von selbst.

Manche Frau wartet sehr lange und ist dann bitter enttäuscht, wenn der vorlaute Kollege, der noch gar nicht so lange in der Firma ist und weder ihre Qualifikationen hat noch ihre Resultate bringt, sie plötzlich auf der Karriereleiter überholt. Das Geheimnis: Männer sind Profis in Sachen Eigenreklame, Frauen nicht.

»Insgesamt beruhen (...) das Fortkommen in der Firma, Karriere und Erfolg zu 90 Prozent auf guter Selbstdarstellung«, schreibt die Management-Trainerin Sabine Asgodom unter Bezug auf eine IBM-Studie. »Deshalb kann ich Ihnen nur empfehlen, alles zu tun, damit Ihre Bosse Sie kennen lernen – mit Hilfe geschickter Selbst-PR!«[14]

5. Männer sind zielorientierter als Frauen

Sie suchen Aus- und Weiterbildung und Praktika stärker nach jobstrategischen Überlegungen aus, Frauen eher nach Interesse. Personalberater können es bestätigen: Männer haben fast immer das Ziel vor Augen: Wo will ich hin? Frauen haben den Weg vor Augen: Wie will ich arbeiten?

»Wenn ich Frauen berate, muss ich immer viel mehr Zeit auf die Zielfindung verwenden«, sagte uns eine Personalberaterin, die Workshops zur persönlichen Job-Strategie veranstaltet. »Männer dagegen wollen gleich ins Bewerbungstraining einsteigen. Ihre Ziele sind ihnen schon klar.«

6. Männer und Frauen haben unterschiedliche Werte

Frauen sind im Beruf meist weniger auf Geld fixiert. Für sie zählen Arbeitsklima und Unternehmenskultur. Anerkennung ist ihnen oft wichtiger als ein hohes Gehalt. Statt Macht auszuüben wollen sie lieber gemocht werden.

Für Männer bedeutet Geld dagegen Status und Prestige: »Mein Haus, mein Auto, mein Boot ...« So etwas wird man aus Frauenmund nie hören. Eher Sprüche wie »Geld stinkt«, »Geld verdirbt den Charakter«, »Über Geld spricht man nicht.« Selbst eine Dagoberta hat in der Umfrage geschrieben: »Geld ist ein Moralkiller.«

7. Männer leben geradliniger

Für Männer ist der Beruf das Leben, für Frauen ist er ein Teil des Lebens. Der berufliche Lebenslauf von Frauen ist selten so geradlinig wie der von Männern. Frauen gehen mit Anfang 30 in die Babypause. Männer hingegen machen dann den entscheidenden Karrieresprung.

Die Folgen: Wenn die Frau dann nach der Babypause wieder in den Beruf einsteigt, vielleicht zuerst einmal nur halbtags, später ganztags, trennen sie Welten von dem Gehalt des Mannes.

8. Männer verweigern die Vaterrolle

Ein Drittel der deutschen Männer lehnt prinzipiell jegliche Beteiligung am Erziehungsurlaub ab.[15] Und 80 Prozent der jungen Väter geben an, durch die Existenz eines Kindes »in keiner Weise beruflich oder sonst wie eingeschränkt« zu sein.[16] Was ihre Kinder wohl dazu sagen?

Immer noch ist es in Deutschland die absolute Ausnahme, wenn ein Mann sich entschließt, Elternzeit zu nehmen. In Silkes Geschichte in Kapitel 7 können Sie nachlesen, wie viel Mut notwendig ist, diese Entscheidung zu leben.

9. Der Mutter-Mythos lebt

»Ambitionierte Berufstätigkeit und Familie sind unvereinbar!« In Deutschland denken das immer noch zu viele Frauen. Und darum machen sie beruflich von vornherein Kompromisse. Manchmal sogar schon, bevor Kinder da sind.

Dabei ist es wissenschaftlich längst bewiesen: Ob Kinder zu zufriedenen Menschen heranwachsen, hängt nicht von der Lebensform der Mutter ab! Forscher der Universität von Jerusalem haben 59 Studien aus aller Welt ausgewertet. Das Ergebnis: Schädliche Auswirkungen auf die Entwicklung der Kinder als Folge von Tagesbetreuung lassen sich nicht feststellen! Ob Kibbuz oder Krippe, ob Hort, Oma oder Tagesmutter: Fremdbetreuung vom frühen Kindesalter an verkrüppelt keine Seele und verbiegt keinen Charakter.[17] Oder will jemand tatsächlich behaupten, dass die Kinder von Franzosen, Briten, Dänen, Schweden, Amerikanern gestörter sind, weil es dort üblich ist, dass Mütter arbeiten?

10. Der deutsche Staat spart an den Kindern

Das Problem liegt ganz woanders: Nur für drei Prozent der Kinder bis zu drei Jahren stehen in den alten Bundesländern öffentlich finanzierte

Betreuungsplätze bereit. Zum Vergleich: In Dänemark sind es 48 Prozent. Für fünf Prozent der Schüler gibt es hierzulande Platz in einer Ganztagsschule – in Frankreich ist sie die Regel.

Der deutsche Staat spart an den Kindern, auf Kosten der Mütter. Ihr Lohn ist die staunende Bewunderung: »Beruf und Familie unter einen Hut zu bringen – wie die Frau das schafft!«

11. Die Wirtschaft ist unflexibel

Auch die Arbeitgeber könnten noch mehr für die Familien tun: Flexiblere Arbeitszeitmodelle sind durchaus möglich.

Auf der anderen Seite liegt es an den Arbeitnehmern, vor allem an den Männern, diese auch anzunehmen! Bisher zeigen sich nur die Arbeitnehmerinnen flexibel: 38 Prozent der berufstätigen Frauen arbeiten Teilzeit, jedoch nur fünf Prozent der berufstätigen Männer.[18] Und sobald Kinder da sind, machen Männer mehr Überstunden oder bleiben länger im Büro. Interessant!

12. Frauen kümmern sich nicht um Geld

Frauen verdienen nicht nur weniger Geld als Männer. Sie machen auch weniger daraus. 80 Prozent der Gelder von Frauen werden von Männern verwaltet, von Ehemännern, Freunden, Brüdern, Vätern, Bekannten, Beratern. Dahinter kann naives Vertrauen stecken (»Mein Mann macht das schon.«). Oder Bescheidenheit (»Ich brauch ja nicht viel.«). Aber auch Bequemlichkeit und Arroganz (»Ich hab was Besseres zu tun.«).

Irmtraud Potkowski erlebt es als Finanzplanerin immer wieder: Frauen, die im Beruf erfolgreich sind, viel arbeiten, gutes Geld verdienen, kommen mit jeder Menge Ausreden an, wenn es darum geht, ihr Geld auch gut zu verwalten:

- ◆ »Ich hab keine Zeit.« Alles eine Frage der Prioritäten. Irgendwo haben wir gelesen, dass Frauen einen 14tägigen Sommerurlaub gründlicher planen als ihre Altersvorsorge!
- ◆ »Ich weiß ja, dass ich etwas tun sollte, aber ich weiß nicht recht, was.«
- ◆ »Es fällt mir so schwer, über Geld zu sprechen. In meiner Familie war das ein Tabuthema.«

Zum Glück sieht es bei den Dagobertas anders aus: Laut unserer Umfrage verwalten rund 85 Prozent von ihnen ihr Geld selbst. Und dass sie gerne über Geld reden, stellen sie jeden Monat bei den Treffen ihrer Aktienclubs unter Beweis.

13. Frauen haben nie gelernt, mit Geld umzugehen.

Noch einen letzten Grund gibt es, warum Frauen weniger Geld haben als Männer. Sie haben es nicht gelernt.

Ist es nicht merkwürdig, dass wir in der Schule alles mögliche lernen: die Klimaverhältnisse von Timbuktu, die Abfolge der Punischen Kriege, die zweite Ableitung einer Sinusfunktion? Aber wie frau ihr Geld verwaltet und vermehrt, das lernen wir nirgendwo – weder in der Schule noch zu Hause.

Stimmt, die Männer lernen es auch nicht in der Schule. Aber sie lernen es im Leben, weil sie es einfach tun. »Learning by doing« heißt die Devise.

Und so schließt sich der Kreis: Weil frau sich nicht um Geld kümmert, lernt sie es nicht. Weil sie es nicht gelernt hat, kümmert sie sich nicht ...

Nur nicht so moralisch!

Wir meinen: Es ist langsam an der Zeit, dass Frauen aufhören, Geld abzulehnen. Dass wir die Glaubenssätze der Vergangenheit hinter uns lassen: »Geld macht nicht glücklich«, »Geld verdirbt den Charakter«, »Karrierefrauen sind unweiblich«, »Bescheidenheit ist eine Zier«, ...

Warum nur so moralisch? Sehen wir es doch einmal nüchtern: Es ist nicht das Geld, was schlecht ist. Geld an sich ist weder gut noch schlecht.

Was ist Geld überhaupt?

Geld ist in erster Linie ein Tauschmittel. Geld ist aber auch ein Wertmaßstab. Es macht möglich, dass wir verschiedene Güter materiell vergleichen können. Und schließlich ist Geld ein Wertaufbewahrungsmittel. Stabilität vorausgesetzt, haben wir mit Geld die Möglichkeit, bestimmte Güter entweder heute zu erwerben oder dies erst in der Zukunft zu tun.

Das bedeutet: Geld ermöglicht uns, unsere Zukunft zu planen. Geld ist somit ein wesentliches Element unserer persönlichen Freiheit. Und es liegt an uns, etwas dafür zu tun, dass wir mehr davon haben.

Nicht schlecht, oder?

Fassen wir zusammen:

Warum haben Frauen weniger Geld als Männer ?

- Frauen und Geld – das Thema hat noch keine lange Geschichte.
- Frauen verdienen weniger als Männer.
- Frauen sind immer noch zuständig für Kinder.
- Frauen kümmern sich nicht um Geld.
- Frauen haben nie gelernt, mit Geld umzugehen.

Und wie können wir das ändern?

- Mit der Geschichte müssen wir leben. Was vorbei ist, ist vorbei!
- Frauen verdienen mehr!
- Frauen sind nicht nur zuständig für Kinder!
- Frauen kümmern sich um Geld!
- Frauen lernen, mit Geld umzugehen!

Warum haben manche Frauen mehr Geld als andere ?

Wie unsere Werte und Einstellungen unseren Kontostand beeinflussen.

Warum Frauen weniger Geld als Männer haben, wissen wir jetzt. Aber auch unter den Frauen ist Geld ungleich verteilt.

Wobei auffällt, dass Frauen, die sehr viel verdienen, nicht notwendigerweise auch viel mehr Geld besitzen. Im Gegenteil: Oft jammern sie schon zur Monatsmitte, dass auf dem Konto wieder Ebbe ist.

Und dann gibt es Frauen, die arbeiten, arbeiten, arbeiten – und es bleibt nie etwas übrig. Wieder andere arbeiten normal, leben ordentlich, gönnen sich auch einmal etwas Gutes, und es bleibt noch Geld übrig. Seltsam!

Sie sehen also: Allein vom Arbeiten und Geldverdienen wird frau nicht reich. Sie muss das Geld auch behalten wollen. Und das ist gar nicht so einfach.

Drei Frauen, drei Leben

Anja besitzt 50 Paar Schuhe. Für jedes Kleid, jede Hose hat sie die passenden Schuhe – auch Schuhe für Kleider, die sie (noch) gar nicht besitzt. »Ich mag Schuhe«, sagt Anja. »Schuhe finde ich total wichtig«.

Barbara geht alle 14 Tage zur Kosmetikerin. Sie sieht blendend aus mit ihren 55 Jahren: bewundernswert glatte Haut, immer top geschminkt, Super-Frisur. »Mein Aussehen ist für mich ganz wichtig. Ich könnte nie mit strubbeligem Haar oder ungeschminkt aus dem Haus gehen.«

Die Wohnung von Carola sieht aus wie die Filiale einer Buchhandlung. Bücherregale in allen Zimmern, sogar auf dem Klo. »Ich brauche Bücher, Bücher sind mein Leben. Gute Bücher sind mir viel wichtiger als alles andere«.

Ahnen Sie, weshalb wir Ihnen diese drei Geschichten erzählen? Alle drei Frauen haben etwas gemeinsam: Es gibt etwas, was ihnen sehr wichtig ist. Und das, was ihnen so wichtig ist, möchten sie nicht nur haben, sondern auch behalten.

Könnte es sein, dass es mit Geld genau so ist?

Wenn Sie reich sein möchten, viel Geld haben möchten, genügt es nicht, zu arbeiten, Geld zu verdienen, Geld erwerben zu wollen. Sie müssen das Geld auch behalten wollen! Es darf Ihnen nicht durch die Finger rutschen.

Reichtum kommt so wenig von allein wie Anjas Schuhe, Barbaras

Schönheit oder Carolas Bücher. Reich werden Sie nur dann, wenn Ihnen Geld so wichtig ist, dass Sie möchten, dass es bei Ihnen bleibt.

Jede Frau bestimmt selbst, ob sie viel Geld hat oder wenig!

Sie bestimmt, ob sie das Geld, das sie erwirbt, behalten und vermehren will. Doch da gibt es ein Problem: Die Glaubenssätze aus unserer Kindheit. Sie stecken noch zu tief in uns drin.

- ◆ »Geld macht nicht glücklich.« Und glücklich wollen wir auf jeden Fall werden!
- ◆ »Geld verdirbt den Charakter.« Und Charakter ist uns wichtig!
- ◆ »Geld interessiert mich nicht«, behaupten Frauen und geben es aus. Nur um dann festzustellen: Ich hab kein Geld !

Unser Verhältnis zu Geld ist immer noch sehr ambivalent. Es ist oft noch weit entfernt von einer positiven, erwachsenen, einer lustvollen Beziehung.

Wenn wir an dieser Beziehung etwas verändern wollen, wenn wir erreichen wollen, dass Geld zukünftig eine positive Rolle in unserem Leben spielen soll, so müssen wir unsere Einstellung verändern.

Unser bisheriges Denken und Handeln hat uns dahin gebracht, wo wir heute stehen. Wenn wir vorhaben, in der Zukunft andere, neue Ziele zu erreichen, so können wir das nur, indem wir unser Denken und Handeln verändern.

Dies ist jedoch nur möglich, wenn uns die Grundlagen unseres Denkens und Handelns, unsere Werte und Einstellungen klar sind. Denn wir können nur das ändern, was wir kennen.

Check 1: Was Ihnen wichtig ist

Der erste Schritt zum Wohlstand: Ihre Werte!

Was ist Ihnen wichtig? Auf was möchten Sie nur sehr ungern verzichten?

Fangen Sie an bei den ganz alltäglichen Dingen des Lebens wie gutes Essen, schöne Kleidung, nette Nachbarn, ...

Und schreiten Sie dann fort zu den übergeordneten Werten: den Grundlagen Ihres Handelns. Welche Wertvorstellungen und Überzeugungen sind Ihnen so wichtig, dass Sie bereit sind, mehr an Kraft und Zeit zu investieren? Sind es Selbständigkeit, die Selbstverwirklichung im Beruf, Familie, Kinder, Freundinnen, Greenpeace, Ihre Gesundheit oder Ihr Glauben? Oder etwas ganz anderes?

Bitte nehmen Sie sich jetzt etwas Zeit und schreiben Sie auf, was für Sie wichtig ist und welches Ihre Werte sind.

Dinge des täglichen Lebens, auf die ich nicht verzichten möchte:

Werte, für die ich bereit bin, etwas zu tun:

Bitte bewahren Sie diese Listen auf. Und, wenn Sie möchten, vergleichen Sie von Zeit zu Zeit, ob sich Ihre Prioritäten geändert haben.

3. Wo Sie die Antwort finden

Carmens Story: »Selbst ist die Frau«

Sie lebte in einem goldenen Käfig: reich, aber unglücklich.
Wie Carmen S., 58, zu sich selbst fand.

Mit den Dagobertas nach New York zu fliegen, war für mich eine ganz besondere Erfahrung. Nicht, dass ich noch nie in New York war! Doch, ich kenne die Stadt ganz gut. Aber ich war dort noch nie allein unterwegs, immer nur mit meinem Mann.

Deshalb war der letzte Nachmittag unseres Aufenthalts etwas ganz Besonderes für mich. Ich habe es so genossen, ganz allein durch die Straßen Manhattans zu spazieren. Ich habe mich prima zurechtgefunden, habe mich verständigen können, alles selbständig und allein. So stark habe ich mich gefühlt! Als sei ich endlich erwachsen geworden.

Ich bin jetzt 58 Jahre alt. Viele Leute sagen mir, sie könnten das gar nicht glauben, ich sähe so viel jünger aus. Das kommt wahrscheinlich daher, dass ich so viel nachholen muss. Dinge, die andere Frauen mit 20 tun! Ja, ich gehe gerne in Popkonzerte, mag aber auch Gospel und klassische Musik. Eigentlich alles außer Blasmusik. Ich habe ein Theater-Abonnement, spiele Tennis und gehe schwimmen.

Ich gehe heute mit ganz anderen Augen durch die Welt, entdecke vieles neu und merke, wie ich mich verändere, wie ich selbstbewusster und mutiger werde. Aber bevor ich so weit war, habe ich eine ganz schlimme Zeit durchgemacht. Auslöser war meine Scheidung vor drei Jahren.

Mein Mann und ich waren 35 Jahre verheiratet. 35 Jahre, in denen ich nicht mein eigenes Leben gelebt habe, sondern seines. So sehe ich es heute.

Aber damals, als wir uns kennen lernten, Anfang der 60er Jahre, war es ganz normal, dass junge Mädchen direkt vom Elternhaus in die Ehe wechselten. Jedenfalls in Familien wie meiner. Ich bin sehr behütet aufgewachsen. Studentenleben, gar Wohngemeinschaften – so etwas kannte ich nicht. Manchmal beneide ich die jüngeren Frauen darum.

Mit 14 Jahren, nach dem Hauptschulabschluss, machte ich eine kaufmännische Lehre. Danach lernte ich drei unterschiedliche Betriebe kennen: im ersten hatte ich mit Kosmetik zu tun, im zweiten mit Baustoffen, im dritten mit Möbeln. Der dritte war der interessanteste, eine Möbelfirma mit internationalem Vertrieb.

Heinrich, mein späterer Mann, ist mir an meinem zweiten Arbeitsplatz begegnet. Er war in dem Großbetrieb als Meister angestellt, träumte aber schon von einer eigenen Baufirma.

Heinrich war drei Jahre älter als ich. Und er gefiel mir zunächst überhaupt nicht. Ich konnte diesen Mann nicht leiden, wirklich! Doch, er sah gut aus, sehr gut sogar. Aber sein Verhalten fand ich abstoßend. Er trat immer so großspurig auf, war ein richtiger Angeber. Und ich war eigentlich immer sehr zurückhaltend.

Was er an mir fand? Ich weiß es nicht genau. Vielleicht gefiel es ihm, dass ich im Büro arbeitete. Das war etwas Feineres als die Arbeit auf den Baustellen, und Heinrich strebte immer nach Höherem.

Heinrich begann, mir Rosen ins Büro mitzubringen. Er lieh mir sein Auto. Eines Tages lief er mir wie zufällig im Urlaub über den Weg. In Wirklichkeit hatte er das Zusammentreffen exakt geplant. Und damit traf er genau meine romantische Ader! Ich war geschmeichelt, dass sich jemand so sehr um mich bemühte. Also gab ich ihm eine Chance.

Ein Jahr waren wir verlobt, dann wurde ich schwanger. Wir mussten heiraten. »Was sagen sonst die Nachbarn?«, fragten meine Eltern. Und ich? Ich war noch gar nicht reif für die Ehe, ich wäre gern noch länger im Elternhaus geblieben. »Ich kann doch gar nicht kochen«, habe ich zu meiner Mutter gesagt.

Heinrich war das egal: Er hatte mich schon voll in seinem Leben verplant. Mit 22 hatte er seine Meisterprüfung gemacht, fünf Jahre später machte er sich selbständig. Wir zogen nach D., eine schwäbische Mittelstadt. Dort hatte Heinrich im Industriegebiet, gleich neben der Autobahn, ein Grundstück erworben. Und da baute er nun seinen Betrieb auf, nach dem Motto: »Klotzen, nicht kleckern!« Es war ein Wagnis, eine Millionen-Investition.

Doch die Firma gedieh: Jahr für Jahr stiegen Umsatz und Gewinn. Heinrichs Erfolgsrezept war sein unbedingtes Qualitätsbewusstsein: er forderte Perfektion von sich und anderen. Und das wussten die Kunden, Architekten und Bauherren, zu schätzen. Das Geschäft boomte, auch wenn Heinrich oft ruppig zu den Kunden und vor allem zu den Mitarbeitern war. Das glich ich dann aus – ich war ständig am Vermitteln und sorgte für Harmonie.

Meine genaue Rolle im Betrieb? Schwer zu sagen, ich war das Mädchen für alles. Ich machte die Buchhaltung. Ich führte die Korrespondenz. Ich telefonierte. Und ich bestellte Baumaterial.

Mein Tagesablauf sah so aus: Morgens machte ich Frühstück für meinen Mann und die Kinder – wir hatten zwei Kinder, ein Mädchen und einen Jungen. Dann ging ich ins Büro. Mittags Kochen, Mittagessen, dann wieder Büro. Dazwischen Fahrten zur Bank, zum Einkaufen oder was auch immer. Und auch nach dem Abendessen war oft noch etwas Schriftliches zu erledigen. Oder der Haushalt.

Die Kinder kamen dabei viel zu kurz. Da wo wir wohnten, im Industriegebiet, hatten sie keine Spielgefährten. Auf dem Bauhof war es gefährlich. Mein Sohn hatte einmal einen schrecklichen Unfall, er wurde von einem Kieslaster angefahren. Ich hatte natürlich ein furchtbar schlechtes Gewissen deswegen. Irgendwie schaffte ich es trotzdem, die Kinder großzuziehen. Allerdings konnte ich ihnen nie richtig bei den Hausaufgaben helfen; ich hatte die Ruhe nicht. Ich sei immer am Rennen gewesen, sagten alle, die mich kannten.

Ja, ich hatte 35 Jahre lang den Kopf so voll, dass ich gar nicht zum Nachdenken kam. Zum Beispiel über unsere Ehe. Dabei hatte ich von Anfang an das Gefühl, dass mein Mann mich nicht richtig liebt. Schon nach einem halben Jahr Ehe fing er Affären mit anderen Frauen an. Er zog für Wochen aus, ich saß mit dem kleinen Kind daheim, heulte und wartete, dass er wieder kommt! Kurz vor Weihnachten kam er: Ob wir's wieder miteinander versuchen wollten? Na klar, ich war beigeistert, dass der Mann wieder da war. Heute kann ich es nicht mehr begreifen, was für ein Schaf ich war.

Wovor hatte ich eigentlich Angst? Zum einen natürlich um die Tochter. Was sollte aus ihr werden, wenn wir uns trennten? Aber ich hatte auch tiefe Angst um mich, Angst vor dem Verlassenwerden. Ich wusste überhaupt nicht, wie ich ohne meinen Mann, ohne Familie existieren sollte. Für mich selbst verantwortlich sein? Das hatte ich doch nie gelernt! Heinrich brauchte nur zu drohen: »Ich lasse mich scheiden«, dann gab ich sofort nach.

Nach außen wahrten wir die Fassade. Oh, wir waren ein schönes Paar! Gut aussehend, wohlhabend, immer tolle Autos, Uhren und Schmuck, prominente Freunde, weite Reisen, Riesenparties, schicke Hobbies! Mein Mann zeigte seinen Reichtum gerne vor. Auch wenn er in Familienangelegenheiten geizig war und behauptete, er hätte nichts als Schulden. Nun, ich wusste es besser, ich kannte seinen Umsatz und Gewinn.

Weil mein Mann mich ständig betrog, wollte ich eigentlich nach dem ersten Kind, unserer Tochter, kein weiteres. Doch er wollte unbedingt einen Sohn! Also drohte er: »Ich lasse mich scheiden, wenn du keine Kinder mehr von mir willst.« Da gab ich nach. Scheidung war das Zauberwort. Damit konnte er bei mir alles erreichen.

Sieben Jahre nach der Tochter wurde unser Sohn geboren. Mein Mann war natürlich stolz: er sah sofort den Nachfolger in seinem kleinen Sohn. Und ich gab mich der Hoffnung hin, jetzt werde unser Leben besser. Zwei Jahre lang war es auch so. Dann ging mein Mann wieder fremd.

Meist waren es kurze Geschichten. Doch 1983 hatte Heinrich eine ernsthafte Beziehung, die lange ging. Damals sagte eine Freundin, die das bemerkt hatte, zu mir: »Carmen, tu doch Geld auf die Seite! Damit du etwas für dich hast, wenn eure Ehe auseinandergeht.« Auf so etwas wäre ich nie von selbst gekommen. Und ich habe mich auch nicht getraut, denn Heinrich kontrollierte die Bücher sehr genau. Und wenn etwas nicht stimmte, konnte er sehr wütend werden.

Immerhin hatte ich ab etwa 1990 ein eigenes Konto, auf das mein Gehalt für die Bürotätigkeit überwiesen wurde. Das Finanzamt hatte darauf bestanden; vorher bekam ich das Geld bar auf die Hand. Viel war es nicht: anfangs 800, später 1500 Mark im Monat. Davon bezahlte ich Kleider, den Friseur, Kosmetik und ähnliches; Ausgaben für Haushalt und Kinder konnte ich nach Bedarf der Firmenkasse entnehmen.

Ob mein Gehalt meiner Leistung entsprach, ob ich genug verdiente – das habe ich mich vor der Trennung von meinem Mann nie gefragt. Arbeit und Familie waren ja eins. Und wenn ich ans Alter dachte, malte ich mir aus, dass wir dann in dem schönen Haus wohnen würden, das meinen Mann mittlerweile in D. gebaut hatte und in das ich gern sofort eingezogen wäre, wenn nicht das Vermieten lukrativer gewesen wäre. Heute wohnt mein Mann mit seiner neuen Partnerin in diesem Haus.

Diese Frau hatte er 1993 kennen gelernt. Sie war mehr als 20 Jahre jünger als er, alleinstehend und hatte immer Zeit für ihn. Doch mein Mann bestritt, dass da etwas sei. Jahrelang spielte er Versteck mit mir. »Du hast ja Wahnvorstellungen«, sagte er, wenn ich einen Verdacht äußerte.

Zu meinem Geburtstag 1996 machte mir Heinrich ein seltsames Geschenk: eine Woche Schönheitsfarm – für mich allein. Er selber wolle während dieser Zeit allein in Urlaub fahren, sagte er. Ich glaubte ihm kein Wort. Heinrich und allein in Urlaub fahren! Normalerweise braucht er ja sogar zum Fernsehen Gesellschaft.

Tatsächlich fand ich während meines Schönheitsurlaubs ohne große Mühe heraus, dass er mit seiner Freundin im Mittelmeer unterwegs war. Und das traf mich dann doch: Wut, Enttäuschung, Ekel und dieses entsetzliche Gefühl der Wertlosigkeit. Wer war ich denn, dass man mich so belügen, betrügen und abschieben konnte?

Als eine Zimmernachbarin mich ansprach, was denn mit mir los sei, brach alles in einem Sturzbach von Tränen aus mir heraus. Ein Nervenzusammenbruch. Zum Glück gab es eine psychologisch ausgebildete Ärztin im Gesundheitszentrum. Sie gab mir Medikamente zur Beruhigung. Und baute mich in langen Gesprächen wieder ein wenig auf. Ich blieb eine Woche länger als geplant.

Wieder zu Hause, stellte ich Heinrich zur Rede. »Du kannst gehen«, sagte ich zu ihm, als er mittags schon wieder weg wollte. »Ich weiß Bescheid. Ich stehe euch nicht im Weg.« Das war der Anfang vom Ende. An dem Tag hatte ich erstmals die Kraft gespürt, alleine weiter leben zu können. Und das hatte Heinrich mir wohl auch angesehen.

Er machte Versöhnungsversuche. Er strengte sich an wie schon lange nicht mehr. Irgendwann wurde ich wieder schwach. Wir feierten Weihnachten und Silvester zusammen mit der Familie und mit Freunden. Wir machten Pläne für das Jahr 2000. Im Januar starb mein Vater, was mir sehr nahe ging. Im Februar merkte ich dann, dass die Geschichte mit der anderen Frau wieder angefangen hatte.

Jetzt begann auch ich endlich zu kämpfen. Ich rief die Rivalin an, stellte sie zur Rede. Wie lange hatte ich das schon tun wollen und mich nie getraut! Sie bestätigte mir, dass das Verhältnis schon seit drei Jahren bestand. Von wegen Wahnvorstellungen! Nun stellte ich Forderungen an meinen Mann: er solle sich endlich entscheiden. Für mich und die Kinder! Doch da war nichts mehr zu retten. Ein paar Tage später zog er aus. Zu der Freundin. Ich hatte den Kampf verloren.

In dem Moment war mein neues Selbstbewusstsein wie weggeblasen. Ich war wie tot. Ich dachte nur noch an Selbstmord. Passiv ertrug ich, was jetzt folgte. Mein Mann kündigte meine Stelle, sperrte alle gemeinsamen Konten. Er nahm mir Auto und Telefon weg. Daraufhin reichte ich auf Anraten meines Anwalts die Scheidung ein.

Ich hatte nun Hausverbot in Hof und Büro, blieb aber zunächst in der Wohnung. Irgendwann begann mein Mann, Unterhalt zu überweisen, zog aber eine hohe Summe für die Wohnungsmiete ab. Und ich brauchte Monate, sieben Monate, bis ich endlich die Kraft fand, in eine eigene Wohnung zu ziehen.

Bis heute habe ich mich nicht recht daran gewöhnen können: Ich bin 58 und lebe allein in einer kleinen Mietwohnung. Andere Frauen in meinem Alter leben mit ihrer Familie im eigenen Haus. Ja, es ist schon ein gesellschaftlicher Abstieg; ich empfinde es so. Auch wenn es mir materiell heute gut geht – vielleicht so gut wie noch nie!

Und es sind auch eine Menge positive Dinge passiert seit dem Ende meiner Ehe. Menschen sind auf mich zugekommen und haben mich unterstützt, von denen ich es gar nicht erwartet hätte. Ehemalige Mitarbeiterinnen, fast der gesamte Tennisclub, mein Arzt und eine engagierte Psychologin.

Es waren vor allem Frauen, die sich um mich kümmerten. Ich hatte ja nie wirklich Freundinnen gehabt, mit denen ich mich aussprechen konnte. Mein Mann hatte das immer zu verhindern gewusst. Nun lernte ich viele Frauen kennen, die in der gleichen Situation waren wie ich. Das tröstete mich ein wenig, bisher hatte ich gedacht, ich bin die einzige, der es so ergeht. Durch die Vermittlung einer Freundin fand ich nach zwei Jahren auch einen neuen Anwalt. Der half mir, meine Scheidung innerhalb von acht Wochen durchzuziehen, und sorgte dafür, dass ich eine ordentliche Abfindung bekam.

Was mir heute vielleicht am meisten Stabilität gibt, ist mein neuer Job: Es war gar nicht leicht, etwas zu finden in meinem Alter! Der Bewerbungskurs vom Arbeitsamt nutzte mir gar nichts. Ich verschwendete dort nur Zeit. Denn ich wusste ja, wie eine Bewerbung auszusehen hat. Ich hatte ja selbst Leute eingestellt!

Schließlich konnte ich eine Freundin überreden, mich in ihrer Parfümerie zu beschäftigen. Ich arbeite dort als normale Verkäuferin, räume Regale ein, sitze an der Kasse. Drei Nachmittage in der Woche arbeite ich fest; ansonsten springe ich ein, wenn jemand ausfällt. Meine Freundin und die anderen Mitarbeiter sind sehr zufrieden mit mir! Und mir tut es gut, gebraucht zu werden.

Und, was soll ich sagen: Inzwischen kommt auch das Unternehmerische wieder raus bei mir! Ich handele selbständig, mache Verbesserungsvorschläge. Zum Beispiel läuft bei uns im Laden jetzt immer eine sanfte Musik im Hintergrund; das mögen die Kundinnen.

Ich habe auch angefangen, mich systematisch über Aktien und die Wirtschaft zu informieren. Durch eine Freundin lernte ich die Dagobertas kennen. Ich besuchte einen Vortrag an der Volkshochschule, den Andrea Sauter hielt. Sie hat mir später geholfen, die richtigen Aktienfonds für meine Alterssicherung auszuwählen.

Das Konzept der Finanzplanerinnen und die Idee eines Fraueninvestmentclubs überzeugen mich sehr. Frauen müssen ihre Finanzen selbst in die Hand nehmen, davon bin ich heute überzeugt. Ich würde nie wieder einem Mann die Kontrolle über mein Geld überlassen! Und schon gar nicht über mein Leben.

Mut zur Verantwortung

In uns selbst liegt die Chance zur Veränderung.
Wie Dagobertas ihre Stärken nutzen.

Carmens Geschichte ist wohl die traurigste in diesem Buch. Denn sie erzählt von verpassten Chancen, enttäuschten Hoffnungen, bitteren Kränkungen – und von viel vertaner Zeit. 55 Jahre lebte Carmen in Abhängigkeit. Erst in ihrem behüteten Elternhaus, dann in der Ehe mit einem Mann, der ihr alle Entscheidungen abnahm. Wie sagt sie so treffend: »Ich habe nicht mein eigenes Leben gelebt, sondern seines.«

Trotzdem ist Carmens Geschichte auch eine, die Mut macht. Sie lehrt uns, dass es nie zu spät ist, Verantwortung für sich selbst zu übernehmen. Seit drei Jahren stellt sich Carmen S. dieser neuen Herausforderung. Und findet erstaunliche Lösungen. In einem Alter, in dem die meisten von uns schon an Ruhestand und Kürzertreten denken, entdeckt Carmen die Welt und das Leben neu. Das macht sie so jung – und manchmal regelrecht übermütig.

Vor allem entdeckt Carmen viele neue Dinge an sich selbst – Stärken und Fähigkeiten, die ihr lange verborgen blieben.

Die Kraft, die tief in uns steckt

Manchmal sehen die anderen besser als wir selbst, was in uns steckt. In Carmens Fall war es ihre beste Freundin. »Du schaffst das«, sagte sie ihr immer wieder, wenn Carmen zweifelte, ob sie überhaupt in der Lage sei, allein zu leben. »Du kannst so vieles. Und das hast du längst bewiesen.«

Und sie zählte auf: »Du hast jahrelang organisiert, verhandelt, Menschen angeleitet. Du hast im Büro alles im Griff gehabt. Du bist belastbar. Du hast viele Aufgaben unter einen Hut gebracht, warst neben dem Beruf eine gute Hausfrau und liebevolle Mutter. Im Betrieb hast du immer für Harmonie gesorgt. Du kannst dich gut in die Lage anderer versetzen. Du warst hilfsbereit, hast dich für die Angestellten eingesetzt. Du warst kreativ und hast Lösungen gefunden, auf die dein Mann nie gekommen wäre. Dir hat man vertraut.«

»Das soll ich sein?«, staunte Carmen. »Diese starke Person?« Doch mit der Zeit begann sie, an sich zu glauben. Und übernahm Schritt für Schritt Verantwortung:

- Sie packte ihre Sachen und zog aus dem goldenen Käfig aus. Ihr erster großer Schritt zur SELBST-BESTIMMUNG.
- Sie öffnete sich, fuhr mit Sohn und Schwiegertochter in Ur-

laub, lernte neue Leute kennen. »Du siehst super aus«, sagte man ihr. Das war wichtig für ihre SELBST-BESTÄTIGUNG.

♦ Mit der neuen Wohnung, dem neuen Job kamen die ersten Erfolgserlebnisse in ihrem neuen Leben. »Ich kann das alles ganz allein«, stellte Carmen fest. Damit wuchs ihr SELBST-BEWUSSTSEIN.

♦ »Ich werde auch die Scheidung überstehen. Ich werde wieder lachen und herausfinden, was ich will und was mir gut tut.« Solche Sätze, die Carmen heute sagt, zeigen ihr SELBST-VER-TRAUEN.

♦ »Und so behandeln wie in meiner Ehe lasse ich mich nie mehr, nie mehr im Leben.« Ein starker Satz. Er beweist Carmens neu gewonnene SELBST-ACHTUNG.

»Wer sein Glück anderswo sucht als in sich selbst, wird es nicht finden«, sagte der chinesische Schriftsteller Lin Yutan unter Berufung auf Lao-Tse. Carmen ist auf dem besten Weg dazu, ihr Glück in sich selbst zu finden. Und Sie, liebe Leserin, werden hoffentlich nicht so viele Umwege machen müssen wie Carmen, bis Sie von sich sagen können: »Mit mir kann ich rechnen.«

Für sich selbst sorgen?
Heute wachsen Frauen anders auf als Carmen. Ein eigener Beruf ist für die allermeisten eine Selbstverständlichkeit. Jedes dritte Mädchen macht Abitur, und kaum eine junge Frau wechselt mehr direkt vom Elternhaus in die Ehe.

»Die Erwartung, mit der eine junge Frau heute in die Welt geht, unterscheidet sich fundamental von dem, was ihre Altersgenossin in den 50ern und 60ern auch nur hoffen konnte«, so bringt es die Feministin Alice Schwarzer auf den Punkt. »Junge Frauen fühlen sich heute gleich stark mit Männern, das sehen wir nicht nur im Alltag, das zeigen auch alle Umfragen – auch wenn es darunter eine wortlose Unterströmung gibt, die das neue Selbstbewusstsein unterhöhlt.«[1]

Dass dieses noch nicht ganz stabil ist, zeigt folgender Befund: In der jüngsten Shell-Jugendstudie von 2000 sagen 85 Prozent der Mädchen zwischen 16 und 18, sie wollten »einen Beruf haben, der ihnen auch später etwas bedeutet«. Bei den 22- bis 24jährigen Frauen dagegen liegt die Zustimmung nur noch bei 78 Prozent. Schon in diesem Alter macht sich also ein Konflikt zwischen Beruf und Familie bemerkbar. Vielleicht schnapp auch die Romantik-Falle zu, weil der Prinz am Horizont erscheint? Zum Vergleich: Bei den Jungen und jungen Männern ist die Berufsorientierung, altersunabhängig, jeweils 80 Prozent.[2]

Dabei ist der eigene Beruf mit dem eigenen Einkommen nur die Grundvoraussetzung für finanzielle Selbstverantwortung. Er ist noch lange keine Garantie dafür. »Eine Frau verdient heute ihr eigenes Geld, manchmal sogar sehr viel«, schreiben die amerikanischen Autorinnen Annette Lieberman und Vicki Lindner. »Aber nichts hat sie in ihrer psychischen oder kulturellen Geschichte so ausgestattet, dass sie sich vorstellen könnte, für den Rest ihres Lebens für sich selbst zu sorgen.«[3]

Und eine andere Amerikanerin, Cynthia Kling, gesteht freimütig: »Ich habe versucht gut zu heiraten. Sogar zweimal. Ich sage nicht, dass ich mich gierig auf einen fetten Geldsack mit Mundgeruch gestürzt hätte. Ich investierte in mich – Fitness-Club, Friseur, Urlaube – und erwartete, dass der Mann, den ich mir geschnappt hatte, für den Rest sorgen würde. Nicht für die Rechnungen, aber für die ernsteren, langfristigen Dinge – Investitionen, Steuern, Altersvorsorge.«[4] Na, fühlen Sie sich da ertappt?

Sie sind verantwortlich!

An Carmens Geschichte können Sie ablesen, wie fatal es für Ihr Selbstbewusstsein sein kann, wenn sie einem anderen, Stärkeren, die Entscheidungen über Ihr Geld und damit einen Großteil Ihres Lebens überlassen. Aber selbst wenn Ihr Lebensgefährte ein ganz anderer Typ sein sollte – fairer, verständnisvoller, partnerschaftlicher als Carmens Heinrich – sollten Sie sich die Frage stellen: Komme ich auch ohne ihn klar?

Wir erinnern hier noch einmal an die nackten Tatsachen, auf die wir zum Teil bereits in Kapitel 2 gestoßen sind:

- ◆ Jede dritte Ehe wird geschieden. Es wäre blauäugig zu glauben, dass es nur die anderen trifft.
- ◆ Jede zweite Frau über 65 Jahre ist Witwe. Wir wünschen Ihnen und Ihrem Ehemann ein langes Leben. Aber vorsorgen müssen Sie!
- ◆ 90 Prozent aller Frauen leben zu irgendeinem Zeitpunkt ihres Lebens allein. Und das heißt: Sie müssen spätestens dann in der Lage sein, finanzielle Entscheidungen selbst zu treffen.

Warten Sie nicht, bis es so weit ist. Üben Sie es vorher! Machen Sie niemand anderen – weder Ihre Eltern noch Ihren Partner, weder die Gesellschaft noch den Staat – dafür verantwortlich, wie Sie heute oder in 20 Jahren leben. Sie und kein anderer sind verantwortlich dafür, dass es Ihnen gut geht!

Die Voraussetzungen haben Sie

Das klingt Ihnen zu hart? Sie möchten ja gerne verantwortlich sein, aber wissen nicht so recht, ob Sie es können? Nach allem, was Sie in Kapitel 2 über Geschlechtsunterschiede gelesen haben, denken Sie vielleicht: Die Männer sind doch besser gerüstet zum Geldmachen als wir Frauen!

Schließlich haben sie sich von Kind an geübt in den Haltungen, die sie in dieser Gesellschaft weiterbringen: Zielorientiertheit, Selbstvertrauen, Entscheidungsfreude, Risikobereitschaft, Streben nach Verantwortung. Männer wissen doch immer, wo es lang geht.

Vergessen Sie's! Sie haben es wirklich nicht nötig, sich als Frau beim Thema Geld an den Männern zu orientieren. Frau zu sein, ist hier sogar ein besonderer Erfolgsfaktor. Denn in Wirklichkeit sieht es so aus:

Frauen sind die besseren Anleger

Das ist sogar wissenschaftlich erwiesen. Zwei Ökonomen von der Universität von Kalifornien in Davis fanden heraus: Die Aktien-Portfolios von Frauen erzielen signifikant mehr Rendite (genau: 1,4 Prozent mehr) als die von Männern im gleichen Zeitraum.[5] Hauptgrund: Männer wissen gar nicht so genau, wo's lang geht. Sie glauben es nur. Sie überschätzen sich, machen Fehler und schichten ihre Portfolios zu oft um. Frauen halten ihre Aktien länger und sparen so Gebühren und Steuern.

Frauen gemeinsam sind noch bessere Anleger

Aktienerfolg ist nicht so sehr eine Frage der Theorie (obwohl auch ein wenig Theorie nicht schaden kann!), sondern der Praxis. Investieren lernt Frau vor allem, indem sie investiert.

Wie Sie an der kurzen Geschichte der Dagobertas (Kapitel 1) sehen können, kommt der Appetit mit dem Essen: Wenn Frauen erst einmal eigenes Geld in einem gemeinsamen Aktiendepot stecken haben, wollen sie plötzlich ganz genau wissen, an welchen Firmen sie sich beteiligt haben und was die mit ihrem Geld machen! Sie schreiben Briefe an den Vorstand, wenn ein Unternehmen in der Presse schlecht weggekommen ist. Sie scheuen nicht einmal vor Betriebsbesichtigungen zurück.

Übrigens: Eine andere amerikanische Studie, durchgeführt vom Nationalen Investorenverband (NAIC), fand, dass rein weibliche Investmentclubs über zehn Jahre hinweg wesentlich besser abschneiden als rein männliche: Ihre durchschnittliche Jahresrendite liegt bei 23,8 Prozent, die der Männer bei 19,2 Prozent. Gemischte Clubs liegen irgendwo dazwischen.[6]

Frauen sind kommunikativ

Frauen sind Meisterinnen des Gesprächs, wie man in vielen Talkshows beobachten kann. Sie quatschen andere nicht zu, sondern hören zu, nehmen Stimmungen auf, interessieren sich für ihre Mitmenschen. Sie treiben Beziehungspflege im Gespräch, geben Feedback, schaffen eine angenehme Atmosphäre. Oft sind sie auch genauer in der Argumentation, denken nach, bevor sie reden.

Nutzen Sie diese Fähigkeit, wenn Sie sie bei sich entdecken! Sie können damit Bindungen schaffen und halten. Sie können sich private, innerbetriebliche, ja sogar weltumspannende Netzwerke schaffen. Das gibt Ihnen fast immer einen Informationsvorsprung vor anderen, die weniger Kontakte haben und sich beispielsweise nur über die Medien informieren. Das schafft Ihnen Verbündete. Das erweitert Ihren Horizont.

Wissen und Erfahrungen, die Sie aus Ihrem persönlichen Beziehungsnetzwerk abrufen, können Ihnen ganz entscheidend helfen, auch beim Thema Geld oder um an der Börse die richtigen Entscheidungen zu treffen. Die Dagobertas nutzen ihre monatlichen Treffen zum Austausch über viele Fragen aus dem Bereich Finanzen und Wirtschaft. Dabei bündeln sich die Erfahrungen von Frauen aus den verschiedensten Altersgruppen, familiären und beruflichen Situationen; jede kann hier die passende Partnerin für ihr Interessengebiet finden.

Frauen denken komplexer

Während Männer oft große Vereinfacher sind, haben Frauen eine weiträumigere Wahrnehmung und eine größere Wahrnehmungsgeschwindigkeit. Das wurde in Experimenten festgestellt. Sie erkennen schneller Faktoren, die zusammenpassen, können komplexe Situationen rascher entwirren. Das macht sie zu idealen »Chaos-Managerinnen«, zu Meisterinnen der Improvisation.

Egal ob Sie jetzt an den Schreibtisch Ihres Chefs oder an den letzten Kindergeburtstag denken, auch Sie haben vermutlich Erfahrung im Chaos-Management. Damit haben Sie aber auch einen wichtigen Vorsprung für das Überleben in der Wissensgesellschaft, die uns von allen Seiten mit Informationen zu überfluten droht. Das Internet mit seiner Angebotsfülle dürfte Sie nicht schrecken.

Weibliche Geduld und Ausdauer wirken unterstützend. Sie nehmen sich die Zeit, knifflige Probleme zu lösen, anstatt auf allzu einfache Lösungen auszuweichen. Da Anlageentscheidungen zu den komplexen Aufgaben gehören, können Sie all die angesprochenen Qualitäten hier gut gebrauchen.

Frauen besitzen Intuition

Nicht nur die Menge der angebotenen Informationen steigt, Informationen werden auch immer schneller verbreitet. Neben der kritischen, zeitintensiven Prüfung der Informationen gewinnt das weibliche, intuitive Denken, in der Vergangenheit oft als »Bauchgefühl« abgetan, zunehmend an Bedeutung.

Intuition, so hat man festgestellt, ist eine hohe Form der Intelligenz: Dabei werden Informationen unbewusst und eher »beiläufig« aufgenommen. Intuition ist kreativ: Alles was nützlich sein kann, wird aufgesogen, kombiniert und im entscheidenden Moment in die richtige Lösung umgesetzt.

Frauen handeln oft, weil sie eine Ahnung, eine Vision haben. Das hat nichts mit Zufall oder Glück zu tun, sondern mit dem Vertrauen auf das eigene, unbewusste, unterschwellig erworbene Wissen, das in uns ruht.

Gefühle helfen dabei, Gesehenes, Gehörtes und Erlebtes rasch zu bewerten. »Gut« oder »schlecht«, »sicher« oder »gefährlich« – wir haben es im Gefühl, müssen nicht erst lange rechnen.

Diese Fähigkeiten stecken auch hinter den besseren Börsenerfolgen von Frauen: Frauen beobachten genau, nehmen vieles auf, kombinieren die verschiedenen Faktoren, und entscheiden dann.

Mehr Mut!

Die Statistiker von NAIC in den USA sehen den Erfolg weiblicher Investoren vor allem in folgenden sieben Faktoren begründet:

- ◆ Gründliche Recherche, bevor investiert wird
- ◆ Gesunde Skepsis: Frauen kaufen nicht unbesehen den allerheißesten neuen Börsentipp
- ◆ Offener Blick: Frauen sehen das Gesamtbild einer Investment-Gelegenheit
- ◆ Beständigkeit: Frauen investieren konsequent und mit längerfristigem Ansatz

- Geduld: Frauen bleiben ihren Investment-Entscheidungen treu, sitzen Kursschwankungen aus
- Ethik: Frauen bevorzugen sozial verantwortliche Firmen
- Konsumentenorientierung: Frauen kaufen bevorzugt Firmen, deren Produkte oder Dienstleistungen sie kennen und schätzen.

Gefahren sehen die Autoren der Studie eigentlich nur darin, dass Frauen zu wenig Geld investieren. Und sie empfehlen Frauen, beim Investment mutiger zu sein und keine Angst vor Fehlern zu haben.

Und Sie?

Bei der einen oder anderen Fähigkeit, die wir erwähnt haben, fühlen Sie sich sicher angesprochen. Andere wiederum sind nicht gerade Ihr Ding. Zum Glück besitzt jede Frau unterschiedliche Fähigkeiten und Stärken und wird so einmalig in ihrer Persönlichkeit.

Wir wollen Sie ermutigen, sich jetzt genauer mit Ihren ganz persönlichen Fähigkeiten und Stärken zu beschäftigen. Die Schattenseiten lassen wir einfach außer Acht. Ziel dieser Übung ist es, dass Sie sich Ihrer Stärken bewusst und damit im wahrsten Sinne des Wortes SELBSTBEWUSST werden. Dann wird es Ihnen leichter fallen, Schritt für Schritt die Verantwortung für Ihre finanzielle Zukunft zu übernehmen.

Check 2: Wissen Sie schon, wie toll Sie sind?

Der zweite Schritt: Entdecken Sie Ihre Fähigkeiten und Stärken

Bei dieser Aufgabe hilft Ihnen Cyrano de Bergerac. Vielleicht kennen Sie ja seine Geschichte oder haben den Film mit Gerard Depardieu gesehen. Sie geht so:

Ein ansehlicher junger Mann, der allerdings ein wenig plump in seinen schriftstellerischen Ausdrucksformen ist, verliebt sich in eine junge Frau. Die ist sehr stolz und nur mit wunderschönen Liebesbriefen zu beeindrucken. Cyrano, ein Freund, äußerlich wenig ansprechend mit seiner viel zu groß geratenen Nase, übernimmt die Aufgabe. Er schreibt die schönsten Briefe im Namen des jungen Mannes an die Frau. Er preist ihre Schönheit, ihre Vorzüge, ihre Fähigkeiten. Dies fällt ihm recht leicht, da er selbst unsterblich in die Frau verliebt ist.

Nun nehmen Sie sich etwas Zeit. Stellen Sie sich vor, Sie sind diese Frau. Welchen Brief würden Sie von dem imaginären Bewunderer oder Liebhaber erhalten? Welche Ihrer Vorzüge, Fähigkeiten, Eigenschaften würde er beschreiben? Schreiben Sie munter drauflos:

Der Brief eines imaginären Liebhabers

Meine geliebte ....

....

....

....

....

....

....

....

....

Na, hat der unbekannte Liebhaber Fähigkeiten und Stärken an Ihnen entdeckt, die bisher tief im Verborgenen schlummerten? Lassen Sie sie nicht weiter schlummern. Bekennen Sie sich zu Ihren Schokoladenseiten!

Wir kommen nun zum prosaischeren Teil unserer Übung. Listen Sie auf diesem Blatt ganz unbescheiden alle Ihre Fähigkeiten und Stärken auf! Vielleicht gefallen Ihnen ja einige der Eigenschaften, die Ihr Bewunderer im Brief gelobt hat, dann haben Sie schon einen Anfang.

Meine Stärken und Fähigkeiten:

_____

_____

_____

_____

_____

_____

_____

_____

Und, sind Sie zufrieden? Wenn Sie nicht mindestens 13 Fähigkeiten gefunden haben, haben Sie entweder nicht gründlich genug nachgedacht. Oder Sie befinden sich noch tief in der Bescheidenheitsfalle.

Glauben Sie uns: Es lohnt sich wirklich, hier ein wenig länger in Ihrem Inneren zu forschen. Denn: Wenn Sie Bescheid wissen über sich, ist Schluss mit der Bescheidenheit!

4. Der Griff nach den Sternen

Die Story von Carla und Paula: »Wenn zwei dasselbe tun ...«

Die Geschichte zweier Freundinnen, die so verschieden sind, wie Dagobertas nur sein können.

Carla und Paula sind Mitglieder der gleichen Dagoberta-Gruppe. Sie sind gleich alt: beide 48 Jahre. Sie sind dicke Freundinnen. Und sie haben den gleichen Nachnamen. Hier erzählen sie, was sie verbindet. Was sie trennt. Und wovon sie träumen.

PAULA: Wir heißen beide Rohner, denn wir waren beide mit dem gleichen Mann verheiratet. Nicht gleichzeitig natürlich. Hintereinander.

CARLA: Ich bin Carla, Frau Rohner I.

PAULA: Und ich bin Paula, Frau Rohner II. Unser gemeinsamer Mann hieß Viktor. Aber heute lebt jede von uns allein.

CARLA: Unser Ex-Mann ist nämlich zum dritten Mal verheiratet.

PAULA: Und wir beide sind Freundinnen geworden. Wieder Freundinnen geworden, muss man sagen. Wir kennen uns nämlich schon sehr lange, Carla und ich. Wir gehörten zu einer gemeinsamen Clique. Viktor gehörte auch dazu. 20 junge Leute waren wir, die gemeinsam ausgingen und Spaß hatten. Viktor hat mich früher immer abgeholt, er wohnte in meiner Nähe. Ich kannte auch seine erste Freundin gut, die Sibylle. Aber dann war er plötzlich mit Carla zusammen. Die war vom Typ her genau das Gegenteil.

CARLA: Ja, Viktor ist vielseitig. Er liebt die Abwechslung. Ich habe ihn nach dem Scheitern unserer Ehe mal gefragt: Warum hast du mich eigentlich verlassen? Was war schuld? Schließlich waren wir sieben Jahre miteinander verheiratet. Und da hat er gesagt: Nichts war schuld. Es war toll mit dir. Ich will nur mal was Neues ausprobieren.

PAULA: Das Neue war ich.

CARLA: Hattest du denn damals kein schlechtes Gewissen, als du mir den Mann weggenommen hast?

PAULA: Eigentlich nicht. Ich hatte meine eigenen Sorgen. Ich war gerade dabei, mich von meinem ersten Mann zu trennen. Und ich hatte gleichzeitig meinen Job verloren; die Firma, in der ich gearbeitet hatte, war Konkurs gegangen. Viktor hat mir damals sehr geholfen. Mit ihm konnte ich mich beraten. Er kam immer zum Kaffee vorbei und hat sich meine Sorgen angehört. Erst war er nur ein Freund, dann haben wir uns verliebt.

CARLA: Für mich war es eine schreckliche Zeit. Ich hatte eine Operation hinter mir. Ich hatte die Stelle gewechselt. Und dann kam mein Mann und hatte eine andere … Erst war es ja nur ein Verdacht. Viktor verhielt sich irgendwie anders als sonst. Ich erinnere mich, dass wir einmal abends zu viert zusammensaßen, nachdem die Geschichte mit euch beiden schon angefangen hatte: du und dein erster Mann, Viktor und ich. Ich weiß noch, dass du mir an diesem Abend nicht in die Augen schauen konntest. Und da wusste ich, was los war.

PAULA: War das so?

CARLA: Als Viktor es dann zugegeben hat und die Scheidung wollte, dachte ich, die Welt geht unter. Merkwürdig, vor meiner Ehe war ich so ein selbständiger Mensch gewesen. Aber während wir verheiratet waren, überließ ich meinem Mann alle Entscheidungen. Ich traute mir selbst kaum noch etwas zu. Wenn wir mal auseinandergehen sollten, dachte ich manchmal, das packe ich nie!

PAULA: Ging mir genau so. Richtig blöd bin ich geworden durch die Ehe. Ich habe mir viel gefallen lassen, auch finanziell.

CARLA: Anfangs habe ich ja die Finanzen verwaltet für uns beide. Das ging so lange, bis wir das Haus kauften. Damals hat Viktor alles übernommen, die Finanzierung und das gemeinsame Konto. Und bei der Scheidung hat er mich ziemlich über den Tisch gezogen.

PAULA: Mich auch.

CARLA: Ja, wenn's ums Geld geht, kann er fies sein.

PAULA: Ein richtiges Schwein. Viktor versteht es immer, zu seinen Gunsten zu rechnen.

CARLA: Ich bin froh, dass ich immer meinen Beruf hatte. Ich bin ja Beamtin auf Lebenszeit. Es ist ein sicherer Job. Trotzdem kriege ich leicht Panik wegen Geld. Ich habe immer Angst, es reicht nicht. Nach der Scheidung musste ich zum ersten Mal im Leben Miete zahlen. Ich musste einteilen lernen. Ich habe unwahrscheinlich gespart. Heute verdiene ich mir durch einen Nebenjob noch etwas hinzu. Ich habe mir nämlich endlich eine eigene Wohnung geleistet. Das wollte ich eigentlich gleich nach der Scheidung tun. Ich wollte die 25 000 Mark Abfindung investieren und für den Rest einen Kredit aufnehmen, doch auf der Bank sagte man mir, 25 000 Mark Anzahlung reichten nicht. Daraufhin habe ich das Geld privat verliehen. Und hinterher kämpfen müssen, dass ich es wieder kriege.

PAULA: Ja, mir hat das auch niemand beigebracht, wie man mit Geld umgeht. Mein Vater war ja Schneidermeister – wie übrigens Carlas Vater auch. Er war ein Schöngeist. Er liebte schöne Dinge. Er hat nie geschimpft, wenn ich für schöne Kleider Geld ausgegeben habe. Im Gegenteil, er liebte das an mir: schöne Stoffe, gute Schnitte. Für dauerhaftere Dinge – eine Eigentumswohnung, eine Altersversorgung – hatte niemand in meiner Familie einen Sinn.

CARLA: Wie bist du eigentlich damals auf die Idee gekommen, mich wieder anzurufen? Es hat ja lange Funkstille geherrscht zwischen uns, nachdem Du und Viktor geheiratet hattet.

PAULA: Ja, das hatte damit zu tun, dass sich 1985 unsere Tochter ankündigte. Und unsere Ehe gleichzeitig zu kriseln anfing. Für mich war diese Schwangerschaft natürlich ein Weltereignis, und ich dachte, Viktor sieht das genau so. Aber er fühlte sich eher ausgeschlossen aus der Mutter- und Kind-Welt. Ich hatte ja meinen Job reduziert, als Susanne geboren wurde, arbeitete nur noch freitags und samstags. Also war ich tagsüber viel auf dem Spielplatz mit dem Kind und hatte dort meine Freundinnen, die anderen Mütter.

Aber mir fehlte etwas – Carla fehlte mir. Carla aus der Clique. Das wurde mir klar, als ich mich eines Abends mit einem guten Freund unterhielt. Ein netter, sensibler Mann, viel jünger als ich, mit dem ich ausging und der manchmal auch für mich kochte. Ihm habe ich Geschichten aus alten Zeiten erzählt, zum Beispiel vom Schifahren mit der alten Clique. Und da muss ich Carla öfter erwähnt haben. Denn der Freund fragte mich plötzlich: »Wer ist denn deine Freundin? Deine Augen leuchten so, wenn du von ihr erzählst.« – »Oh je! Der Kontakt ist abgerissen«, sagte ich. »Sie war die erste Frau meines Mannes.« – »Aber du hängst noch an ihr«, sagte er. »Du musst sie anrufen.« Das habe ich dann gemacht.

CARLA: Ich war total überrascht und musste mir erst einmal einen Schnaps holen. Aber ich hatte ja auch schon überlegt, ob ich dich mal anrufen soll. Ich hatte nämlich zufällig mitbekommen, dass Viktor schon wieder eine Neue hat.

PAULA: Wir haben dann eine Stunde am Telefon geredet. Mindestens.

CARLA: Und dann haben wir uns getroffen. Und seitdem sind wir unzertrennlich.

PAULA: Wenn wir auch sehr verschieden sind.

CARLA: Ich bin eher ein ruhiger Typ. Ein bisschen passiv, kann man sagen. Paula ist so engagiert. Sie kennt unheimlich viele Leute. Und sie muss immer fünf Sachen am Tag unternehmen. Mir reichen drei.

PAULA: Ich gehe wahnsinnig gern ins Theater und ins Ballett. Und ich frage dann immer Carla, ob sie mit will. Wenn sie ja sagt, ist es gut. Wenn sie nein sagt, geh ich alleine. Da bin ich nicht beleidigt.

CARLA: Zu den Dagobertas hast du mich ja auch mitgeschleppt. Paula spricht dort immer in der »wir«-Form von uns: »Wir finden, diese Aktie sollten wir kaufen.« Auch die anderen sehen uns als Paar. Zum Beispiel, wenn es ums Protokollschreiben geht. »Lass das mal die Rohners machen«, heißt es dann.

PAULA: Was ich so schön finde, ist, dass sich auch meine Tochter so gut mit dir versteht. Susanne sagt immer, du bist ihre Ersatzmutter. Sie hat nämlich schon viele Nachmittage bei Carla verbracht.

Ich erinnere mich genau an den ersten Nachmittag, als Carla uns wieder besuchte. Susanne war damals drei. »Mein Papa ist ausgereist«, hat sie zu Carla gesagt. »Er hat mich noch lieb, aber die Mama nicht mehr.«

Carla hat dann angeboten, dass Susanne samstags, wenn ich arbeitete, zu ihr kommen könne. Sie hat mit der Kleinen Kuchen gebacken. Susanne durfte ihren Kleiderschrank ausräumen und sich verkleiden. Lauter Dinge, die sie bei mir nicht durfte. »Carla hat tolle Schuhe«, hat sie immer erzählt.

Einmal haben wir zu dritt einen Ausflug in einen Vergnügungspark gemacht. Und während mir nach dem ersten Karussell schon schlecht war, sind Susanne und Carla mit größter Begeisterung mit den abenteuerlichsten Fahrgeschäften gefahren: Achterbahn, Berg und Tal ...

CARLA: Auf die Weise habe ich eben auch etwas von dem Kind.

PAULA: Ist doch toll, dass wir wieder zusammen gefunden haben!

CARLA: Ich bin heute auch gar nicht mehr traurig, dass ich nicht mehr verheiratet bin. Ich glaube, ich hätte viel versäumt. Statt mit dir all die tollen Dinge zu unternehmen, säße ich zu Hause und würde stricken!

PAULA: Und Du möchtest auch nicht wieder heiraten, Carla?

CARLA: Nein. Höchstens eine Beziehung auf Distanz.

PAULA: Ich auch nicht. Nie wieder abhängig sein von einem Mann!

CARLA: Als junge Frau habe ich immer davon geträumt, dass ein Millionär kommt und mich heiratet. Heute habe ich meine eigene Wohnung, mein eigenes Auto, kann in Urlaub fahren. Nur einen Porsche hätte ich gerne ...

PAULA: Ich träume davon, dass ich irgendwann meine Rechnungen aus dem Überschuss bezahlen kann. Dass ich nicht mehr groß nachdenken muss, wie viel ich für was ausgeben kann. Aber ich bin auf dem besten Weg dazu. Ich habe einen Traumjob.

CARLA: Du bist wohl mit deinem Job verheiratet.

PAULA: Ja, ich arbeite da wirklich gerne. Weißt du, mein Chef hat mich mit 40 Jahren eingestellt, obwohl ich die älteste, die teuerste und die branchenfremdeste Bewerberin war.

Das kam so: Ich brauchte vor acht Jahren unbedingt einen neuen Job. Viktor hatte mir erzählt, dass seine neue Frau schwanger sei und dass er für Susanne keinen Unterhalt mehr zahlen kann. Ich war gerade dabei, ihr Kinderzimmer zu renovieren. Irgendwie hatte ich wohl gehofft, Viktor würde mir helfen, stattdessen kündigt er mir den Unterhalt und geht wieder. Mir fiel vor Verzweiflung ein Regalbrett auf den Kopf. Ich war so durcheinander, ich dachte: Das kriege ich nie geregelt. Einen Ganztagsjob, die Kinderbetreuung, das Geld. Am nächsten Morgen blättere ich in der Zeitung. Und entdecke die Anzeige: »Fachkraft für Kundenbetreuung und Sekretariat gesucht«. Gleich am Ort. Und mit flexiblen Arbeitszeiten! Ich rief sofort an. Und hatte Glück: Mein heutiger Chef war am Samstagmorgen für fünf Minuten in der Firma. Er nahm das Telefon ab, und wir vereinbarten ein Vorstellungsgespräch. Dass es noch andere Bewerberinnen geben könnte, darauf bin ich gar nicht gekommen.

Mein Chef hat sich jedenfalls für mich entschieden. »Ich sehe, dass Sie wirklich arbeiten wollen«, hat er gesagt. Und das tue ich. Ich arbeite 50 bis 55 Stunden in der Woche. Die Energie habe ich ja!

Letztes Jahr hatte ich ein sehr verlockendes anderes Angebot. Aber ich bin meinem Arbeitgeber treu geblieben. Mit seiner Hilfe habe ich jetzt auch eine Eigentumswohnung erworben. Ich lerne es noch, die Sache mit dem Geld.

CARLA: Ich bin inzwischen auch etwas lockerer geworden mit dem Geldausgeben. Ich kaufe mir schon mal selbst einen Blumenstrauß. Und ich habe einen neuen Bekannten, einen Verehrer. Er hat mich neulich eingeladen, mit ihm eine Reise zu machen. Einfach so. Ohne Verpflichtungen. Als Geschenk. Ich denke, ich kann es annehmen.

Für mich soll's rote Rosen regnen

Warum es Frauen so schwer fällt, sich Ziele zu setzten. Und wie Dagobertas zielbewusster werden.

Macht Sie diese Geschichte nachdenklich? Wie kann es geschehen, dass einer so selbständigen Frau wie Carla auf dem Standesamt ihr gesamtes Selbstbewusstsein abhanden kommt? Wie fühlen sich Frauen, wenn sie feststellen müssen, dass sich der vermeintlich treusorgende Ehemann als Falschspieler erweist?

Sie müssen wieder ganz von vorn anfangen. Und eine Menge lernen. Vor allem müssen sie lernen, sich selbst neue Ziele zu setzen. Wie Carla und Paula.

Carla überwindet langsam und geduldig, wie es ihre Art ist, ihre Angst vor finanzieller Unabhängigkeit. Sie findet ihr Selbstvertrauen wieder. Und sie sammelt Informationen, um ihre finanziellen Entscheidungen selbst zu treffen. Sie schafft sich langsam ihre eigene Welt: Ein unabhängiges Leben, eine eigene Wohnung, eine gute Freundin – Spaß am Leben!

Paula erinnert sich an ihre frühere Freundin Carla. Zu ihr hatte sie einst Vertrauen. So unwahrscheinlich es klingt: Daran kann sie anknüpfen. Und so hilft die Ex-Ehefrau der Noch-Ehefrau und zukünftigen Ex-Ehefrau Nummer zwei, aus der Abhängigkeit dieses unzuverlässigen Herzensbrechers herauszukommen.

Carla und Paula haben heute gemeinsame Ziele: Nie wieder finanziell abhängig von einem Mann zu sein. Die Tochter miteinander großzuziehen. Und gemeinsam jede Menge Spaß zu haben. Eine tolle Geschichte!

Aus Wünschen werden Ziele

Auch für Sie wird es jetzt Zeit, Ihre Ziele zu definieren. Ihre Wertvorstellungen sind Ihnen bereits klar, und Ihre Ressourcen haben Sie ebenfalls freigelegt: Ihre Stärken und Fähigkeiten. Jetzt können Sie sich auf die Reise machen. Fehlt nur noch das Ziel. Wo wollen Sie hin?

Gar nicht so leicht zu sagen, meinen Sie. Gut, wir nähern uns dem Ziel schrittweise.

»Eines Tages begegnen Sie einer guten Fee und haben drei Wünsche frei. Was wünschen Sie sich?« Diese Frage haben wir Ihnen in Kapitel 1 gestellt. Und genau so lautete auch eine Frage in der Dagoberta-Umfrage.

Mit überwältigender Mehrheit (95 Prozent) stellten die Dagobertas die Gesundheit vornan. Vielleicht steht sie auch bei Ihnen an erster Stelle? Wir schreiben hier allerdings kein Gesundheitsbuch. Sonst hätten wir bestimmt ein paar konkrete Tipps parat.

Der zweithäufigste Wunsch war dann schon: Reichtum, Geld, finanzielle Unabhängigkeit (zusammen 65 Prozent). Da können wir helfen.

Genauer wurde es bei der zweiten Frage: »Wann wären Sie reich?« Als wir die Dagobertas befragten, kam Erstaunliches heraus. Das finanzielle Spektrum spannte sich von 300 000 Mark bis 100 000 000 Mark – hundert Millionen Mark!

»Reich bin ich, wenn ich sorgenfrei meinen normalen monatlichen Lebensunterhalt bestreiten kann«, schrieb eine Dagoberta. »Reich bin ich, wenn ich von den Zinsen meines Kapitals leben kann«, so die Meinung einer anderen. Carla träumt von einem Porsche, Silke aus Kapitel 7 von einem Jaguar.

Da haben wir's. Unter Reichtum versteht jede etwas anderes. Allein die Aussage »Ich will reich werden« hilft Ihnen auf Ihrem Weg vom Wunsch zum Ziel nicht weiter. Für das persönliche Ziel, das sie erreichen wollen, ist ein bestimmter Geldbetrag mit mehreren Nullen notwendig. Dann haben Sie eine klare Orientierung.

Wie Sissys Traum Wirklichkeit wird

Am Beispiel von Sissy, einer 38jährigen Sportlehrerin aus der Nähe von Ludwigsburg, sehen Sie, wie sich diese Summe im Einzelfall konkretisieren lässt. Gleichzeitig erfahren Sie, dass sich auch ungewöhnliche Träume mit ganz gewöhnlichen Mitteln erfüllen lassen.

Sissy ist alleinstehend und hat vor einiger Zeit die Patenschaft von Fabiana, einem brasilianischen Mädchen, übernommen. Fabiana wächst in einem von Sissy mitbegründeten Mädcheninternat in Brasilien auf. Sissys Traum ist es, mit 55 Jahren dem Lehrberuf ade zu sagen und in Fabianas Internat mitzuarbeiten, bis zu ihrer offiziellen Pension.

Mit 63 Jahren hat Sissy erst Anspruch auf ihre Beamtenpension. Ihr Ziel ist es also, mit 55 Jahren in der Lage zu sein, die noch fehlenden acht Jahre aus angesparten Eigenmitteln zu finanzieren. Von etwa 2000 Mark im Monat (nach heutiger Kaufkraft) kann sie in Brasilien leben. In 17 Jahren werden es also wahrscheinlich – inflationsbereinigt – 3300 Mark sein, die sie im Monat braucht. Dazu benötigt Sissy mit 55 Jahren einen Geldbetrag von etwas mehr als einer halben Million Mark. Wenn sie aus diesem Kapital im Jahr 2018 sieben Prozent Rendite erhält, kann sie monatlich über rund 3300 Mark verfügen, ohne das Kapital zu verbrauchen. Hier haben wir Sissys konkreten Geldbetrag mit den vielen Nullen: 565 000 Mark.

Und so sieht Sissys Plan aus: Aus einer kleinen Erbschaft ihres Großvaters besitzt sie heute schon 80 000 Mark. Da es sich um eine lange Anlagedauer handelt, legt sie die 80 000 Mark für 17 Jahre in einen Aktienfonds. Nehmen wir eine Rendite von neun Prozent an, kann sie mit 55 Jahren über eine Summe von 345 000 Mark verfügen.

Eine in 17 Jahren zuteilungsreife Lebensversicherung mit einer Ablaufsumme von 90 000 Mark ist ein weiterer Baustein ihres Planes. Die noch fehlenden DM 130 000 Mark kommen aus einem neu eingerichteten Fondssparplan, in den sie ab sofort monatlich 280 Mark einbezahlt.

Wenn Sissy dann mit 63 Jahren offiziell in Rente geht und wieder nach Deutschland zurückkehrt, schließen die zusätzlichen 3300 Mark Einkommen aus ihrem Kapitalvermögen die Lücke, die durch ihre verkürzte Lebensarbeitszeit im Lehrberuf entstanden ist.

Vielleicht will Fabiana in Deutschland studieren. Sissy freut sich darauf, ihr das finanziell zu ermöglichen.

Weibliche und männliche Biographien

Männer haben fast immer eigene berufliche und private Ziele. Weder Frau noch Kinder stellen diese in Frage. Ihre Lebensläufe sind klar in wenige Phasen untergliedert: Schule – Ausbildung – Beruf – Rente. Private Veränderungen, wie die Geburt eines Kindes, behindern selten ihre beruflichen Laufbahnen, sondern verstärken im Gegenteil ihre Motivation, im Beruf noch erfolgreicher zu sein.

Männliche Ziele sind sehr konkret. Früher waren Jagdtrophäen das Objekt der Begierde: Je kapitaler der erlegte Hirsch, desto größer der Ruhm des Jägers. Heute gibt es Ersatz durch moderne Erwachsenenspiele, humorvoll dargestellt im berühmten Kreissparkassen-Werbespot. »Mein Haus, mein Auto, mein Boot, ...« So werden beim Pokern um das gesellschaftliche Ansehen die Trümpfe aus der Tasche gezogen. Männer haben Visionen, steuern auf das große Ziel am Horizont zu. Karriere, Status, Macht – vor allem das Ergebnis muss stimmen.

Weibliche Biographien sind fast immer in deutlich mehr Etappen gegliedert. Schauen wir uns so ein Beispiel einmal an: Schule – Ausbildung – Beruf – erstes Kind – halbtags arbeiten – zweites Kind – drei Jahre ganz zu Hause – fünf Jahre halbtags arbeiten – zwei Jahre ganz zu

Hause, um einen Familien-Pflegefall zu übernehmen – zu Hause weiter arbeiten mit Internetanschluss an die Firma ...

Solche Lebensläufe sind geprägt von wechselnden Zielen. Zu verschiedenen Zeiten haben verschiedene Dinge oder Menschen Priorität. Und allzu oft vergisst die Frau dabei sich selbst und die Visionen, die sie einmal hatte.

Damit Frauen sich nicht verzetteln, ist eine gute Lebensplanung für sie also besonders wichtig. Geradezu unverzichtbar.

Weibliche Zielkonflikte

Wie reagieren verschiedene Frauen auf die wechselnden und oft einander widersprechenden Anforderungen in ihrem Leben?

Da ist zum Beispiel die verheiratete Frau, welche zumindest fürs erste die Lebensentwürfe des Ehemannes übernommen und sich seinen Zielen untergeordnet hat. Denken Sie an das Beispiel von Carmen aus Kapitel 3. Als Frau ist sie zuständig dafür, dass die Rahmenbedingungen stimmen. Ein gemütliches Heim, wohl erzogene Kinder, eine repräsentative Erscheinung. Damit ist sie voll ausgelastet. Sie ist Profi in Sachen Lebensqualität und steht voll im Dienst der Familie.

Sie muss lernen, sich aus dieser Umklammerung zu lösen. Sie muss lernen, sich ganz klar als Person zu sehen: Was will ich eigentlich? Ist das das Leben, welches ich mir erträumt habe? Was erwarten die anderen – mein Mann, meine Kinder – von mir? Muss ich alle Erwartungen erfüllen? Damit sie nicht untergeht, muss sie eigene Vorstellungen von ihrem Leben entwickeln, sich eigene Ziele setzen.

Da ist die Frau mit dem »typisch weiblichen« Patchwork-Lebenslauf, die zwischen Berufs- und Familienzeit wechselt. Sie muss lernen, eine langfristige Perspektive im Blick zu behalten, vor allem kontinuierlich etwas für ihre Alterssicherung zu tun. Und sie sollte sich darin üben, die nächsten Etappen ihres Lebens bewusst zu planen, statt sich von äußeren Einflüssen treiben zu lassen. Am besten mit dem Partner zusammen, damit es für keinen von beiden irgendwann ein böses Erwachen gibt.

Und da ist die Frau, die wie Hildegard Knef singt: »Ich will alles – oder nichts! Für mich soll's rote Rosen regnen.« Sie will Beruf und Kinder, Liebe und Leidenschaft, und der Spaß soll auch nicht zu kurz kommen. In Kapitel 7 werden Sie Silke kennen lernen, die das zu ihrem Lebensmotto machte.

Dass ein solches Leben einiges an Organisation erfordert, ist klar. Aber im Organisieren sind Frauen spitze. Wenn Sie sich sicher sind im Bezug auf Ihre Ziele, was sollte Sie hindern, diese zu erreichen?

Denken Sie an sich!

Ja, denken Sie wirklich einmal an sich und an Ihre finanzielle Zukunft! Unabhängig davon, für welche Lebensform Sie sich entschieden haben:

- Fehlt Ihnen ein festes Einkommen, mit dem Sie Ihren Vermögensaufbau planen könnten, über weite Lebensstrecken? LASSEN SIE SICH BEZAHLEN! Ob Hausfrau, Mutter oder Pflegerin – ist das Ihr Beruf, so sollte auch ein fester monatlicher Betrag auf Ihr Konto gehen, über den Sie selbst verfügen. Nicht nur für die kleinen Dinge des Lebens – auch für die großen der Zukunft.

- Sind die Lebensversicherungen auf den Mann abgeschlossen, weil er für das Familieneinkommen sorgt? Im Scheidungsfall zieht die Frau dabei den kürzeren. EINE VERTRAGLICHE VEREINBARUNG HILFT. Reden Sie über Geld und Ihre Zukunftssicherung mit Ihrem Partner, solange die Beziehung in Ordnung ist. Schreiben Sie auf, worüber Sie sich einig sind, und versuchen Sie gemeinsam, das Vereinbarte einzuhalten. Bei der Scheidung ist es zu spät!

Warum brauchen Frauen eigene Ziele?

Die Lebensformen von Frauen haben sich in den letzten Jahrzehnten stark verändert: durch qualifizierte Ausbildung, höhere Ansprüche an ein erfülltes Leben und veränderte Familienstrukturen. Es gibt keinen Weg zurück in die – schon immer trügerische – Sicherheit der Hausfrauenehe.

Die Wahrscheinlichkeit, dass frau einen Teil ihres Lebensweges alleine gehen muss, liegt heute bei über 90 Prozent. Schon aus demographischen Gründen: Die durchschnittliche Lebenserwartung hat sich im letzten Jahrhundert fast verdoppelt, und Frauen leben im Durchschnitt sieben Jahre länger als Männer. Die Zahl der Witwen und allein Lebenden wird also eher zu- als abnehmen.

Hinzu kommt: Im städtischen Raum wird bereits jede zweite Ehe geschieden. Immer häufiger treffen Frauen die Entscheidung, alleine zu leben. Daraus ergibt sich zwangsläufig, dass sie die Verantwortung übernehmen müssen für ihre eigene Altersvorsorge. Ein gut geplanter Vermögensaufbau ist die Grundlage, um im Alter sorgenfrei zu leben.

Möglicherweise müssen Sie einiges ändern, an Ihren Gewohnheiten, an Ihrem Ausgabenverhalten, um Ihr Ziel zu erreichen.

Aber die Aussicht am selbstgesteckten Ziel anzukommen, kann Kräfte mobilisieren, die Ihnen bisher verborgen waren.

Nehmen wir an, Sie verwirklichen Ihren Traum, den Atlantik in einem Segelboot zu überqueren. Eines Morgens segeln Sie in Gran Canaria los. Sie wissen genau, das erste Land erwartet sie in Barbados, der Insel, die dem amerikanischen Festland am weitesten vorgelagert ist. Unterwegs abbiegen geht nicht. Mitten auf dem Atlantik, wenn Ihnen der Mast schier bricht und der Regen ins Gesicht peitscht, brauchen Sie alle Ihre guten Vorsätze, um nicht mutlos zu werden. Sie stellen sich mehr als einmal die Frage, ob dieses Unterfangen wirklich Ihre Idee war.

Nächste Szene: Sie haben es geschafft. Sie sitzen in einer Hafenbar in Barbados und schlürfen einen Mochito. Ein unbeschreibliches Siegesgefühl steigt in Ihnen hoch – ein Gefühl, das Ihnen ein Leben lang keiner mehr nehmen kann: Ich habe das, was ich mir vorgenommen habe, gegen alle Widerstände verwirklicht!

Was hindert Frauen daran, eigene Ziele zu verfolgen?
Vier Gründe sind es im wesentlichen. Sie haben mit der Erziehung zu tun und mit den unterschiedlichen Werten, die Männer und Frauen entwickeln:

1. Soziale Verantwortung
Soziale Aufgaben sind traditionell meist Sache der Frau. Sie fühlt sich zuständig für hilfsbedürftige Familienangehörige, wenn nicht gleich für alle Mühseligen und Beladenen auf der Welt. In Engpass-Situationen steckt die Frau oft ihre beruflichen Ambitionen zugunsten der Kinder, der Alten oder Kranken zurück, ohne zu überlegen, ob es noch andere gibt, die einspringen könnten.

2. Familie geht vor
Wer verzichtet auf den nächsten Karriereschritt, weil sie das Gefühl hat, das Kind braucht mehr Elternzeit? Natürlich die Frau. Selbst Spitzenpolitikerinnen diskutieren mit Mann und Kindern, ob sie das neue Amt in der Hauptstadt annehmen sollen oder nicht – und lehnen ab. Und wenn

für die Managerin das neue, besser bezahlte Jobangebot bedeutet, dass sie öfter mal abends weg ist? Dann entscheidet sie sich oft dafür, mit der Familie zuhause am Kamin zu sitzen.

3. Bescheidenheit
Wir sind schon mehrfach darauf gestoßen: Bescheidenheit ist ein massiver Stolperstein für Frauen auf dem Weg zu ihren Zielen. Der Chef muss doch irgendwann mal merken, wie gut ich bin, und mir eine Gehaltserhöhung anbieten, denkt die fleißige Karin. Unterdessen hat Kai seine Gehalts- und Karrierevorstellungen schon ganz konkret im Personalgespräch dargelegt und bekommt sie auch erfüllt.

4. Mangelnder Mut
Da hat Isabel, die neu bei einer Werbeagentur arbeitet und dort bald eigene Projektverantwortung übernehmen will, eine klasse Idee für die neue Werbekampagne. Das ganze Wochenende hat sie darauf verwendet, ihr Konzept auszuarbeiten, um es am Montagmorgen dem Team zu präsentieren. Sonntag Nachmittag kommen ihr die ersten Zweifel, ob sie überhaupt eine Chance gegen die erfahreneren und rhetorisch viel geschickteren Kollegen hat. Isabel hat Angst, etwas falsch zu machen, und behält ihre Idee lieber für sich.

Wenn auch Sie das Gefühl haben, dass Sie sich bei der Erreichung Ihrer Ziele manchmal selbst im Weg stehen, wenn Sie Ihre Bescheidenheit ablegen und Ihren Mut trainieren wollen: Es gibt inzwischen eine ganze Reihe guter Karriere- und Erfolgs-Ratgeber für Frauen, die Ihnen hier weiterhelfen. Wir haben im Anhang einige Tipps für Sie zusammengestellt und empfehlen besonders die Bücher der Management-Trainerin Sabine Asgodom.[1]

Und so geht's leichter
Ob wir unsere Ziele erreichen, hängt sehr davon ab, wie wir sie ausgesucht und definiert haben. Ziele sollten bestimmte Eigenschaften haben, damit sie überhaupt erreichbar sind:

Ihre Ziele sollten konkret und realistisch sein
»Reich werden« ist kein konkretes Ziel, haben wir festgestellt. Besser ist es, Sie überlegen sich, was es für Sie bedeutet, reich zu sein: Möchten Sie im Monat 3000 Mark oder 6000 Mark auf dem Konto haben? Wollen sie mit 50 Jahren die Freiheit haben, in den Vorruhestand überzu-

wechseln? Oder wollen Sie in der Lage sein, Ihrem Kind ein Auslandsstudium zu finanzieren?

Und wie groß sind Ihre Chancen, Ihre Vorstellungen zu verwirklichen? Welche finanziellen Reserven brauchen Sie, um zum Beispiel alle sieben Jahre ein Sabbatjahr einlegen zu können? Wie viel Geld müssen Sie monatlich zurücklegen, damit Sie zum richtigen Zeitpunkt das dafür notwendige Kapital haben?

Ihre Ziele sollten durch eigene Kraft erreichbar sein

Unterscheiden Sie Ziele, die Sie durch Eigenleistung erreichen können, von irrealen Traumzielen. Ein Traumziel ist zum Beispiel, eines Tages Schlossherrin mit eigenem Gestüt zu werden. Mal ehrlich, wie hoch schätzen Sie die Wahrscheinlichkeit ein, einem Abkömmling des europäischen Hochadels zu begegnen, der Sie heiraten möchte? Da ist es doch schon eher denkbar, dass Sie es mit Ihrer Hände Arbeit und etwas Köpfchen zu einem eigenen Pferd und vielleicht sogar einem eigenen Schlösschen bringen.

Ja, wir wissen es: Frauen träumen gern. Traumziele sind bei ihnen beliebt, weil sie plötzlich und durch äußere Einflüsse zustande kommen. Man muss selbst nichts dafür tun und keine eigene Verantwortung übernehmen. Leider gehen sie fast nie in Erfüllung.

Konzentrieren Sie also Ihre Energie und Ihre Fähigkeiten, Ihre Zeit und Ihr Geld auf Ziele, die Sie durch Ihre eigene Willensanstrengung erreichen können. Wenn es rote Rosen für Sie regnen soll, müssen Sie sich erst einmal auf die Bühne begeben, und zwar mit Ihrem eigenen Programm!

Ihre Ziele sollten alle Lebensbereiche berücksichtigen

Und Sie sollten zueinander passen. Sie wollen zum Beispiel mehr Zeit für den Beruf, um voranzukommen, um mehr zu verdienen. Gleichzeitig wollen sie aber auch die Familie nicht vernachlässigen. Die Lösung kann darin bestehen, die täglichen Haushaltspflichten auf mehrere Familienmitglieder zu verteilen. Das geht nicht? Dann ist eine Haushaltshilfe vielleicht die Lösung. Und die Kosten?

Die tragen alle erwachsenen Familienmitglieder gemeinsam.

Ganz wichtig: Etappenziele setzen und einhalten

Machen sie einen Zehnjahresplan, und Sie werden überrascht sein, was sich in dieser Zeit alles bewegen lässt. Die meisten Menschen nehmen sich fürs nächste Jahr zu viel vor und unterschätzen, was sie in zehn Jahren erreichen können. Voraussetzung ist, Sie haben eine klar gegliederte Vorstellung davon, wo sie in zehn Jahren sein möchten.

Judith Rauch hat einen solchen Plan gemacht, als sie im Oktober 1999 ihr eigenes Redaktionsbüro gründete. Ihre journalistische Spezialität sind Themen und Trends aus Wissenschaft, Technik und Gesellschaft. Sie stellte also einen Aktionsplan auf, wie sich ihr Büro entwickeln soll: Ende 2010, zehn Jahre nach der Gründung, möchte Judith Rauch »als Top-Expertin für Wissenschafts-Trends bundesweit bekannt« sein. Sie möchte dann auch nicht mehr allein in ihrem Büro sitzen, sondern ein Team leiten. Aus dem Redaktionsbüro soll ein »Think Tank«, eine Denkfabrik, werden.

Schon heute, im Frühjahr 2001, sieht sie, dass sie einige Etappenziele für die ersten zwei Jahre erreicht hat oder noch erreichen kann. Andere jedoch nicht. Dafür haben sich Chancen aufgetan, mit denen sie erst später gerechnet hatte. Zum Beispiel die Mitarbeit an diesem Buch. Der Aktionsplan hilft ihr jedenfalls, auf Kurs zu bleiben. Oder den Kurs zu korrigieren, wenn das sinnvoll ist.

Das Dagoberta-Ziel: den Einsatz in fünf Jahren verdoppeln

Übrigens: Die Dagobertas haben sich auch ein konkretes Ziel gesetzt. Sie wollen das angelegte Kapital in fünf Jahren verdoppeln. Das bedeutet, eine jährliche Durchschnittsrendite von 14,9 Prozent zu erwirtschaften. Das ist mit Anlageformen wie Sparbuch und Anleihen nicht zu schaffen.

Die Clubs investieren das Geld in Aktien und sind damit bereit, kalkulierte Risiken einzugehen. Dazu brauchen die Frauen viele Informationen. Das war laut Umfrageergebnis auch für die meisten der Grund, Clubmitglied zu werden.

»Mit Festgeldanlagen schaffen wir es gerade mal, unser Kapital zu erhalten. Unser Ziel ist es aber, genügend Geld zu verdienen, um unsere Zukunft zu sichern«, ist der Kommentar einer Dagoberta.

Check 3: Wo wollen Sie eigentlich hin?

Mit dieser Checkliste geht's leichter: Endlich sehen Sie Ihre Ziele schwarz auf weiß!

Jetzt, liebe Leserin, geht es um Ihre Ziele. Wo wollen Sie eigentlich hin? Dies ist vielleicht die schwierigste Übung in diesem Buch. Denn uns Frauen wird nachgesagt, dass es uns an konkreten Zielen mangelt.

Dabei wissen wir oft genau, was wir wollen, lassen uns unterwegs aber zu stark ablenken, werden bei Schwierigkeiten unsicher, ob es die richtige Entscheidung war. Das soll sich jetzt ändern. Zukünftig werden Sie Ihre Vorhaben anpacken mit der inneren Überzeugung, sie erfolgreich zum Abschluss bringen zu können.

Szenario 1: Mein Leben in zehn Jahren

Werfen Sie zunächst einen Blick auf den Kalender. Welches Datum haben wir heute? Jetzt machen Sie die Augen zu und stellen Sie sich vor, Sie werden durch eine Zeitmaschine genau zehn Jahre in die Zukunft gebeamt. Sie sind dieselbe Person, nur zehn Jahre älter. Älter und weiser. Vielleicht auch reicher? Schöner? Zufriedener? Machen Sie die Augen wieder auf und protokollieren Sie Ihre Vorstellungen von jenem Tag in zehn Jahren:

Welches Datum schreiben wir?

_____

Wo leben Sie?

_____

Wie leben Sie?

_____

Mit wem leben Sie zusammen?

_____

Was machen Sie beruflich?

_____

Wie viel Geld verdienen Sie?

_____

Was ist sonst wichtig in Ihrem Leben?

_____

_____

_____

Sie möchten Sich nicht festlegen? Nicht gedanklich einengen? Nicht so fixiert sein? Offen bleiben für alles, was kommen mag?

Ziele zu haben und diese Ziele zu erreichen, schränkt nicht ein. Es erweitert Ihren Horizont, denn es fordert Sie, Ihren Mut, Ihre Fähigkeiten, Ihre ganze Person. Ziele verfolgen und offen sein für Neues schließen sich nicht aus. Im Gegenteil: Ihre Kreativität ist gefordert. Ein Ziel ist kein Dogma. Neue Lebensentwürfe bedingen neue Ziele. Niemand hindert Sie, Ihre Ziele umzustoßen, sie zu korrigieren, anzupassen.

Keine eigenen Ziele zu haben, lässt Sie dagegen orientierungslos treiben. Oder ein Leben leben, welches andere für Sie geplant haben. Damit Ihnen das nicht passiert, schicken wir Sie noch einmal in die Zeitmaschine:

Szenario 2: Ihr 70. Geburtstag

Stellen Sie sich bitte vor: Heute ist ihr 70. Geburtstag.

Welches Datum schreiben wir?

Wo leben Sie?

Mit wem leben Sie?

Wie leben Sie?

Was werden Sie heute tun?

Wen werden Sie heute treffen?

Welche Pläne haben Sie für die Zukunft?

Sie blicken zurück: Was haben Sie erreicht?

Sorglos alt und faltig werden

Die Angst vor Armut im Alter ist berechtigt.
Ohne private Vorsorge geht es nicht.

Alt werden will jeder, alt sein jedoch keiner. Dieser Satz gilt auch für Frauen. Für sie besonders: Jede zweite Frau hat Angst vor dem Alter, Angst vor Armut und Alleinsein.[2]

Und Frauen werden alt: Ihre durchschnittliche Lebenserwartung beträgt heute 80,5 Jahre. Sie hat sich innerhalb des letzten Jahrhunderts fast verdoppelt. Männer werden im Durchschnitt 75 Jahre alt. Die Angst vor dem Alleinsein ist demnach begründet, denn Frauen leben länger.

80 Prozent der Frauen leben in ihren letzten Lebensjahren allein. Das heißt, spätestens dann müssen sie für sich selbst sorgen, finanzielle Entscheidungen selbst treffen. Wahrscheinlich auch Sie!

Wie und vor allem wovon werden Sie dann leben, in ihrem letzten Lebensviertel von 60 bis 80 Jahren? Die Lebenszeit im Ruhestand steigt rapide an. Waren noch unsere Großeltern etwa zehn Jahre lang Rentner, so sind Frauen heute doppelt so lange im Ruhestand.

Wie die Dagobertas leben wollen

Die Dagobertas haben sehr klare – und schöne – Vorstellungen davon, wie und wo sie mit 70 Jahren leben möchten. Das ergab unsere Umfrage. Ein paar Ergebnisse:

70 Prozent der Frauen möchten ganz oder zeitweise im Süden leben, auf Lanzarote, in Südfrankreich, in der Toskana, in Marbella, auf Teneriffa, in Australien, auf einem Segelboot, einfach nur in einer warmen Gegend, im warmen Ausland!

Und wie möchten sie leben? Das lässt sich bei den meisten in zwei Worten zusammenfassen: gesund und finanziell unabhängig!

Ist die Rente sicher?

So weit der Traum: Sorglos alt und faltig werden! Und die Realität, wie sieht die aus? »Ihre Rente ist sicher«, sagte unser früherer Arbeitsminister Norbert Blüm. Leider hat er nur den halben Satz ausgesprochen: » ... sicher geringer, als Sie es sich vorstellen können.«

Sein Nachfolger im Amt, Walter Riester, hat dies erkannt. Und flugs verkündet, dass die Renten in Zukunft sinken werden, von durchschnittlich 70 Prozent des Nettoeinkommens auf 67 Prozent. Aber was sagt das schon? Was bedeutet das für Frauen?

Ganz bestimmt nicht, dass Sie 67 Prozent von Ihrem letzten Gehalt bekommen. 67 Prozent erhält der sogenannte »Eckrentner«, ein Mann, der 45 Jahre lang immer den Durchschnittslohn verdient hat und dann mit 65 Jahren in Rente geht.

Frauen haben häufig nicht den lückenlosen Rentenverlauf des Eckrentners, der, wenn er sich in diesem Jahr zur Ruhe setzt, genau 2148 Mark Rente zu erwarten hat. Frauen haben sehr individuelle Lebensläufe, wie wir schon gesehen haben. Ein Frauenleben ist häufig unterbrochen durch Kindererziehungs- oder Familienpflegezeiten. Oder die Frau arbeitet über längere Zeit Teilzeit und erwirbt in dieser Zeit natürlich wesentlich geringere Rentenansprüche als ein voll beschäftigter Eckrentner-Kandidat. Im Jahr 1999 arbeiteten 38 Prozent der erwerbstätigen Frauen Teilzeit.[3] Und die durchschnittliche Rente deutscher Frauen lag 1999 bei 920 Mark.

Es gibt übrigens auch ältere Frauen, die nie versicherungspflichtig beschäftigt waren und gar keine eigenen Rentenansprüche haben. Sorglos – mitnichten !

Und der Ehemann?

Gut, aber da sind ja noch die Männer mit ihren Renten, werden Sie sagen. Frauen, die nie öffentlich gearbeitet haben, die Kinder erzogen und den Haushalt geführt haben, haben ja Anspruch auf einen Teil der Rente ihres Mannes. Sofern ein Ehemann vorhanden ist, natürlich nur. Schließlich ist die Ehe – wenn nicht anders vertraglich geregelt – eine Zugewinngemeinschaft, das heißt: das Einkommen und das gemeinsam erwirtschaftete Vermögen werden geteilt. Die Rente demnach auch.

Und bei der Scheidung wird ein Versorgungsausgleich vorgenommen: Der Anteil der Frau an der Rente des Mannes wird ausgerechnet, und sie bekommt entweder sofort eine entsprechende Summe ausbezahlt oder später einen Teil der Rente ihres Ex.

Der Nachteil dieses Modells: Diese Frauen sind ihr ganzes Leben lang abhängig vom Ehemann und seinem Einkommen. Und so wird es im Alter auch bleiben.

Und was ist mit der Witwenrente?

Manche Frau tröstet sich vielleicht im Stillen damit, dass ihr, wenn sie im Alter schon ohne Ehemann auskommen muss, doch wenigstens dessen Rente bleibt. Aber was bleibt ihr wirklich?

Auch die Witwenrente blieb von den Einsparungen des Rentenreformgesetzes nicht verschont: Ab 1. Januar 2002 beträgt sie nur noch 55 Prozent der Rente des Verstorbenen. Die Witwe des Eckrentners erhält dann DM 1182 (604 Euro). Sämtliche Einkünfte, Löhne und eigene Renten der (oder des) Hinterbliebenen werden darauf angerechnet, soweit sie den Freibetrag von 1283 Mark (656 Euro) übersteigen.

Warum die Renten sinken

Irgendwie ist es schwierig zu verstehen: Das Einkommen der deutschen Bevölkerung steigt jährlich und damit auch die Beiträge in die gesetzliche Rentenversicherung. Aber die Renten, die sinken. Ja, warum denn bloß?

Dies hat mit der demographischen Entwicklung zu tun: Einerseits freuen wir uns, dass unsere Lebenserwartung steigt und steigt. Andererseits ist dies gerade ein wesentlicher Punkt für das Rentenproblem.

Unser Rentensystem wurde von Bismarck eingeführt und beruht auf dem Umlageverfahren. Dies bedeutet: Die heutigen Erwerbstätigen zahlen die Renten für die heutigen Rentner. Die Rentenbeiträge, die sie zahlen, werden also nicht für ihre Rente aufgespart, sondern sofort wieder ausgegeben. Solange sehr viele Erwerbstätige da sind, die lange genug arbeiten, und zudem die Rentner einigermaßen früh sterben, funktioniert das System.

Was aber, wenn die Menschen älter werden, weniger Kinder geboren werden, die Ausbildungszeiten länger werden, die Arbeitnehmer früher in Ruhestand gehen? Schon eine dieser Entwicklungen bringt das System in große Schwierigkeiten, alle zusammen bedeuten den Kollaps.

Und wer ist am stärksten von diesem Kollaps betroffen? Leider diejenigen, die sowieso die niedrigeren Renten erhalten: die Frauen!

Das gesetzliche Rentensystem kann die Rente allein nicht mehr gewährleisten. Deshalb soll die Altersrente künftig auf drei Säulen ruhen:

Gesetzliche Rente + Betriebsrente + Private Vorsorge =
Altersversorgung

Aber wie ist das mit der Betriebsrente? Jeder zweite Mann erhält eine Betriebsrente, aber nur jede zehnte Frau. Um im Bild zu bleiben: Es sieht so aus, als ruhe die Altersvorsorge der Frauen keineswegs auf drei dicken, standfesten Säulen. Sondern auf ein, zwei wackeligen Bohnenstangen, wenn sie nicht gleich völlig in der Luft hängt.

Auf die dritte Säule bauen

Letztendlich bleibt gerade Frauen nur die private Vorsorge. Denn die können sie am allerstärksten selbst beeinflussen. Jede Frau muss selbst für ihre Zukunft, für ihr Alter Verantwortung übernehmen und eine eigenständige Altersvorsorge aufbauen. Sie sind dafür verantwortlich, wo und wie Sie mit 70 Jahren leben!

Konkret heißt das: Sie müssen für sich selbst das richtige Verhältnis zwischen heutigem Konsum und Vorsorge finden. Wenn Sie heute vorsorgen, müssen Sie sich später nicht sorgen! Und je früher Sie damit anfangen, desto besser. Das zeigt das folgende Rechenbeispiel:

Sie wollen mit 65 Jahren eine private Rente von 2000 Mark Realwert erhalten, also einen Betrag, der der heutigen Kaufkraft von 2000 Mark entspricht. Dann müssen Sie

- ab 20 Jahren 45 Jahre lang monatlich 200 Mark (102 Euro)
- ab 30 Jahren 35 Jahre lang monatlich 364 Mark (186 Euro)
- ab 40 Jahren 25 Jahre lang monatlich 687 Mark (351 Euro)

sparen.

(Annahmen: neun Prozent Rendite während der Sparphase und sieben Prozent während der Entnahmephase; der Kapitalstock wird nicht verbraucht, sondern bleibt bestehen; Inflationsrate drei Prozent.)

Wie viel sparen Sie monatlich für Ihre Altersvorsorge?

Es ist erschreckend, aber die meisten Frauen sparen sehr wenig oder nichts. Warum ist das so? Folgende Begründungen (oder sind es Ausreden?) hören wir immer wieder:

»Ich habe am Monatsende einfach nichts übrig.«

Hier hilft ein ganz einfacher psychologischer Trick: Warten Sie nicht bis zum Monatsende! Richten Sie für den Monatsanfang einen Dauerauftrag über einen festen Betrag ein, fangen sie mit mindestens 100 Mark (oder 50 Euro) an.

Wir sind sicher, Sie werden vielleicht im ersten Monat merken, dass etwas anders ist, aber spätestens ab dem zweiten Monat werden Sie mit Ihrem Geld genauso gut oder schlecht hinkommen wie bisher auch.

Unsere Ausgaben haben die eigenartige Angewohnheit, sich veränderten Einnahmen in kürzester Zeit anzupassen. Ganz deutlich stellen Sie das vermutlich nach einer Gehaltserhöhung fest: Das Geld geht genauso schnell weg wie vorher. Zum Glück können Sie den Effekt auch umdrehen: Wenn weniger auf dem Konto ist, geben Sie weniger aus.

Wie wäre es also, wenn Sie von jeder Gehaltserhöhung einfach von Anfang an die Hälfte sparen? Auch per Dauerauftrag. Sie werden das Geld nicht vermissen, Sie hatten es ja vorher auch nicht!

»Ich will erst einmal leben. Ich lebe heute.«
»Und wer weiß, was später ist, ob ich überhaupt so alt werde?« Es ist schwer, etwas gegen dieses Argument vorzubringen. Letztlich liegt die Entscheidung bei Ihnen.

Was bedeutet »heute leben«? Na, schöne Wohnung, Kleider, Auto, Ausgehen, Spaß haben, Konsum! Es ist verdammt schwer, in einer Gesellschaft, die ganz auf Konsum ausgerichtet ist, in einer Welt der Werbung Verzicht zu üben. Und Sparen bedeutet nun einmal Konsumverzicht! Ich kann nur das sparen, was ich nicht ausgebe.

Hier hilft ganz sicher ein Blatt Papier, ein Bleistift, etwas Zeit und die Frage: Was sind meine Bedürfnisse? Was brauche ich, ich als Person? Und wo bin ich nur Mitläuferin, drehe ich mich im Hamsterrad, nur um einem Bild zu entsprechen, das sich andere von mir machen?

»Ich bin sehr genügsam. Ich brauche im Alter nicht viel.«
Dies ist meist eine Fehleinschätzung, wie die Geschichte von Doris zeigt: Doris ist 50 Jahre alt, Lehrerin. Die drei Kinder sind aus dem Haus, der Jüngste studiert noch. Im letzten Sommer hat der Ehemann, ein selbständiger Unternehmer, beschlossen, dass er nun auch privat endlich frei und selbständig leben möchte, und ist aus dem gemeinsamen Haus ausgezogen.

Doris verstand die Welt nicht mehr. Eigentlich hatte sie vorgehabt, im Herbst die Stundenzahl zu reduzieren, um mehr Zeit für sich und ihren Mann zu haben.

Ihr eigenes Gehalt reichte nun aber weder für ihren Lebensunterhalt, wie eine erste Kostenaufstellung ergab, noch ist ihr Pensionsanspruch annähernd ausreichend – aufgrund der Jahre, in denen sie zu Hause die Kinder erzogen hat. Doris hat zum Herbst ihre Stundenzahl erhöht.

»Ich weiß nicht recht, wie ich's anstellen soll.«
Eine Umfrage der Zeitschrift *Capital* ergab, dass Unwissen über die »richtigen Anlageformen« das größte Hemmnis für Frauen darstellt.[4] Unwissen führt zu Unsicherheit. Und wenn Frauen unsicher sind, neigen sie dazu, lieber nichts zu tun, um keine Fehler zu machen.

»Der einzige, der keine Fehler macht, ist der, der nie etwas tut«. An diesen Satz von Theodore Roosevelt scheinen sich Frauen gern zu halten. Aber auch Nichtstun kann ein Fehler sein. Zum Glück gehören Sie nicht zu dieser Art Frauen, sonst würden Sie dieses Buch nicht lesen.

»Das macht mein Mann.«

»Was macht Ihr Mann?« – »Na, das mit dem Geld.« – »Warum macht das Ihr Mann?« – »Da hab' ich kein Geschick.« – »Wer sagt das?« – »Mein Mann. Und auch schon früher. Das ist nicht mein Ding. Das hat schon mein Vater gesagt.«

»Ich hab kein Verhältnis zu Zahlen.« – »Warum nicht?« – »Na, das liegt mir eben nicht. Ich bin kein Zahlenmensch.« – »Und das Haushaltsgeld, wer verwaltet das?« – »Ich.«

»Ich hab anderes zu tun.« – »Was tun Sie?« – »Na, Haushalt, Kinder. Ich bin beschäftigt. Die Geldgeschäfte, die soll mein Mann machen.«

»Warum macht das Ihr Mann?« Immer wieder stellen Irmtraud Potkowski und Andrea Sauter Frauen diese Frage. Sie lassen nicht locker und haken nach.

Und immer wieder zeigen sich zwei Grundmuster, die auch heute noch, im Jahr 2001, gang und gäbe sind:

- die Bequemlichkeit der Frauen und
- die patriarchalische Struktur ihrer Beziehungen.

Beides kann für die Frauen sehr teuer werden. Besonders im Alter. Und dann hört man unsere Finanzplanerinnen seufzen: »Wie viel einfacher wäre doch die Welt und wären alle Scheidungsverhandlungen, wenn in den Ehen Klarheit in finanziellen Dingen herrschen würde!«

Check 4: Wie wollen Sie im Alter leben ?

Mit dieser Checkliste skizzieren Sie Ihren persönlichen Vorsorgeplan.

Nun wollen wir uns ganz konkret mit der Zeit im Ruhestand beschäftigen. Wie Sie mit 70 leben wollen, haben Sie schon skizziert. Nun geht es um die Frage: Wovon werden Sie leben?

Falls Sie noch sehr jung sind, und Ihnen die Zeit bis zur Rente noch endlos lang vorkommt, füllen Sie die Checkliste dennoch aus – denn: Nicht genutzte Zeit beim Vermögensaufbau ist nicht wieder einzuholen! Positiv ausgedrückt: Gerade Sie haben die Chance, Ihre schönsten Blütenträume bis zum 70. Geburtstag wahr werden zu lassen – und mit etwas Planung auch schon früher!

Mein Vorsorgeplan

Nun aber an die Arbeit: Sie können in Euro oder Mark rechnen, wie Sie möchten. Eine Beispielrechnung sowie Erklärungen finden Sie auf den nächsten Seiten.

Wann möchte ich finanziell frei sein? ....

Monatlicher Bruttoverdienst heute ....

Monatlicher Nettoverdienst heute ....

Gewünschtes Monatseinkommen in ... Jahren ....

    – gesetzliche Rente mit ... Jahren ....

    – Betriebsrente ....

    – Mieteinnahmen ....

    – sonstige Einnahmen ....

Vorsorgelücke monatlich ....

Erforderliches Kapital ....

unter Berücksichtigung der Inflation (3%) ....

    – bisherige Vorsorge ....

Kapitalbedarf ....

Der Vorsorgeplan – eine Beispielrechnung
Irene ist heute 36 Jahre alt, arbeitet in einem Unternehmen als Assistentin der Geschäftsleitung und verdient monatlich 6000 Mark brutto, was
einem Nettoeinkommen von 3440 Mark entspricht.

Sie hat nach der Ausbildung zur Sekretärin drei Jahre in London gelebt und mit 24 Jahren in dem Unternehmen angefangen, in dem sie
heute noch arbeitet.

Ihr Ziel ist es, spätestens mit 60 Jahren, lieber aber früher, mit dem
Berufsleben Schluss zu machen, um dann zu reisen. Irene interessiert
sich seit längerem sehr für China. Sie besucht einen Chinesisch-Sprach-
kurs, und sie kann sich vorstellen, demnächst auch beruflich für ein paar
Jahre nach China zu gehen. Sie denkt, dass sie mit 60 Jahren genauso
viel Geld monatlich zur Verfügung haben sollte wie heute.

Monatlicher Bruttoverdienst heute	6000 DM
Monatlicher Nettoverdienst heute	3400 DM
Gewünschtes Monatseinkommen in 24 Jahren	3400 DM
– gesetzliche Rente mit 60 Jahren[1]	1670 DM
– Betriebsrente	300 DM
– Mieteinnahmen	0 DM
– sonstige Einnahmen	0 DM
Vorsorgelücke monatlich	**1430 DM**
Erforderliches Kapital[2]	245 000 DM
unter Berücksichtigung von 3 % Inflation[3]	500 000 DM
– bisherige Vorsorge: Direktversicherung,	
voraussichtliche Ablaufleistung[4]	246 000 DM
Kapitalbedarf	**254 000 DM**

1 Bemerkungen zur Rentenberechnung:
Die mögliche Rente können wir nur annäherungsweise abschätzen, da wir die künftigen gesetz-
lichen Regelungen nicht kennen. Seit 2001 beträgt die gesetzliche Rente ca. 67 Prozent des
Nettoeinkommens. Diese Rente erhält jedoch nur diejenige Frau, die bis zu ihrem 65. Lebensjahr Beiträge gezahlt hat. Für jedes Jahr, welches sie früher in Rente gehen möchte, werden 3,6
Prozent abgezogen, in unserem Falle also 18 Prozent (3400 DM x 67 % = 2280 DM abzgl. 410
DM = 1870 DM). Da Irene aber drei Jahre in England war und in dieser Zeit nicht in die deutsche Rentenkasse eingezahlt hat, müssen wir hierfür noch einen Betrag von 200 Mark abziehen. Sofern Sie schon einige Jahre Beiträge in die gesetzliche Rentenversicherung eingezahlt
haben, können Sie bei der BfA (Adresse im Anhang) einen Rentenverlauf sowie eine Hochrech-
nung Ihrer Altersrente anfordern.

2 Anmerkungen zur Berechnung des erforderlichen Kapitals:

1430 DM x 12 = 17 160 DM ist die jährliche Vorsorgelücke. Unter der Annahme, dass das Kapital, von welchem Irene jährlich diesen Betrag entnehmen will, erhalten bleibt und sie eine Mindestrendite von sieben Prozent erzielt, benötigt sie: 17 160 DM : 7 x 100 = 245 000 DM.

3 Anmerkungen zur Inflation:

In Kapitel 6 beschäftigen wir uns etwas ausführlicher mit den Auswirkungen der Inflation. Hier nur kurz soviel: Die durchschnittliche Inflationsrate beträgt drei Prozent, das heißt: der reale Wert Ihres Vermögens nimmt jährlich um drei Prozent ab. Dies müssen Sie berücksichtigen. Im Anhang finden Sie eine Tabelle, die Ihnen hilft, die Inflation für einen beliebigen Zeitraum zu berechnen.

4 Anmerkungen zur bisherigen Vorsorge:

Irene hat im letzten Jahr eine Direktversicherung abgeschlossen, in die sie jährlich von ihrem 13. Monatsgehalt den steuerlich geförderten Höchstbetrag von 3408 Mark einzahlt. Falls Sie die voraussichtliche Ablaufleistung Ihrer Versicherung nicht kennen, so können Sie diese bei der Versicherungsgesellschaft erfragen.

5. Der feste Boden unter den Füssen

Petras Story: »Ab morgen wird alles anders!«

Ihr häusliches Paradies war zur Hölle geworden.
Doch Petra B. fand einen ungewöhnlichen Ausweg.

Wir hatten eigentlich nie Geldsorgen, mein Mann und ich. Als wir noch studierten, konnten wir es uns leisten, jede Woche essen zu gehen. Wir konnten uns jedes interessante Fachbuch kaufen, nahmen an vielen Studienfahrten teil. Wir hatten ein Auto, und damit eroberten wir in den Semesterferien Frankreich, Großbritannien und das Nordkap.

Ich kann mich heute nicht mehr so genau daran erinnern, wann wir eigentlich Geld verdienten. Aber als angehende Garten- und Landschaftsarchitekten kamen wir leicht an bezahlte Jobs: Wir planten und bauten Gärten oder arbeiteten in Gärtnereien mit. Und einen ordentlichen Studienabschluss schafften wir auch.

Im Jahr darauf heirateten wir. Unsere Hochzeitsreise ging für sechs Wochen nach Kamerun in Afrika. Da hätten wir uns finanziell beinahe übernommen. Aber da ich kurz vorher zwei Wettbewerbe für junge Architekten gewonnen hatte, flogen wir völlig unbekümmert los – in ein unbekanntes Land voller Abenteuer.

Als wir zurückkamen, gab es allerdings die Gartenbau-Firma, die meinem Mann eine Stelle versprochen hatte, nicht mehr. Sie hatte Pleite gemacht. Also verdienten wir unseren Lebensunterhalt wieder mit Pflastern, Steine klopfen und Pflanzen eingraben.

Einige Monate später wurden wir sesshaft. Mein Mann bekam eine Stelle beim Bauamt in einer 15 000-Seelen-Gemeinde am Neckar. Wir zogen in eine riesige Wohnung in einem ehemaligen Schloss. Wir schafften uns einen Hund an. Bald darauf kündigte sich Nachwuchs an. Ich arbeitete stundenweise selbständig, plante Gärten und Grünanlagen und versorgte Kind und Hund. Schulden oder überzogene Girokonten kannten wir auch in dieser Zeit nicht.

Als dann unsere zweite Tochter auf die Welt kam, gefiel es uns im Schloss nicht mehr. Das Gebäude war heruntergekommen, unangenehme Nachbarn eingezogen. Mein Mann kam auf die Idee, sein Erbe flüssig zu machen. Er verkaufte einen Bauplatz und einen Weinberg, und wir gingen mit stattlichen 300 000 Mark auf die Suche nach einem Haus. Wir entschieden uns für ein großes altes Haus, dessen Grundmauern von 1911 stammten und das mittlerweile – wir schrieben das Jahr 1985 – ziemlich renovierungsbedürftig war.

Aber wir hatten einen großen Garten mit Obstbäumen und Gemüsebeeten und einen zweigeschossigen Schuppen als Nebengebäude und Werkstatt. Genau neun Monate nach unserem Einzug kam unsere dritte Tochter zur Welt. Da hängte ich meinen Beruf endgültig an den Nagel, denn ich war mit Kindern und Renovieren längst am Ende meiner Kräfte angelangt. Dauernd war ich krank und konnte mich nie richtig auskurieren.

Obwohl unsere Hausfinanzierung recht gut geplant war, verschlechterte sich in dieser Zeit unsere finanzielle Situation. Im Grunde lag es daran, dass sich unsere Beziehung verschlechterte: Mein Mann konnte die ewigen Renovierungen, drei kleine Kinder und eine ständig kranke Frau nicht ertragen. So suchte er sich andere Beschäftigungen. Er pflegte fremde Gärten; der große eigene blieb mir überlassen. Er traf sich mit Kolleginnen, hörte sich bis spät in die Nacht deren Sorgen an. Die seiner eigenen Ehefrau interessierten ihn nicht. Schließlich vergnügte er sich auch mit anderen Frauen im Bett.

Er bereute es zwar und kehrte zur Familie zurück. Doch er fühlte sich nicht mehr wohl zu Hause. So machte er zum Ausgleich den Jagdschein. Der war sehr teuer. Von da an war mein Mann nachts kaum noch zu Hause. Er gab das Geld mit vollen Händen aus – mit der Begründung, es sei ja sein Geld. Ich revanchierte mich, indem ich den Kindern hübsche Kleider kaufte. Unser Girokonto rutschte ins Minus, und wir nahmen bei verschiedenen Banken Kredite auf, um die immer neuen Löcher zu stopfen.

Das war die schlimmste Zeit in meinem Leben! Ich fühlte mich einsam und verlassen und hatte das Gefühl, nichts dagegen tun zu können. Ich konnte ja meine kleinen Kinder nicht alleine lassen. Und da ich nichts verdiente, konnte ich mir auch keinen Babysitter leisten. Ich war immer nur daheim, versorgte meine Mädchen und versuchte, mir aus Haus und Garten mit wenigen Mitteln ein Paradies zu schaffen. Ich kämpfte für mein Haus und meine Familie.

Doch ich verlor den Kampf. Am vierzigsten Geburtstag meines Mannes – es war zugleich unser 13. Hochzeitstag – brach alles auseinander.

Wir hatten im Kreis von Freunden ein üppiges Mahl mit Wildschwein-braten verzehrt – von ihm geschossen und von mir zubereitet. Als die Gäste gegangen waren, provozierte ich eine Aussprache. Nach ein paar heftigen Worten war klar, dass unsere Ehe nicht mehr zu retten war.

Eine Woche später zog mein Mann aus. Es war Oktober, und ich fühlte mich wie ausgehöhlt. Ich wusste nicht, wie und wovon ich leben sollte. Ich wusste gar nichts mehr.

Als ich dann mit einer Freundin telefonierte und ihr alles erzählte, fragte sie mich ganz spontan: »Und was jetzt? Sozialamt? Oder Zeitung lesen?«

Ich begriff, was sie meinte. Ginge ich jetzt zum Sozialamt, um Sozial-hilfe zu beantragen, und zum Jugendamt wegen Unterhalt, würde man mich nach vorhandenem Vermögen fragen. Und nach einer Scheidung würde ich von meinem Anteil am Wert des Hauses nicht nur die verblie-benen Schulden, sondern auch die staatlichen Leistungen zurückzahlen müssen. Mir blieb nichts übrig.

Suchte ich mir aber einen Job, so würde ich Geld verdienen und mich einigermaßen über Wasser halten können, ohne noch mehr Schulden zu machen.

Also studierte ich die Stellenanzeigen. Anfang Dezember bekam ich die Zusage für einen Teilzeit-Job: als Einrichtungs-Beraterin in einem Möbelhaus. Die Arbeit erschien mir interessant, der Chef war nett, die Kollegen auch. Ich konnte am 2. Januar 1995 anfangen. Ich war 39, und es war meine erste feste Stelle.

Meine Arbeitszeit war immer nachmittags. Das ermöglichte mir, mor-gens den Haushalt zu erledigen. Allerdings ging mit den Kindern vieles schief. Sie versäumten Gitarren- und Flötenstunden, wussten sich bei Zahnschmerzen nicht zu helfen. Mit 11, 9 und 7 Jahren waren sie noch zu klein, um jeden Nachmittag allein zu sein.

Ich sparte im täglichen Leben, wo ich nur konnte. Denn mit einem Teilzeit-Gehalt konnten wir zu viert keine großen Sprünge machen. Wir lebten oft von Grießbrei oder Pfannkuchen.

Ich suchte Hilfe bei Beratungsstellen. Aber niemand konnte mir hel-fen; man hörte mir zu, bedauerte mich ein bisschen. Ich fragte beim Arbeitsamt, ob es nicht eine Möglichkeit für eine Wiedereingliederung in meinen einst so geliebten Beruf als Garten- und Landschaftsarchitek-tin gäbe. Aber man schüttelte nur den Kopf und bot mir eine Ausbildung zur Altenpflegerin an.

Also blieb ich im Möbelhaus. Privat setzte ich nun alles daran, die

Scheidung anzugehen und die finanziellen Dinge zwischen uns zu klären. Mein Mann zahlte zwar weiterhin die Kredite für unser Haus, aber weder ich noch die Kinder erhielten einen Pfennig Unterhalt. Immerhin erreichte ich, dass das Kindergeld an mich ausbezahlt wurde. Ich ließ meine Steuerklasse ändern. Wir trugen Werbeblättchen aus. Ich räumte das Haus auf, strich Wände, packte die Sachen meines Mannes in Müllsäcke und stellte diese in den Keller.

Dann begann ich um das Haus zu kämpfen, das mein Mann für sich beanspruchte. Ich bat meine Mutter um Hilfe. Sie besaß ein Haus in einer anderen Stadt, das vermietet war. Wir kamen überein, dass meine Mutter ihr Haus verkaufen und ihr Geld dann in das Haus, in dem ich wohnte, investieren würde. Wir ließen beide Häuser schätzen und verkauften ihres kurzerhand an die Mieter. Nur mein Mann wollte mir um nichts in der Welt mein geliebtes Paradies überlassen. Er verlangte eine derartig hohe Summe, dass mir Hören und Sehen verging.

Am 24. Juni 1996 wurden wir endlich geschieden. »Ab morgen wird alles anders!«, dachte ich erleichtert.

Doch der Kampf war noch nicht vorbei. Vor Gericht wurde meinem Ex-Mann erklärt, dass er Kindesunterhalt zahlen müsse. Das tat er; dafür zahlte er unsere Kredite nicht mehr weiter ab. Die blieben an mir hängen. Die monatliche Belastung durch die Kredite war aber doppelt so hoch wie der Kindesunterhalt! Prompt meldeten sich die Banken und drohten mit Zwangsversteigerung.

Ich merkte, dass ich in einer Sackgasse steckte. Das Geld für das Haus lag eigentlich parat, auf dem Girokonto meiner Mutter; aber ich bekam das Haus nicht. Ich musste irgendeinen Weg finden, und wenn es ein ganz neuer war.

Da stieß ich in unserem Wochenblatt auf eine Anzeige, in der ein kleines, gemütliches Reihenhaus ausgeschrieben war. Der Preis entsprach genau der Summe, die meine Mutter auf dem Konto hatte. Also fasste ich den Entschluss, mein Paradies aufzugeben, ins Reihenhaus zu ziehen und ein neues Leben ohne Schulden zu beginnen.

Allerdings erwies sich auch das nicht als ganz so einfach, wie ich es mir vorstellte. Der Verkäufer, Herr Nass, rief mich eines Nachmittags an und erklärte, es gebe Probleme mit seinem eigenen neuen Haus, und er wisse nicht, ob er rechtzeitig ausziehen könne. Der Anruf versetzte mich in Panik. Denn ich wusste, die Banken würden sich nicht mehr lange vertrösten lassen. Ganz beiläufig fragte Herr Nass, ob er nicht mal »mein« Haus sehen dürfte.

Eine Stunde später kam er dann mit Frau und zwei Kindern zur Hausbesichtigung. Nach einem kurzen Rundgang hatte sich die Familie entschieden: Sie wollten »mein« Paradies kaufen. Aber ich konnte es nicht verkaufen, es gehörte mir ja nicht.

Zitternd und mit Wut im Bauch griff ich am nächsten Tag zum Telefon und rief meinen Ex-Mann an. Nach wenigen Worten krachte zwar der Hörer auf die Gabel, aber ein Anfang war gemacht. Einige Tage später konnte ich ihm dann erklären, dass ich einen Käufer für das Haus gefunden hatte. Er war nun endlich bereit, unser Hab und Gut aufzuteilen. Wir verhandelten auf meinen Wunsch ohne Anwalt, denn dem hatte ich für die Scheidung schon 8000 Mark bezahlt.

Ich verzichtete auf viele Dinge, und wie ich heute weiß, auch auf viel Geld. Aber ich wollte einfach raus – raus aus dem Schuldenberg, raus aus den Streitereien, ja, auch raus aus meinem Paradies!

Wir fanden eine Lösung. Wir teilten zunächst das Grundstück. Mein Ex-Mann bekam einen Teil des Gartens, einen Bauplatz von fast 4000 Quadratmetern. Ich bekam den Rest des Grundstücks mit Haus und allen Schulden.

Und nun machten wir etwas ganz Unkonventionelles, und ich muss noch heute den Notar hochleben lassen, der diese Verträge geschrieben hat: Ich schenkte meiner Mutter Haus und Hof samt Schuldenberg. Sie löste alle Kreditverträge ab. Und dann wurden die beiden Häuser – das von Familie Nass und mein ehemaliges Paradies – einfach getauscht.

Der Umzug war kompliziert. Aber als endlich jede Familie in ihrem neuen Haus gelandet war, kehrte in unseren Weiberhaushalt Ruhe ein. Ich leistete mir ein neues Auto. Dann begann ich, mir Gedanken über unsere finanzielle Zukunft zu machen.

Ich hatte nun noch ein kleines Vermögen auf dem Konto, rund 150 000 Mark. Das hätte ich gern gewinnbringend angelegt, aber der gute Herr von der Sparkasse, der versprochen hatte, mir ein lukratives Angebot zu machen, meldete sich einfach nicht mehr.

Also kaufte ich für einen Großteil des Betrages festverzinsliche Wertpapiere. Aber schon bald war mir die Rendite von 4,5 Prozent zu mickrig. Wir hatten nämlich immer wieder unvorhergesehene Sonderausgaben – sei es für Heizöl, ein neues Fahrrad oder Reitstunden. Die drohten unser Vermögen innerhalb von wenigen Jahren aufzuzehren.

So kam ich zu der Überlegung, dass mein Geld mindestens so viel Rendite bringen müsste, wie ich davon aufbrauchte. Das konnte nur mit Aktien gehen. Also lieh ich mir von einer Arbeitskollegin, die sich ein wenig mit der Börse auskannte, zwei Bücher, kaufte ein paar Wirtschaftsmagazine und las. Wenige Wochen später war ich auf der Bank und kaufte Aktien.

In meinem ersten Jahr erzielte ich an der Börse mehr Gewinn, als ich mit meinem Job verdiente! Aber ich wollte mich noch besser informieren. Vor allem war mir der Erfahrungsaustausch wichtig. So war ich eine der ersten Frauen, die zu Dagoberta kam.

Inzwischen habe ich, auf eigene Faust und von anderen, so viel über den Umgang mit Geld gelernt, dass mir vor der Zukunft nicht bange ist. Neue Herausforderungen werden kommen, aber es findet sich immer eine Lösung! Nach allem, was ich durchgemacht habe, bin ich da ganz sicher.

Auch die längste Reise beginnt mit einem einzigen Schritt!

Nicht jede von uns ist das geborene Finanzgenie.
Aber der Umgang mit Geld lässt sich lernen.

Hat Petras Geschichte Sie beeindruckt? Uns auch! Wie viel Mut gehört wohl dazu, mit drei kleinen Kindern den Schritt in eine neue, ungewisse Zukunft zu wagen?

Petra war an einem Punkt in ihrem Leben angekommen, an dem sie weit entfernt war von den Werten, die für sie das Leben lebenswert machten: Partnerschaft und Familie, ein gesundes Umfeld für die Kinder, gemeinsame Ziele mit ihrem Mann. All dies bestand nicht mehr. Sie entschied sich für die Trennung.

Wie hat sie den Neuanfang gemeistert? Petra:»Ich habe zuerst einmal Kassensturz gemacht. Viel Geld war es nicht, was ich persönlich besaß, genau 85 Mark im Geldbeutel und 159 Mark auf dem Sparbuch. Dann habe ich zusammengerechnet, was monatlich an Einnahmen da ist: 340 Mark Kindergeld, 800 Mark Mieteinnahmen, macht zusammen 1140 Mark. Nicht gerade viel für eine vierköpfige Familie mit zwei Hunden. Wenn wir einigermaßen über die Runden kommen wollten, musste ich zumindest halbtags arbeiten.«

Von nun an führte Petra, wie sie sagt,»das wohl exakteste Haushaltsbuch dieser Welt«. Minutiös listete sie alle Ausgaben auf. Und sie begann, mit Geld sehr bewusst umzugehen: Ehe sie sich ins Auto setzte, fragte sie sich: Muss diese Fahrt wirklich sein? Beim Einkaufen hörte sie eine innere Stimme: Ist dieses T-Shirt, dieser Schokoriegel, dieser Lippenstift jetzt wirklich nötig? Sie bestellte sogar die Zeitung ab und las die ihrer Nachbarin.

»Letztlich haben wir nur zwei Möglichkeiten«, sagt Petra.»Wir können unser Geld ausgeben oder behalten. Und ich hatte von Anfang an beschlossen, dass ich auch etwas behalten, also sparen wollte. Monatlich wanderte ein fester Betrag auf ein Sparkonto. Mir war sehr bewusst, dass ich ab jetzt nicht nur für mein Leben, meine Zukunft und mein Alter, sondern auch im wesentlichen für die Ausbildung meiner Töchter selbst verantwortlich bin.«

Petras Weg war nicht einfach. Doch obwohl sie kaum Rat und Hilfe hatte, hat sie genau das Richtige getan.

Kassensturz – wo stehen Sie heute?

Auch Sie haben schon ein schönes Stück auf dem Weg zu Ihrem persönlichen finanziellen Erfolg zurückgelegt:

- Sie haben sich Klarheit über Ihre Werte verschafft.
- Sie haben Ihre Fähigkeiten und Stärken aufgezeichnet.
- Und Sie haben Ihre Ziele schriftlich festgehalten.

Der nächste Schritt ist nun auch für Sie festzustellen, wo Sie heute stehen: Wo geht das ganze Geld hin, das am Anfang des Monats auf Ihrem Konto ist? Wie hoch ist Ihr Vermögen eigentlich? Wissen Sie es?

»Bisher war es ja noch ganz nett«, denken Sie vielleicht. »Es hat mir Spaß gemacht, mir Gedanken zu machen über Werte, Stärken und Ziele. In so etwas bin ich gut. Aber Haushaltsbuch, Zahlenkolonnen, Rechnen ... – das ist nicht mein Ding.«

Mit dieser Einstellung stehen Sie nicht allein. Das ergab unsere Umfrage unter den Dagobertas. Unsere Frage »Führen Sie ein Haushaltsbuch? Oder haben Sie zumindest jemals in den letzten drei Jahren für mindestens drei Monate eines geführt?« brachte folgendes Ergebnis:

Mehr als die Hälfte der Frauen hat noch nie ein Haushaltsbuch geführt. 20 Prozent haben dies früher mal gemacht, 15 Prozent in den letzten drei Jahren für eine kurze Zeit. Die restlichen Frauen – etwa jede zehnte Dagoberta – sind jedoch so konsequent und führen ein Haushaltsbuch.

Warum fällt es uns oft schwer, Buch zu führen über unsere Ausgaben? Ist es Bequemlichkeit? Oder die Angst davor, schwarz auf weiß zu lesen, was wir vielleicht schon vermuten: Wir kommen mit unserem Geld nicht klar? Viele der Argumente, die wir in Kapitel 2 fanden, als wir Antworten auf die Frage suchten, warum Frau und Geld nicht immer eine lustvolle Beziehung ist, gelten auch hier.

Doch mag es auch unbequem, zeitaufwendig, absolut nicht spannend sein, die Gründe, es dennoch – und wenn auch nur für drei Monate – zu tun, sind überzeugend. Denn es geht, wie Petra so gut erkannt hat, nicht nur darum, am Monatsende zu wissen, welche Beträge wofür ausgegeben wurden. Es geht um Ihre Zukunft!

Das erste Ziel ist das Bewusstwerden.

In dem Moment, in dem Sie aufschreiben, was Sie wofür ausgegeben haben, überlegen Sie sich schon ganz automatisch, ob diese Ausgabe sinnvoll, notwendig, angemessen war. Vielleicht war es aber auch einer der berühmten

- Frustkäufe (»Heute lief aber auch alles schief. Da kauf ich mir zum Trost was Schönes.«),
- Gelegenheitskäufe (»Eigentlich brauche ich ja keine neue Hose. Aber diese Jeans ist wirklich ein Schnäppchen.«),
- Imponierkäufe (»Wenn ich mit Sabine ins Konzert gehe, muss ich unbedingt ein neues Kleid tragen. Die ist immer so schick.«)

oder sonst ein Unsinn. Sie werden sich wundern: Allein das Aufschreiben der Ausgaben wird diese vermindern.

Ein kritischer Blick bewirkt oft Wunder.
Zum zweiten gibt es da all die wiederkehrenden fixen Ausgaben, die Sie dringend einmal unter die Lupe nehmen sollten. Ihre Finanzberaterin hilft Ihnen gerne:

- Versicherungen: Eva von den Dagobertas konnte allein durch die Wahl einer günstigeren gesetzlichen Krankenkasse monatlich 90 Mark sparen, und das bei gleichen Leistungen.
- Zeitschriftenabonnements: Lesen Sie wirklich all die Zeitschriften, die Sie abonniert haben?
- Vereinsbeiträge: Anne zahlte Jahr für Jahr die Beiträge an den Tennisverein, obwohl sie seit der Geburt ihrer Kinder nicht mehr gespielt hatte.

Kennen Sie Ihre Möglichkeiten?
Ihr Ziel ist es, reich zu werden. Sie wollen ein Vermögen aufbauen, um Ihre Träume zu verwirklichen. Doch wie Petra sagte: Reich werden wir nur von dem Geld, das wir nicht ausgeben. Reich werden wir von dem Geld, das wir sparen. Selbst die beste Anlageform ist witzlos, wenn wir nichts zum Anlegen haben.

Ein Budgetplan, also ein Vergleich unserer Einnahmen und Ausgaben, verschafft uns Klarheit über unsere finanziellen Möglichkeiten.

Wann sind Sie reich?
Erinnern Sie sich noch an die Zahl, die Sie in Kapitel 1 aufgeschrieben haben? Waren es 100 000 Mark? Eine Million? Zehn Millionen?

Bei der Dagoberta-Umfrage wurde am häufigsten die Zahl »eine Million« genannt. Eine Million Mark (oder etwas mehr als eine halbe Million Euro) ist die Summe, die den meisten von uns heute erlauben würde, von diesem Vermögen zu leben, ohne zu arbeiten. Denn bei einer erzielbaren Rendite von sieben Prozent ergibt sich ein jährliches Kapitaleinkommen von 70 000 Mark (36 000 Euro). Falls Sie es wollen, können sie dies er-reich-en!

Wie viel müssen Sie dafür zurücklegen? Das lässt sich ganz konkret berechnen. Bei einer realistisch zu erzielenden Rendite von neun Prozent pro Jahr müssten Sie entweder

- 7 Jahre lang 8600 Mark (4397 Euro) monatlich oder
- 15 Jahre lang 2700 Mark (1380 Euro) monatlich oder
- 30 Jahre lang 580 Mark (297 Euro) monatlich investieren.

Das ist Ihnen zu viel und dauert Ihnen zu lange? Im nächsten Kapitel werden wir Anlageformen kennen lernen, die Renditen erbringen, welche Sie das Ziel mit geringeren Beträgen oder in kürzerer Zeit erreichen lassen. Zum Beispiel mit 195 Mark (100 Euro) monatlich in 30 Jahren. Das müsste doch zu schaffen sein!

Der Weg zum Reichtum

Sie wollen sehen, wie Ihr Vermögen wächst? Nichts einfacher als das. Eine Vermögensaufstellung, welche Sie sinnvollerweise einmal jährlich machen sollten, wird Ihnen die Entwicklung Ihrer Anlagen aufzeigen.

In Kapitel 7 werden wir dann der Frage nachgehen, ob Ihre momentanen Anlagen Ihren Zielen entsprechen. Und welche Möglichkeiten Sie haben, um mehr aus Ihrem Geld zu machen.

Check 5: Wo stehen Sie heute?

Einnahmen, Ausgaben, Vermögen, Schulden –
jetzt ziehen Sie Bilanz!

Sind Sie zufrieden mit Ihrem Kontostand? Haben sie am Ende des Monats eher Geld übrig – oder fehlt etwas? Wissen Sie immer, wofür Sie Ihr Geld ausgegeben haben? Oder haben Sie das Gefühl, es zerrinnt Ihnen zwischen den Fingern? Ungewissheit ist keine gute Basis für den Aufbau Ihrer finanziellen Zukunft.

Wie werden sie das flaue Gefühl los? Indem Sie sich Klarheit verschaffen. Eine Aufstellung Ihrer Einnahmen und Ausgaben über mindestens drei Monate hinweg hilft Ihnen dabei. Sie stellen fest, wie viel Geld Sie monatlich brauchen. Und Sie erkennen, wo Ihr Geld hingeht.

Danach kommen wir zur zweiten Tabelle: Wie sieht es mit Ihrem Vermögen aus? Wo stecken Ihre Geld-Reserven? In Sparbriefen, Festgeldanlagen, Aktien oder Immobilien? Und wie steht es mit Ihren Verbindlichkeiten, Ihren Schulden? Denn auch dieses negative Vermögen gehört zu einer vollständigen Vermögensaufstellung.

Der Saldo, also die Differenz aus Ihrem Vermögen und Ihren Verbindlichkeiten, sagt Ihnen, wo Sie heute stehen. Mit anderen Worten: wie reich Sie sind! Und in den kommenden Jahren zeigt er Ihnen die Entwicklung Ihres Vermögens an.

Meine Einnahmen und Ausgaben

Die folgende Tabelle sollten Sie mindestens dreifach kopieren und drei Monate lang jeweils am Ende des Monats ausfüllen!

Einnahmen in DM oder Euro (monatlich)

Lohn, Gehalt, Honorare (netto) ....
Einnahmen aus Vermögen (Miete, Zinsen, etc.) ....
Sonstige Einnahmen (Kindergeld, Rente, etc.) ....
Summe Gesamt-Einnahmen ....

Ausgaben in DM oder Euro (monatlich)

Mein Zuhause
Miete und Nebenkosten ....
Kreditraten (Hypotheken, sonstige Kredite) ....
Telefon/Fernsehen/Radio ....
Haushaltsanschaffungen, Renovierungskosten etc. ....

Persönliche Ausgaben
Auto (Benzin, Versicherung, Steuer, Reparaturen) ....
Freizeit: Sport, Lektüre, Hobby, Haustier ....
Weiterbildung ....
Ausgaben für Kinder, Geschenke ....
Spenden, Beiträge zu Vereinen und Verbänden ....
Reisen, Urlaub ....

Grundbedürfnisse für Leib und Seele
Lebensmittel und Restaurants ....
Friseur, Kosmetik, Gesundheit ....
Kleidung ....

Absicherung und Vermögensaufbau
Beiträge zu Versicherungen ....
Sparen ....

Sonstige Ausgaben ....

Summe Gesamt-Ausgaben ....
Überschuss/Defizit:
Gesamt-Einnahmen minus Gesamt-Ausgaben ....

Mein Finanzvermögen und meine Verbindlichkeiten

Finanzvermögen (in DM oder Euro)	Wert
Kurzfristig verfügbares Geld	
Bargeld	....
Girokonto, Geldmarktkonto	....
Sparkonto	....
Längerfristig verfügbares Geld	
Sparbriefe/Bundesschatzbriefe	....
Anleihen	....
Aktien	....
Investmentfonds	....
Versicherungen	
Lebensversicherungen[1]	....
Rentenversicherungen[2]	....
Bausparverträge[3]	....
Immobilien[4]	....
Wertgegenstände (z.B. Sammlungen, Schmuck)	....
Andere Vermögenswerte	....
Summe des Finanzvermögens	....

Verbindlichkeiten (in DM oder Euro)	
Überziehungs-/Dispositionskredite	....
Ratenkredite	....
Hypothekenkredite	....
Sonstige Verbindlichkeiten	....
Summe der Verbindlichkeiten	....
Saldo (Vermögen minus Verbindlichkeiten)	....

1 Hier tragen Sie den aktuellen Rückkaufwert Ihrer Lebensversicherung(en) ein.
2 Hier tragen Sie die bereits einbezahlte Beitragssumme ein.
3 Hier tragen Sie die bereits einbezahlte Beitragssumme samt Zinsen ein, laut Beitragsbescheid.
4 Hier tragen Sie den aktuellen Marktwert Ihres Hauses/Grundstücks ein.

Wie Sie mit Ihrer Bilanz arbeiten

Nun haben Sie es schwarz auf weiß: den Ist-Zustand. Sie kennen Ihre monatlichen Einnahmen und Ausgaben. Und wenn Sie die Aufstellung über einige Monate gemacht haben, haben Sie auch eine Vorstellung davon, wie stark ihre Einnahmen und Ausgaben von Monat zu Monat schwanken.

Wie können Sie jetzt etwas verbessern? Überlegen Sie zuallererst, ob Ihre Ausgaben Ihren persönlichen Wertvorstellungen entsprechen. Blättern Sie zurück zu Kapitel 2, nehmen Sie die Checkliste 1 zu Hilfe. Spiegeln Ihre Ausgaben wider, was Sie dort über Ihr Umweltbewusstsein, Ihre Einstellungen zu Gesundheit, Freundschaft und persönlicher Freiheit aufgeschrieben haben?

Oder haben Sie Posten gefunden, bei denen Sie sich fragen, warum Sie ausgerechnet dafür so viel Geld ausgeben? Frisst Ihr Auto zu viel Sprit? Sind die Nebenkosten Ihrer Wohnung stark gestiegen? Müssen Sie vielleicht nur deshalb am Urlaub sparen, weil Ihre beste Freundin Sie immer in so teure Feinschmecker-Tempel schleppt, an denen Ihnen eigentlich gar nichts liegt?

Wir wollen Ihnen gar nicht reinreden, wo Sie sparen können. Das wissen Sie selbst am besten.

Fähigkeiten nutzen, Ziele erreichen

Wie können Sie Ihre Einnahmen erhöhen? Denken Sie zunächst an Ihren Beruf: Verdienen Sie, was Sie verdienen? Entsprechen Ihre Einnahmen Ihren Fähigkeiten und Leistungen?

Wie wir in Kapitel 2 gesehen haben, stellen Frauen oft ihr Licht unter den Scheffel, wenn es um Karriereschritte oder um Gehaltsverhandlungen geht. Wenn Sie selbst auch dazu neigen, tun Sie etwas für Ihr Selbstbewusstsein! Besuchen Sie zum Beispiel ein Seminar zum Thema Selbst-PR, lesen Sie einen guten Ratgeber zum Thema (wir haben im Anhang ein paar Tipps für Sie!) oder suchen Sie sich einen geeigneten Coach.

Wenn es in Ihrem derzeitigen Betrieb nicht recht vorangeht mit Ihrem Aufstieg, wird es vielleicht Zeit für einen Stellenwechsel. Informieren Sie sich in Berufsverbänden oder Frauennetzwerken, was jemand mit Ihrer Qualifikation anderswo verdient. Freiberuflerinnen sollten vielleicht einmal ihre Preise überdenken – können Sie für Ihre Leistung nicht mehr verlangen?

Andere Möglichkeiten, Ihre Einnahmen zu erhöhen, erfordern ein wenig Fantasie: Haben Sie ein Hobby, aus dem Sie einen lukrativen (Neben-)Job machen können? Ein Ehrenamt, aus dem eine bezahlte Stelle werden kann? Was könnten Sie vermieten oder verpachten: einen Teil Ihrer Wohnung? Die leer stehende Garage? Ein ungenutztes Gartengrundstück? Denken Sie nach! Dagobertas sind erfinderisch.

Schulden oder Investitionen?

Vielleicht sind Sie überrascht von der Höhe Ihrer Verbindlichkeiten (»Schulden«). Oder schockiert, dass der Saldo – Vermögen minus Verbindlichkeiten – negativ ist. Falls Sie sich die Höhe Ihrer Schulden nicht erklären können oder nicht wissen, wie Sie sich jemals abzahlen lassen sollen, ist es sicher ratsam, einmal mit ihrer Finanzplanerin zu sprechen.

Aber Schulden sind nicht immer etwas Schlechtes. Im Gegenteil: Es kann sinnvoll sein, Schulden zu machen, wenn diese Ihnen helfen, Ihr Vermögen aufzubauen. Sie bauen zum Beispiel mit Hilfe eines Existenzgründer-Kredits Ihr eigenes Unternehmen auf und schaffen sich Ihren eigenen Arbeitsplatz. Oder Sie erwerben eine Eigentumswohnung auf Kredit. Wenn Sie selbst darin wohnen, sparen Sie Miete. Wenn Sie sie vermieten, bringt Sie Ihnen jeden Monat eine schöne Zusatzeinnahme.

Konsumkredite dagegen – also Kredite fürs Auto, für Möbel oder für den Urlaub – sind gefährliche Schulden! Sie nutzen nur dem Kreditgeber, der hohe Zinsen kassiert, nicht Ihnen!

Generell gilt: Schulden als Investition in Ihre Zukunft sind okay. Schulden anzuhäufen, weil Sie heute über Ihre Verhältnisse leben, belastet Ihre Zukunft.

Dazu ein Beispiel: Sie kaufen sich für Ihr Wohnzimmer eine modische Ledergarnitur zum Preis von 10 000 Euro. Sie nehmen dafür einen Privatkredit mit elf Prozent Zinsen in Anspruch. Fünf Jahre zahlen Sie dann monatlich 258 Euro ab, das sind insgesamt 15 480 Euro. Sie zahlen demnach über die Hälfte des Preises in Zinsen. Die Sofas sind nach fünf Jahren abgewohnt. Entscheiden Sie sich stattdessen, jeden Monat 258 Euro zu sparen (bei neun Prozent Rendite), so können Sie im gleichen Zeitraum 19 300 Euro erwirtschaften – genug für neue Sofas und noch etwas mehr!

Die Zukunft beginnt heute

Eine Basis-Sicherung braucht jede Frau.
Alles zum Thema Versicherungen.

Die Basis Ihrer finanziellen Zukunft haben Sie nun vor sich: Ihre gegenwärtigen Einnahmen und Ausgaben sowie Ihr Vermögen, Stand heute.
Wie ist Ihre Bestandsaufnahme ausgefallen? Ungläubiges Staunen? Dass Ihr Vermögen so hoch ist, hatten Sie nicht erwartet? Das kommt nach unserer Erfahrung übrigens weit häufiger vor als der umgekehrte Effekt: der Schock über allzu bescheidene und viel höher geglaubte Vermögenswerte. Frauen unterschätzen ihren Reichtum leicht.
Aber das Ziel dieser Aufstellung war ja nicht nur das Festhalten des Ist-Zustandes. Sondern Sie wollen damit auch die Grundlage für Veränderungen schaffen. Wir werden uns trotzdem jetzt noch etwas intensiver mit der Gegenwart beschäftigen, denn:

Die Basis für Ihre Zukunft ist die Gegenwart
Stellen Sie sich bitte vor Ihrem geistigen Auge eine Pyramide vor. Vielleicht waren Sie schon in Ägypten und standen bewundernd vor diesen Bauwerken, die schon Jahrtausende überstanden haben, gewaltig, nahezu unvergänglich.
Was ist das Geheimnis der Pyramiden? Wie können sie so lange Zeiträume überdauern? Was verschafft ihnen diese Stabilität?

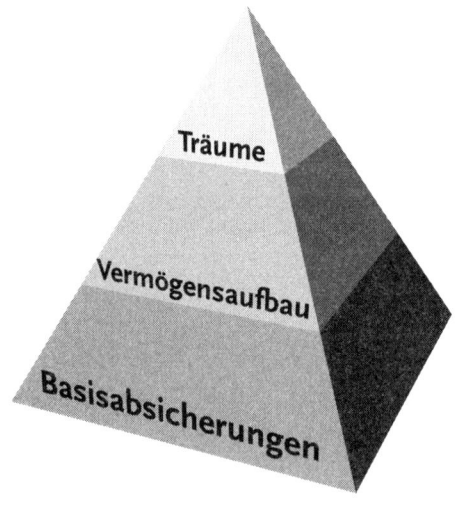

Das Geheimnis ist eine stabile Basis! Diese Erkenntnis lässt sich übertragen auf Ihre finanzielle Zukunft: Auch Sie brauchen eine stabile Basis, auf der Sie aufbauen können. Und diese muss in der Gegenwart begründet liegen, denn in Ihrer Gegenwart liegt Ihr Pozential für die Zukunft.

Was sind Basisabsicherungen?
Tagtäglich sind wir den unterschiedlichsten Risiken ausgesetzt. Einige davon sind existenzbedrohend. Dazu gehören Krankheit, Berufsunfähigkeit und Schäden, die wir anderen Personen zufügen und für die wir haften müssen. Falls Sie krank werden, ernsthaft krank werden, und das kann jede von uns treffen, werden Sie neben der Sorge um Ihre Gesundheit mit zwei elementaren Tatsachen konfrontiert:

- Sie können nicht arbeiten. Das bedeutet in aller Regel, dass Sie kein Einkommen beziehen. Die Selbständigen unter uns spüren es sofort. Für die Angestellten zahlt laut Gesetz der Arbeitgeber das Gehalt weiter – aber nur sechs Wochen lang.
- Arztbesuche, ein Krankenhaus-Aufenthalt, Untersuchungen und Operationen kosten Geld. Sehr viel Geld, das Ihr normales Budget bei weitem überschreiten würde. Gäbe es nicht die Krankenversicherung!

Falls Sie unglücklicherweise auch nach der langen Krankheit nicht mehr vollkommen genesen und Ihren Beruf nicht mehr ausüben können, fehlt Ihrer Planung jegliche Basis, denn Ihr Kapital ist ihre Arbeitskraft.

Ihr größtes Vermögen sind Sie selbst!
Vielleicht haben Sie sich noch nie Gedanken über diese Zusammenhänge gemacht. Denn dies sind Themen, mit denen wir uns – vor allem, wenn wir noch jung sind – nicht gerne beschäftigen. Krankheit, Berufsunfähigkeit, Tod, das passiert nur den anderen, denken Sie.

Ein kleines Rechenbeispiel soll Ihnen jedoch die Dimension dieses Problems verdeutlichen: Angenommen, Sie sind 30 Jahre jung und haben ein Bruttoeinkommen von 2500 Euro im Monat. Vorausgesetzt, Ihr Einkommen würde sich in den nächsten 35 Jahren nicht verändern, haben Sie das Potenzial, in dieser Zeit über eine Million Euro zu verdienen. Das ist der Wert Ihrer Arbeitskraft.

Das ist unrealistisch, werden Sie sagen, ich werde doch schon in fünf, erst recht in zehn Jahren bedeutend mehr verdienen. Davon sind wir überzeugt. Ihr Potenzial ist viel höher: zwei Millionen, vielleicht drei Millionen! Aber eben nur, wenn Sie Ihre Arbeitskraft wirklich einsetzen können.

Sie merken, wie wichtig es ist, sich heute darüber Gedanken zu machen. Beide Risiken, Krankheit und Berufsunfähigkeit, können Sie nicht selbst absichern. Die möglichen Kosten würden Ihre finanziellen Mittel übersteigen. In diesen Fällen sind Versicherungen absolut notwendig und richtig. Das Gleiche gilt für den Fall, dass Sie unabsichtlich einer anderen Person einen Schaden zufügen. Haftpflichtansprüche können in die Millionen gehen. Sie können Ihr Leben ruinieren.

Die Muss-Versicherungen
Krankenversicherung, Berufsunfähigkeitsversicherung und Haftpflichtversicherung sind für Ihre finanzielle Basis ein absolutes Muss! Wenn von Ihrer Gesundheit und Arbeitskraft andere Menschen, zum Beispiel Kinder, abhängig sind, gehört auch eine Risikolebensversicherung dazu. Aus diesem Grund möchten wir Ihnen an dieser Stelle einige Informationen zu diesen Versicherungen geben.

Krankenversicherung: gesetzlich oder privat?
Hanna, 32, ist Lektorin in einem großen Verlag. Sie verdient monatlich 3375 Euro brutto und ist gesetzlich krankenversichert. Sie zahlt monatlich 227 Euro an die Krankenkasse und 28,40 Euro an die Pflegeversicherung. Ihr Arbeitgeber zahlt die gleichen Beträge nochmals.

Da die Leistungen der verschiedenen gesetzlichen Krankenversicherungen sich fast nicht unterscheiden, wohl aber die Beiträge, kann Hanna allein durch den Wechsel in eine günstigere Krankenkasse monatlich 35 Euro sparen. Auch ihr Arbeitgeber spart den gleichen Betrag.

Hannas Jahreseinkommen beträgt 40 495 Euro und liegt damit über der Beitragsbemessungsgrenze von 78 300 Mark (umgerechnet: 40 034 Euro, Stand: 2001). Was bedeutet das? Arbeitnehmerinnen, deren Jahresbruttoeinkommen unter dieser Grenze liegt, sind Pflichtmitglieder in einer gesetzlichen Krankenversicherung. Übersteigt das Einkommen die Grenze, wie bei Hanna, so haben die Arbeitnehmerinnen die Möglichkeit, in eine private Krankenversicherung zu wechseln. Diese Möglichkeit haben auch Selbständige, StudentInnen und BeamtInnen.

Ist die private Krankenversicherung die bessere Alternative? Im Gegensatz zur gesetzlichen Krankenversicherung, die den Beitrag nur nach dem Bruttoeinkommen berechnet, sind für die Beitragsberechnung der privaten Krankenversicherung Ihr Eintrittsalter, Ihr Gesundheitszustand und die gewünschten Leistungen ausschlaggebend.

Hanna ist gesund und legt keinen Wert auf besondere Leistungen wie Einbettzimmer, Chefarzt, Heilpraktiker. Ihr Beitrag in einer privaten Krankenkasse beträgt 144 Euro bei deutlich besseren Leistungen. Dies bedeutet im Vergleich zur Ausgangssituation eine Ersparnis von 111 Euro pro Monat sowohl für Hanna als auch für ihren Arbeitgeber. Zahlt Hanna ihre Ersparnis regelmäßig in einen guten Investmentfonds ein, kann daraus bis zum Beginn des Rentenalters in 30 Jahren gut und gerne ein Vermögen von 225 000 Euro wachsen.

Nachteile? Hanna ist noch recht jung. Sie kann sich vorstellen, in einigen Jahren ein oder zwei Kinder zu haben. Die private Krankenversicherung berechnet für jede Person einen individuellen Beitrag; jedes Kind erhöht somit die Kosten. Im Gegensatz dazu gilt der Beitrag in der gesetzlichen Krankenversicherung für den Arbeitnehmer selbst, seine Kinder und auch den nicht arbeitenden Ehepartner.

Gesetzlich oder privat? Die Frage ist also nicht so einfach zu lösen. Ihre Entscheidung sollten Sie nicht nur von Ihrem Einkommen abhängig machen. Ihre persönliche Situation und Ihre Zukunftspläne sind zu berücksichtigen. Eine unabhängige Finanzplanerin kann mit Ihnen zusammen die für Sie optimale Lösung erarbeiten.

Berufsunfähigkeitsversicherung: Der Katastrophenschutz
Meist kommt es ganz unverhofft: eine Krankheit, ein Unfall. Plötzlich können Sie Ihren Beruf nicht mehr ausüben! Was dann?

87 000 Frauen, Angestellte und Arbeiterinnen, erhielten 1999 eine Rente wegen verminderter Erwerbsfähigkeit von der Bundesversicherungsanstalt für Angestellte (BfA). Die durchschnittliche Berufsunfähigkeitsrente einer Frau betrug 792 Mark (West) beziehungsweise 818 Mark (Ost). Das ist nicht gerade viel!

Das Rentenreformgesetz, das am 1. Januar 2001 in Kraft trat, hat die Situation vor allem für die Frauen, die am 1. Januar 2001 jünger als 40 Jahre waren, deutlich verschlechtert. Es sieht nicht nur Abschläge bei den Rentenhöhen vor, sondern gleichzeitig eine uneingeschränkte Verweisbarkeit. Das heißt, Sie bekommen unter Umständen gar keine Rente, wenn Sie nicht mehr in Ihrem erlernten Beruf arbeiten können; die BfA kann Sie auf andere – auch wesentlich schlechter bezahlte – Tätigkeiten verweisen.

Es ist also sehr sinnvoll, für den Fall einer Berufsunfähigkeit privat vorzusorgen. Sie sollten sich dabei dringend von einer unabhängigen Finanzplanerin beraten lassen. Denn bei Berufsunfähigkeit sollte die Qualität der Versicherungsbedingungen an erster Stelle stehen. Schließlich nützt es Ihnen nicht viel, wenn der Beitrag günstig scheint, die Versicherung aber im Fall der Fälle keine Leistungen zahlt.

Berufsanfängerinnen, aufgepasst! Ein absolutes Muss ist die Berufsunfähigkeitsversicherung in den ersten Jahren Ihrer Berufstätigkeit; denn Anspruch auf gesetzliche Leistungen haben Sie erst, wenn Sie fünf Jahre in die gesetzliche Rentenversicherung eingezahlt haben. Und noch ein Tipp: In letzter Zeit bieten verschiedene Versicherer die Möglichkeit an, die Überschüsse in Aktienfonds anzulegen, so dass Sie nach Ablauf der Versicherung ein zusätzliches Fondsguthaben kassieren können. Vor allem für jüngere Frauen ist diese Variante interessant.

Wann brauchen Sie keine Absicherung gegen Berufs- oder Erwerbsunfähigkeit?

- Falls Sie ein größeres Vermögen Ihr eigen nennen. Größer bedeutet hier mindestens so groß, dass Sie von den Erträgen im Ernstfall bis zu Ihrem Tod leben können.
- Falls Sie sonstige Einnahmen haben, die Ihren Lebensunterhalt auf Dauer sichern, zum Beispiel Mieteinnahmen, eine Witwenrente oder Unterhaltszahlungen.

Ansonsten sollten Sie sich dringend Gedanken über die private Absicherung Ihrer Arbeitskraft machen. Für Selbständige oder freiberuflich Tätige ist dies ein absolutes Muss!

Wussten Sie übrigens, dass 30 Prozent der Deutschen eine Vollkaskoversicherung für ihr Auto haben, dagegen nur 25 Prozent eine Berufsunfähigkeitsversicherung? Diese Zahlen stimmen schon etwas nachdenklich.

Privathaftpflichtversicherung – wenn etwas daneben geht

Eine Privathaftpflichtversicherung kostet Sie etwa 100 Mark (50 Euro) im Jahr. Diese relativ kleine Ausgabe schützt Sie vor Ansprüchen, die bis in Millionenhöhe gehen können.

Risikolebensversicherung – für Ihre Lieben zu Hause

Sie sind allein erziehend oder die Hauptverdienerin in der Familie? Oder Sie versorgen einen kranken Angehörigen? Dann ist eine Risikolebensversicherung eine notwendige und kostengünstige Absicherung Ihrer Kinder oder sonstiger von Ihrem Einkommen abhängiger Personen. Diese Versicherung ist der letzte Baustein der Basisabsicherungen. Denn im Falle Ihres Todes sollte Ihre Familie nicht vollkommen mittellos bleiben, vor allem, wenn Sie finanzielle Verpflichtungen eingegangen sind, deren Erfüllung von Ihrem Einkommen abhängig ist.

Die Kann-Versicherungen

Abhängig von Ihrem Alter, Ihrer Lebenssituation und Ihrem individuellen Sicherheitsbedürfnis können weitere Versicherungen für Sie sinnvoll und notwendig sein. Die folgende Aufstellung gibt einen Überblick.

Wer braucht welche Versicherung?

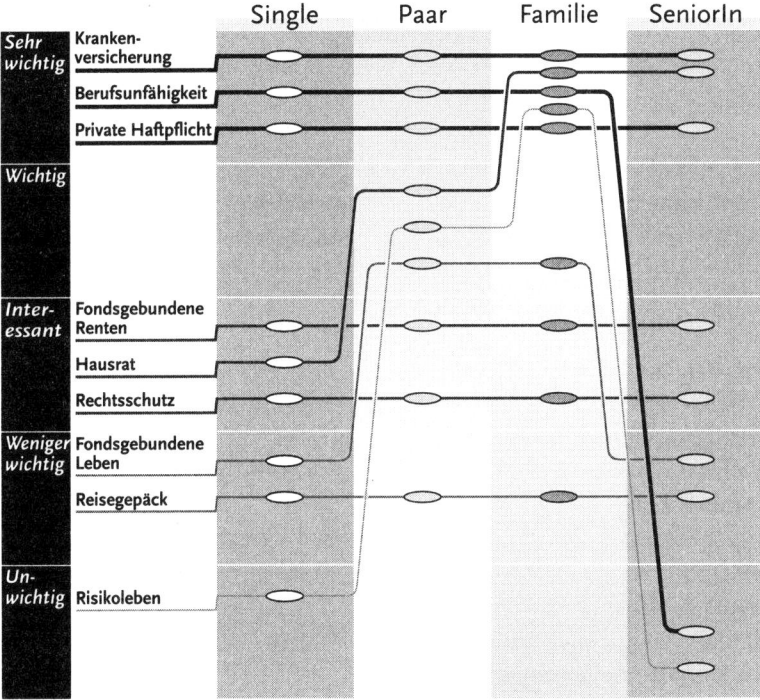

Nun, da wir das Fundament für die Zukunft gelegt haben, können wir uns mit Lust und Spaß und ohne Existenzängste auf den Weg zu unseren finanziellen Zielen machen.

Die optimale Geldanlage

Rendite, Verfügbarkeit und Sicherheit – konkurrierende Ziele, die Dagoberta unter einen Hut bringt.

Gabi hat im Januar 1999 10 000 Mark in Aktien des Medienunternehmens EM-TV gesteckt. Sie hat sie zu einem Kurs von 20 Euro gekauft.

Nach einem Jahr, im Januar 2000, hatten die Aktien einen Kurswert von 60 Euro. Gabis Geld hatte sich verdreifacht: auf 30 000 Mark. Eine Rendite von 200 Prozent!

Die optimale Geldanlage bringt eine hohe Rendite

Die Rendite ist der Ertrag einer Anlage. Sie wird in der Regel als Prozentwert pro Jahr angegeben. So lassen sich unterschiedliche Erträge wie Zinsen oder Kursgewinne miteinander vergleichen.

Nicht berücksichtigt haben wir in unserem Beispiel Kosten, die die Rendite schmälern, wie An- und Verkaufsgebühren oder Depotgebühren, sowie Erträge, die die Rendite erhöhen, wie Dividendenzahlungen.

Die optimale Geldanlage hat kein Risiko

Im Januar 2001 ist der Kurs der EM-TV-Aktien leider auf sechs Euro gefallen. Pech für Gabi: der Wert ihrer Aktien liegt jetzt nur noch bei 3000 Mark. Die Rendite des letzten Jahres: minus 90 Prozent!

Gabis Freundin Sonja kann das nicht verstehen. Wie konnte Gabi nur ein so hohes Risiko eingehen! Sonja geht auf Nummer sicher. Ihr Geld liegt auf dem Sparbuch. Bei 2,5 Prozent Zinsen hat sie nach den zwei Jahren immerhin ein Guthaben von 10 506,25 Mark.

Sonja zieht also eine »sichere« Anlage vor, bei welcher der Wert des investierten Betrags auch kurzfristig erhalten bleibt. Wussten Sie, dass auch darin ein Risiko steckt? Mehr dazu erfahren Sie in Kapitel 6. Doch schon jetzt können wir einen ganz wesentlichen Zusammenhang feststellen: Je höher die Rendite, desto höher das Risiko.

Die optimale Geldanlage ist ständig verfügbar

Elsbeth hat im letzten Jahr ihr Geld in Inhaberschuldverschreibungen bei ihrer Bank angelegt. Der Zinssatz liegt bei 5,5 Prozent, die Laufzeit endet im Jahr 2005.

Mit der Rendite kann nun Sonjas Sparbuch nicht mithalten. Aber: Sonja kann über ihr Geld jederzeit verfügen! Während Elsbeths Geld bis 2005 festgelegt ist.

Besonders Frauen schätzen Geldanlagen, die ständig verfügbar sind. Man nennt das hohe Liquidität. Aber, wie wir feststellen, gilt: Je höher die Liquidität, desto niedriger die Rendite!

Träumen Sie ruhig weiter!

Die optimale Geldanlage bringt eine maximale Rendite, hat null Risiko, ist jederzeit verfügbar ... Und natürlich sollte auch kein zeitlicher Aufwand damit verbunden sein. Und – ja, am besten wäre es, wenn das Ganze auch noch Steuern sparen würde!

Nun müssen wir Sie leider enttäuschen: Diese Geldanlage gibt es nicht! Schade, wirklich schade! Aber das Wissen um diese Zusammenhänge ist elementar und sollte Ihnen immer gegenwärtig sein. Wenn Sie von nun an bei jeder Anlage, bei jedem Angebot diese drei Punkte:

- Rendite
- Risiko
- Liquidität

bedenken und vergleichen, werden Sie niemals auf unseriöse und betrügerische Versprechungen hereinfallen. »40 Prozent Rendite – ganz ohne Risiko« – wer Ihnen mit so etwas kommt, muss sich von Ihnen in Zukunft ganz unbequeme Fragen gefallen lassen. Denn irgendwo muss da ein Haken sein!

Ihre Anlageentscheidungen werden Sie in Zukunft nur treffen, wenn Ihnen die Antworten auf folgende drei Fragen ganz klar sind:

- Welche Rendite kann ich erwarten?
- Welche Risiken gehe ich ein?
- Wann kann ich wieder über das Geld verfügen?

Optimal? Elsbeth lässt nicht locker: »Dann gibt es sie wirklich nicht, die optimale Geldanlage?«

»Doch, die gibt es«, sagt ihre Finanzplanerin. »Aber genau wie der optimale Ehemann, der optimale Job oder die optimale Wohnung ist die optimale Geldanlage eben optimal für Sie, und nur für Sie. Doch was für Sie richtig ist, was zu Ihnen passt, was Ihren Wünschen und Zielen entspricht, muss nicht notwendigerweise für Ihre Freundinnen Sonja und Gabi das Richtige sein.«

Das leuchtet Elsbeth nun vollkommen ein. Denn Gabis Mann, der wäre für sie alles andere als optimal.

6. Viele Wege führen zum Ziel

Christines Story: »Das Chaos lichten«

*Drei Lebensversicherungen, sechs Bausparverträge
und kein Durchblick mehr: Christine P., 41, räumt auf!*

Meine erste Lebensversicherung schloss ich mit 20 ab. Damals hatte ich
gerade meine erste feste Stelle angetreten. Und mir war klar: Arbeiten
ist zwar okay, aber nicht mein Lebensinhalt. Ich möchte mit 55 Jahren
damit aufhören. Die Lebensversicherung, die ein Freund mir empfahl,
sollte mir eine frühe Rente ermöglichen. Von Aktien redete damals, Ende
der 70er Jahre, noch niemand.

Ich bin gelernte Buchhändlerin und arbeite heute als selbständige Ver-
lagsvertreterin. Nein, den Beruf habe ich mir nicht bewusst ausgesucht;
ich bin mehr zufällig hineingerutscht.

Nach dem Abitur wollte ich eigentlich Sozialpädagogik studieren, doch
mit meinem Notendurchschnitt erreichte ich den Numerus clausus
nicht. Da ich aber schon von zu Hause ausgezogen war, musste ich irgendwie Geld verdienen. Ich arbeitete also in einer Bahnhofsbuchhand-
lung in Frankfurt. Der Umgang mit Büchern machte mir Spaß. Auch
der Inhaber fand, dass ich das gut machte. Er empfahl mir eine Ausbildung zur Sortimentsbuchhändlerin, und ich folgte seinem Rat.

Zwei Jahre später, als meine Prüfung näherrückte, fragte mich mein
Chef: »Wollen Sie immer noch an die Uni, oder bleiben Sie bei mir?« Er
wollte Klarheit, ob er mich als Gesellin weiterbeschäftigen konnte oder
jemand Neues einstellen musste. »Ein Jahr bleibe ich noch«, entschied
ich spontan.

Tatsächlich bekam ich genau ein Jahr später ein interessantes neues
Angebot: Vertriebsassistentin bei einem Frankfurter Verlag. Ich sollte
Kunden betreuen, Vertreter anleiten und Aufträge selbständig abwickeln,
das heißt, dafür sorgen, dass die bestellten Bücher die Läden erreichten.
Auch Messevorbereitungen und Standdienst gehörten zu meinen Pflichten. Wirklich vielseitig! Ich nahm an. Damit entschied ich mich endgültig gegen ein Studium und für die Welt der Bücher.

Vier Jahre blieb ich, hatte Erfolg und gewann Sicherheit im Kontakt mit Kunden. Dann bot mir ein kleiner literarischer Verlag in der Nähe eine Stelle als Vertriebsleiterin an. »Vertriebsleiterin« – das klang gut, aber ich merkte schnell, dass der Verlag sehr klein, der Chef nicht der geborene Verleger und regelmäßige Gehaltszahlungen nicht zu erwarten waren. Nach einem halben Jahr hatte ich genug vom literarischen Abenteuer und kündigte.

Da ich nicht gleich etwas Neues in Aussicht hatte, machte ich auf eigene Kosten eine viermonatige Ausbildung zur Assistentin im Buchhandel. Das war damals eine Art Meisterprüfung für Buchhändler; man qualifizierte sich für Führungsaufgaben im Buchhandel und im Verlagswesen. Am Wochenende kellnerte ich in Kneipen oder Restaurants – so konnte ich Wohnung, Auto und Lebensversicherung finanzieren. Ich träumte davon, nach der Fortbildung ins Ausland zu gehen, und hatte sogar schon Kontakte nach New York geknüpft!

Aber es kam anders: 1985 fand ich einen neuen Arbeitgeber in Frankfurt, oder besser: er fand mich. Ein bekannter Frankfurter Verleger erinnerte sich daran, mich im Jahr davor auf der Buchmesse getroffen zu haben. Und da er gerade in einer Notlage steckte – seine Vertriebsleiterin hatte gekündigt – fahndete er im Telefonbuch nach meinem Namen. Tatsächlich landete er bei meinen Eltern, und die informierten mich.

Ab Herbst 1985 war ich also Vertriebsleiterin beim H.-Verlag in meiner Heimatstadt, verdiente gut und hatte einen Firmenwagen zur Verfügung. Eigentlich hätte alles so schön weiter laufen können, wäre mir nicht die Liebe in die Quere gekommen.

1987 lernte ich Harald kennen, den Vater meines Sohnes Patrick, der heute zwölf Jahre alt ist. Harald kam aus Stuttgart. Wir wollten zusammen leben, aber keiner wollte in die Stadt des anderen umziehen. Lieber ganz woanders hin! Also orientierten wir uns nach München und hatten kurz darauf beide ein Stellenangebot im selben Münchner Verlag.

Tja, das dachten wir zumindest. Der Verlagsleiter aber überlegte es sich kurzfristig anders. Eine Woche bevor wir anfangen sollten, teilte er uns mit, er wolle uns nun doch nicht haben. Wir stritten mit ihm um eine Abfindung, kriegten sie, standen aber trotzdem blöd da: Denn ich war schwanger. Was nun? Wir zogen also nicht nach München, sondern doch nach Stuttgart, wo immerhin mein Lebensgefährte schnell einen neuen Job fand.

Und ich? Ich ging in meiner Not zu meinem netten alten Verleger H. in Frankfurt und erzählte ihm alles. Und wir entwickelten zusammen eine Idee: Aus der Vertriebsleitung, in die sich mein Nachfolger gerade einarbeitete, sollte ein Teil ausgegliedert werden – die Betreuung von Österreich und der Schweiz. Die könnte ich von Stuttgart aus freiberuflich erledigen, vereinbarten wir. Also kaufte ich mir ein Auto und pendelte nach Zürich oder Wien, mit immer dicker werdendem Bauch. Die Kunden, die mich schon aus meinen Frankfurter Vertriebsleiter-Zeiten kannten, akzeptierten mich auch so.

Im Sommer wurde Patrick geboren. Und ich muss sagen: Das erste Jahr war eine Katastrophe! Die ganze Situation war neu für mich. Ich hatte immer gearbeitet, war gewöhnt, Dinge für mich allein zu entscheiden. Und nun war da ein kleines, hilfloses Wesen, das mich bestimmte. Ich konnte nicht einmal duschen, wann ich wollte! Ständig brauchte mich das Kind. Niemand half mir mal. Denn da, wo wir wohnten, auf dem Dorf außerhalb von Stuttgart, war ich total isoliert. Sandkastengesprächen mit anderen Müttern konnte ich nie irgend etwas abgewinnen!

Das, was mir am meisten Spaß machte, war mein Beruf. Also packte ich Patrick ins Auto und nahm ihn mit auf meine Touren nach Österreich und in die Schweiz. Das ging nur, weil meine Mutter bereit war mitzufahren, manchmal auch meine Schwester, manchmal beide Eltern zusammen. Das ganze erste Jahr machten wir es so: Ich stellte das Baby den Kunden vor, die meist ganz interessiert an ihm waren. Dann, nach zehn Minuten Baby-Vorstellung, übernahmen Oma, Opa oder Tante das Kind und gingen mit ihm spazieren, während ich Verkaufsverhandlungen führte. Auf diese Weise kriegte Patrick seinen ersten Zahn in Wien! So etwas vergisst man nicht.

Mein Partner, Harald, allerdings kümmerte sich überhaupt nicht darum, wie ich das alles geregelt kriegte mit Beruf und Kind. Er interessierte sich nur für seinen Job. Deswegen trennten wir uns, als Patrick ein Dreivierteljahr alt war. Allein erziehend war ich ohnehin, und ich bin es geblieben.

Nach dem ersten Jahr nahm ich meinen Sohn nicht mehr so oft auf meine Fahrten mit, sondern ließ ihn bei den Großeltern oder organisierte eine andere Betreuung für ihn. An den Tagen, an denen ich von zu Hause aus arbeite – am Computer und am Telefon – stehe ich ihm ohnehin zur Verfügung, wenn er mich braucht. Das ist der Vorteil des Freiberuflerdaseins: man ist zeitlich flexibel. Eigentlich eine ideale Situation für mich und Patrick. Und so bin ich seit über zehn Jahren glückliche und zufriedene allein erziehende Mutter, liebe meinen Sohn sehr und möchte ihn auf gar keinen Fall missen.

Geldsorgen hatten wir beide übrigens nie! Im Gegenteil: In den Jahren 1991 und 1992 verdiente ich so gut, dass ich gar nicht wusste, wohin mit dem vielen Geld. Damals kam ich auf die Idee, dieses Haus zu kaufen, in dem ich heute noch wohne. Zusammen mit einer Freundin, die ebenfalls allein erziehend war. Die Eigentümerin fand es klasse, dass zwei Frauen mit Kindern das Haus kaufen wollte, und gab es uns für einen akzeptablen Preis.

Trotzdem war es nicht leicht, in jener Hochzinszeit ein solches Haus zu finanzieren. Ich hatte einen Bausparvertrag, in den ich regelmäßig einzahlte, ansonsten aber wenig Eigenkapital. Der Sachbearbeiter meiner Bank, der Postbank, wollte mir keinen Kredit geben: zwei allein erziehende Frauen, noch dazu als gleichberechtigte Eigentümerinnen, das erschien ihm zu unsicher. Aber die Bausparkasse, die das Haus vermittelt hatte, spielte sofort mit: Ich schloss mit ihr zwei weitere Bausparverträge ab, die beide über eine angeschlossene Bank zwischenfinanziert wurden.

Für mich war das damals eine runde Sache. Ich wollte meine Schulden schnell abzahlen und nahm dafür eine hohe monatliche Belastung in Kauf, über 2600 Mark. Ich verdiente ja genug. Dass die Geschäfte im Buchhandel irgendwann einmal nicht mehr so gut gehen würden, damit rechnete ich nicht!

Vor drei Jahren allerdings kamen mir Zweifel, ob meine Finanzen denn so optimal geregelt sind. In den Zeitungen stand immer mal wieder, dass Kapitallebensversicherungen nicht die beste Altersvorsorge seien. Aktienfonds brächten mehr Rendite.

Und die Bausparverträge? Ich hatte inzwischen noch weitere abgeschlossen, und die hohen monatlichen Belastungen wurden mir allmählich zu viel. Mein Einkommen, das ohnehin stark schwankt, weil es von meinen Vertriebserfolgen abhängig ist, hatte sich nach den fetten Jahren Ende der 90er auf einem niedrigeren Niveau eingependelt.

Hinzu kam noch, dass ich mich mit meiner Mitbewohnerin nicht mehr so gut verstand. Wir stritten uns um verschiedene Ausgaben, die das Haus betrafen, und es bestätigte sich der alte Spruch: »Beim Geld hört die Freundschaft auf.«

All das ging mir vor drei Jahren im Kopf herum, und ich dachte: »Ich muss dringend mal ran an diesen Chaoshaufen – meine Geldanlagen und meine Schulden.« Ich wusste allerdings nicht, wen ich um Rat fragen sollte. Eine Hausbank mit Kundenberatung hatte ich nie. Mein Konto war bei der Postbank, berufliche Kredite hatte ich nie gebraucht. Von dem Freund, der mir die Lebensversicherungen vermittelt hatte, fühlte ich mich im nachhinein nicht besonders gut informiert. Überhaupt war ich misstrauisch geworden gegenüber Anlageberatern, die nicht wirklich unabhängig sind!

Da war es ein Glückstreffer, dass ich über meinen Berufsverband, die Bücherfrauen, Irmtraud Potkowski kennen lernte. Eine selbständige Finanzplanerin, die nicht abhängig ist von einer Firma, eine Frau, vertrauenswürdig. Sie nahm sich Zeit für meine Fragen. Allerdings staunte sie nicht schlecht, was ich alles aus den Schubladen zog: Drei Lebensversicherungen und allein sechs Bausparverträge! Meine monatliche Belastung für Versicherungen und Bausparverträge zusammen lag bei 4800 Mark. Kein Wunder, dass mir das teuer vorkam.

Das Beste, was mir die Beratung mit meiner neuen Finanzexpertin brachte, war allerdings, dass sie mich an mein ursprüngliches Ziel erinnerte. Das war doch ganz klar gewesen und immer noch dasselbe: mit 55 Jahren genug Geld zu haben, um nicht mehr arbeiten zu müssen. Irmtraud Potkowski rechnete mir aus, dass ich es nach wie vor erreichen konnte. Allerdings nicht auf dem eingeschlagenen Weg.

Ich musste dringend anfangen, Vermögen aufzubauen. Außer meinen Lebensversicherungen besaß ich nichts, und bei einer Durchschnittsrendite von sechs Prozent würde ich damit auch nie mein Ziel erreichen. Die Beiträge fließen heute in internationale Aktienfonds.

Zwei der sechs Bausparverträge habe ich gestoppt, einer lief im letzten Jahr aus, zwei folgen in den nächsten Jahren. Einen behalte ich weiter für die letzte Rate, die ich für das Haus noch zahlen muss. Ich würde nämlich gerne hier wohnen bleiben, auch nachdem meine Miteigentümerin im vergangenen Jahr ausgezogen ist.

Nachdem alle Finanzfragen geklärt, teure Versicherungen durch günstige ersetzt waren und die neue Kostenaufstellung gemacht war, sah die Welt ganz anders aus. Ich habe jetzt mehr Luft. Ich kann auch etwas zurücklegen für die Ausbildung meines Sohnes.

Aber ich möchte auch jedes Jahr so viel Geld übrig behalten, dass ich mir einen schönen Urlaub leisten kann. Das muss einfach sein. Denn, wie gesagt, Arbeiten ist nicht mein Lebensinhalt!

Vom Sparbuch bis zur Immobilie

Welche Geldanlage wann und wofür richtig ist.

»Christines Geschichte hat mich lange beschäftigt«, sagt ihre Finanzplanerin Irmtraud Potkowski. »Fast hätte sie ihr ursprüngliches Ziel aus den Augen verloren!«

Christine litt unter dem typischen Dilemma einer vielfach belasteten Frau: Der Alltag, die immer schwieriger werdende Geschäftslage, die hohen monatlichen Belastungen, die Verantwortung für den Sohn, die Probleme mit der ehemaligen Freundin und Miteigentümerin – all dies forderte vollen Einsatz.

Christines Lösung: Sie tat, was sie gelernt hatte. Sie arbeitete. Arbeitete immer mehr. Und sie war erfolgreich in ihrem Beruf.

Finanzen sind nicht gerade Christines Lieblingsthema. Solange sie sehr gut verdiente, machte sie sich darüber wenig Gedanken. Und wenn Entscheidungen zu treffen waren, folgte sie dem Rat von Freunden oder Bekannten. Zweifel kamen ihr erst im Lauf der Jahre, als die finanzielle Situation enger wurde.

Christine befand sich in einer Situation, die typisch für Frauen ist: Sie hatte gelernt, Geld zu verdienen, aber nicht, es zu vermehren. Mit 40 Jahren und einer monatlichen Belastung von 4800 Mark, davon allein 3200 Mark für Bausparverträge, fühlte sie sich wie in einer Zwangsjacke. Als Gefangene ihrer einstigen Entscheidung.

Der Bausparvertrag – manchmal die teuerste Lösung

Weil der Bausparvertrag in Christines Leben eine so fatale Rolle spielte (und weil sie nicht die einzige ist, der das passiert), wollen wir in diesem Kapitel, in dem es um die Auswahl der richtigen Geldanlage geht, erst einmal ein wenig auf dieses Thema eingehen.

Bausparverträge sind beliebt, fast so beliebt wie Sparbücher. Gerade hier in Süddeutschland, wo die Dagobertas wohnen, scheint kein Haushalt ohne Bausparvertrag auszukommen. Allein schon das Wortgebilde – Bauen und Sparen – muss es sein, was die Schwäbinnen und Schwaben anspricht!

Für die Ausbildung der Kinder, als Geldreserve, für die neue Küche, als Altersvorsorge, es gibt eigentlich nichts, wofür ein Bausparvertrag nicht zu taugen scheint. Auch jede dritte Dagoberta ist im Besitz eines Bausparvertrags.

Doch was ist das für ein tolles Ding? Ein Bausparvertrag ist ein niedrig verzinster Sparvertrag. Die Zinsen für Ihre Sparraten liegen zwischen drei und vier Prozent, also knapp über der Inflationsrate. Die Ansparzeit beträgt sechs bis zehn Jahre. In dieser Zeit sparen Sie 40 oder 50 Prozent der Vertragssumme an.

Danach erhalten Sie über die restliche Vertragssumme ein Darlehen mit relativ niedrigen Darlehenszinsen, etwa fünf Prozent. Das Darlehen zahlen Sie in rund zehn Jahren ab, also relativ flott. Dies hat sehr hohe monatliche Raten zur Folge. Ein Nachteil, unter dem Christine sehr zu leiden hatte.

Bei näherer Betrachtung sieht der Bausparvertrag also gar nicht so fantastisch aus. Und bei genauer Berechnung sind nahezu immer andere Finanzierungsformen überlegen! Doch schütten wir das Kind nicht mit dem Bade aus. Denn in zwei Fällen hat ein Bausparvertrag seine Berechtigung:

- ♦ Als Teil der Finanzierung einer risikoscheuen Immobilienkäuferin. Denn schon bei Abschluss des Vertrags sind die späteren Kreditzinsen bekannt. Sie haben demnach Planungssicherheit.
- ♦ Falls Sie Anspruch auf Wohnungsbauprämie haben. Wohnungsbauprämie erhalten Sparerinnen ab dem 16. Lebensjahr, solange das Einkommen 50 000 Mark (25 565 Euro) bei Ledigen und 100 000 Mark (51 130 Euro) bei Verheirateten nicht übersteigt. Die Prämie beträgt zehn Prozent des Beitrags, maximal jedoch 100 Mark pro Jahr. Um die volle Prämie zu kassieren, genügt also schon der Abschluss eines Bausparvertrags über 15 000 Mark (7670 Euro), in welchen jährlich 1000 Mark (511 Euro) eingezahlt werden.

In allen anderen Fällen gibt es sehr viel bessere Spar- und Finanzierungsmöglichkeiten. Unter keinen Umständen sollten Sie sich zu einer Zwischenfinanzierung hinreißen lassen, wie das Christine passiert ist. Denn sie zahlte letztlich drauf. Wir erklären hier kurz, warum:

Als Christine das Haus kaufte, hatte sie noch nicht genügend angespart. Ihr existierender Bausparvertrag war noch nicht zuteilungsreif. Hier half die Bausparkasse mit einem Trick:

Christine brauchte 85 000 Mark für das Haus. Ein neuer Bausparvertrag über die Summe von 170 000 Mark wurde abgeschlossen. Die hauseigene Bank lieh Christine 85 000 Mark zur Einzahlung in den Bausparvertrag und weitere 85 000 Mark für die Finanzierung des Hauskaufs. Bis zur Zuteilungsreife zahlte Christine Zinsen für die geliehenen 170 000 Mark. Bei einem Zinssatz von sieben Prozent waren das 992 Mark monatlich.

Nach dreieinhalb Jahren wurde der Bausparvertrag zugeteilt. Christine erhielt jetzt 170 000 Mark: ihre eingezahlten 85 000 Mark und ein Bauspardarlehen von 85 000 Mark. Für das Darlehen zahlt sie von nun an zehn Jahre und sechs Monate lang eine monatliche Rate von 875 Mark.

Eine Konstruktion, von der wirklich nur die Bausparkasse und der Verkäufer des Bausparvertrags profitierten. Denn: Christine hat in den gesamten 14 Jahren insgesamt 155 000 Mark zu bezahlen. Ein einfaches Hypothekendarlehen über 85 000 Mark, bedient mit den gleichen Raten, wäre nach elf Jahren getilgt gewesen, bei einem Gesamtaufwand von 120 000 Mark. Eine Differenz von 35 000 Mark!

So viel vorneweg zum Thema Immobilien. Eine Möglichkeit, die Tilgung noch effektiver zu gestalten, werden Sie am Ende dieses Kapitels kennen lernen.

Die ideale Geldanlage. Oder: Mit dem Bus nach Hongkong?
Der Bausparvertrag – für Christine schien er die Lösung für alle ihre finanziellen Ziele darzustellen: Hauskauf, Sicherheitsreserve, Ausbildung des Sohnes, Altersvorsorge. Doch – so viel dürfte inzwischen klar geworden sein: Für die meisten Ziele ist diese Anlageform denkbar ungeeignet. Dafür gibt es andere, maßgeschneiderte Lösungen.

Wir möchte Ihnen das mit einem einfachen Vergleich verdeutlichen: Angenommen, Sie sind Mitglied der Dagobertas, wohnen in Asperg, fünf Kilometer westlich von Ludwigsburg, und möchten zum monatlichen Treffen des Fraueninvestmentclubs ins Hotel Krauthof fahren. Welches Verkehrsmittel nehmen Sie? Vielleicht den Bus.

Sie fahren morgens zum Bäcker – mit dem Fahrrad. Am Samstagabend wollen Sie nach Stuttgart ins Ballett – Sie nehmen die S-Bahn. Sonntags besuchen Sie eine Freundin in Gaggenau – mit dem Auto. Nächste Woche sind Sie in München zu einem Kongress eingeladen – Sie fahren mit der Bahn. Und im Sommer geht's in den Urlaub nach Hongkong – mit dem Flugzeug natürlich.

Ganz sicher wählen Sie jedes Mal das richtige Verkehrsmittel.

Warum sind Sie in Geldanlagen nicht genauso wählerisch? Oder würden Sie mit dem Bus nach Hongkong fahren?

Wo liegt das Geld der Dagobertas?

Bei unserer Umfrage kam heraus, dass Dagobertas folgende Anlageformen haben:

Girokonto	100 %
Sparbuch	65 %
Tagesgeldkonto	40 %
Festgeldkonto	55 %
festverzinsliche Wertpapiere	5 %
Lebensversicherungen	72 %
Rentenversicherungen	15 %
Aktien	100 %
Aktienfonds	80 %
Rentenfonds	10 %
sonstige Anlagen	15 %

Das Spektrum der Antworten ergibt einen Querschnitt durch die Welt der Anlagen. Darum werden wir uns die einzelnen Anlageformen jetzt etwas genauer anschauen.

Kleine Warnung: Dies ist ein besonders umfangreiches Kapitel. Die ungeduldige Leserin kann die Anlageformen, die sie gerade nicht interessieren, einfach überblättern.

Das Girokonto – kleines Geld für alle Tage

Das Girokonto kennt und nutzt wohl jede Anlegerin. Es dient zur Abwicklung des laufenden Zahlungsverkehrs. Darum genügt es, wenn ausreichend Geld vorgehalten wird, um die monatlichen Zahlungen abzudecken.

UNSER TIPP: Beim Girokonto, wie bei allen Bankprodukten, lohnt Nachfragen und Verhandeln. So können Sie sowohl bei den Gebühren als auch bei den Zinsen sparen.

Das Tagesgeldkonto – die Kurzfrist-Reserve

Das Tagesgeldkonto ist eine höher verzinste, ebenfalls ständig verfügbare Möglichkeit für Ihr kurzfristig benötigtes Geld. Es wird weit häufiger von Direktbanken als von Geschäftsbanken angeboten.

Der Nachteil gegenüber dem Girokonto: Eine Abwicklung von Zahlungsverkehr, also etwa Überweisungen, sind nicht möglich.

Rendite	abhängig von der Anlagesumme bis zu 4,3 %
	(Stand: Februar 2001)
Risiko	gering
Verfügbarkeit	täglich

Kleiner Exkurs: Steuern Sie Ihre Steuern!

Wir kommen nun zu den mittel- und längerfristigen Anlageformen. Die haben den Vorteil, dass sie Rendite bringen. Also Einnahmen. Damit sind wir unweigerlich bei einem anderen Thema: Steuern.

Denn: Wenn wir Geld verdienen, möchte der Staat etwas davon abhaben. Da Zinsen zweifellos Einkünfte sind, sind diese auch zu versteuern, und zwar mit Ihrem persönlichen Steuersatz.

Allerdings gibt es einen Freibetrag von 3000 Mark pro Jahr und Person sowie eine Werbungskostenpauschale von 100 Mark.

Sie zahlen also erst Steuern für Ihre Kapitaleinkünfte, wenn diese 3100 Mark im Jahr überschritten sind.

Damit der Staat ganz sicher zu seinen Steuern kommt, behält die Bank von Ihren Zinsen eine Zinsabschlagsteuer von 30 Prozent ein und überweist diese direkt an das Finanzamt. Dieser Abschlag wird auf Ihren persönlichen Steuersatz angerechnet. Übersteigt er Ihren Steuersatz, bekommen Sie Geld zurück.

UNSER TIPP: Erteilen Sie Ihrer Bank einen Freistellungsauftrag. Dann wird die Bank erst für Kapitalerträge, die 3100 Mark übersteigen, Steuern ans Finanzamt überweisen.

Das Sparbuch – ein Buch, das frau sich sparen kann?

Nach einer Umfrage der Zeitschrift *Capital* vom März 1998 nutzen 54 Prozent aller Frauen das Sparbuch zur Altersvorsorge. Hier hat sich in den letzten Jahren offensichtlich einiges getan. Denn die Umfrage unter den Dagobertas hat ergeben, dass zwar zwei Drittel der Frauen ein Sparbuch besitzen, allerdings nur 25 Prozent der Frauen diese Anlageform auch zum längerfristigen Vermögensaufbau nutzen.

Worin liegt immer noch die Faszination des Sparbuchs? In seiner Tradition. Wir bekamen es meist schon zur Geburt geschenkt, sind mit ihm aufgewachsen, haben am Weltspartag brav unser Sparschwein zur Bank gebracht und sind stolz mit einem Luftballon und dem Sparbuch, der Aufzeichnung unseres Vermögens, nach Hause gekommen. Ja, die Bank wird unser Geld gut aufbewahren, haben wir uns gedacht. Und Zinsen bekommen wir auch noch dafür.

Wir haben uns so daran gewöhnt! Dies ist wohl der Hauptgrund, warum das Ding nicht auszurotten ist. Dabei hat sogar schon eine deutsche Großbank mit dem frechen Slogan geworben: »Ein Sparbuch ist ein Buch, das man sich sparen kann«. Frau übrigens auch.

Denn die Bank ist keine Aufbewahrungsanstalt für Geld, sondern ein Handelsunternehmen. Die Bank handelt mit Geld, mit unserem Geld. Die Bank zahlt uns zwei oder drei Prozent Zinsen dafür, dass wir ihr unser Geld zur Verfügung stellen. Und was tut sie damit? Sie verleiht es.

An Unternehmen, die investieren und produzieren möchten. An Kommunen, die Straßen oder Kindergärten bauen möchten. An Personen, die Häuser bauen oder Autos kaufen möchten. Sie alle brauchen Geld. Die Bank gibt ihnen Kredite – zu einem Zinssatz von sechs bis zwölf Prozent. Die Differenz zu unseren Sparzinsen ist der Gewinn der Bank!

Für die Bank ein gutes Geschäft – für uns eigentlich nicht. Mit anderen Worten: Sie brauchen kein Sparbuch. Sofern Sie jedoch nicht davon lassen können, sollten Sie es verwenden für den berühmten Notgroschen. Für Geld, welches Sie kurzfristig zur Verfügung haben möchten: Für den Urlaub. Oder für eine neue Waschmaschine, wenn die alte schon verdächtig quietscht.

Für größere Beträge ist das Sparbuch ungeeignet. Nicht nur wegen der geringen Zinsen. Auch wegen der beschränkten Verfügbarkeit; denn ein Sparbuch hat in der Regel eine Kündigungsfrist von mindestens drei Monaten. Ohne Kündigung können meist nur bis zu 3000 Mark pro Monat abgehoben werden; für höhere Beträge verlangt die Bank Vorschusszinsen.

Das Sparbuch

Rendite	2 – 4,4 %
Risiko	gering
Verfügbarkeit	eingeschränkt
Steuersituation	Zinserträge sind steuerpflichtig

Das Festgeldkonto – sicher in die nahe Zukunft

Größere Beträge, die Sie in naher Zukunft benötigen, können Sie auf einem Festgeldkonto anlegen. Der Zinssatz ist etwas höher als beim Sparbuch, die Laufzeit meist zwischen 30 Tagen und zwei Jahren.

Rendite	3 – 5 % je nach Laufzeit und Höhe des Betrags
Risiko	gering
Verfügbarkeit	nach Ablauf der vereinbarten Laufzeit
Steuersituation	Zinserträge sind steuerpflichtig

Lebens- und Rentenversicherungen – die Klassiker

Sie sind nach wie vor die beliebteste Form der Altersvorsorge. 72 Prozent der Dagobertas – whow, das hätten wir nicht vermutet – sind im Besitz einer Lebensversicherung. Und 15 Prozent haben eine Rentenversicherung. Wie funktionieren diese Versicherungen?

Die KAPITALLEBENSVERSICHERUNG ist ein langfristiger Sparplan mit Todesfallabsicherung. Falls Sie vor Ablauf der Versicherung sterben, erhalten Ihre Hinterbliebenen die vereinbarte Versicherungssumme. Falls Sie den Ablauf erleben, erhalten Sie die Versicherungssumme zuzüglich der Überschussanteile. Versicherungsintern wird Ihr monatlicher Beitrag aufgeteilt in drei Teile:

- ◆ Sparanteil ca. 70 – 82 %
- ◆ Risikobeitrag für den Todesfallschutz ca. 10 – 20 %
- ◆ Verwaltungskosten ca. 8 – 15 %

Folgende Punkte sollten Sie genau überdenken, ehe Sie sich für eine Kapitallebensversicherung entscheiden:

- ◆ Die garantierte Verzinsung beträgt 3,25 Prozent auf den Sparanteil. Das allein ist eine sehr magere Rendite. Was Sie tatsächlich am Laufzeitende herausbekommen, hängt davon ab, wie hoch die sogenannten Überschussanteile sind. Das heißt, wie gut die Versicherungsgesellschaft wirtschaftet. Die Versicherung legt das Geld eher konservativ an.
- ◆ Die Versicherung ist sozusagen eine Black Box. Sie wissen nicht, wie hoch der Risikobeitrag und die Verwaltungskosten sind und wie Ihr Geld angelegt wird.
- ◆ Die Kapitallebensversicherung ist nur sinnvoll, wenn Sie beide Teile – den Sparvertrag und die Todesfallabsicherung – benötigen. Falls Sie niemanden im Todesfall zu versorgen haben, fahren Sie meist besser, wenn Sie die ganze Summe in eine Rentenversicherung oder in einen Sparvertrag, zum Beispiel in einen guten Fonds, einzahlen.

◆ Sie sollten sich darüber im klaren sein, dass Sie eine sehr langfristige Bindung eingehen. Sollten Sie die Versicherung nach
einigen Jahren kündigen, erhalten Sie meist weniger als das
eingezahlte Geld zurück.

Die Kapitallebensversicherung ist also nur bedingt zum Vermögensaufbau geeignet. In einem Fall kann sie aber sinnvoll sein: Falls Sie selbständig oder Beamtin sind und die Beiträge zur Lebensversicherung als
Vorsorgeaufwendungen steuerlich absetzen können. (Dies ist nämlich
bei dem übernächsten Produkt, der fondsgebundenen Lebensversicherung, nicht möglich.)

Die PRIVATE RENTENVERSICHERUNG ist eine Lebensversicherung ohne
Todesfallschutz. Wenn sie mit laufenden Beiträgen aufgebaut wird, entspricht sie einem Sparplan. Somit ist sie für Frauen, die keinen Todesfallschutz brauchen, schon eher interessant. Am Ende der Laufzeit können Sie wählen zwischen einer Auszahlung des Kapitals oder einer le-
benslangen Rentenzahlung.

Lebensversicherungen und Rentenversicherungen

Rendite	ca. 5,8 – 7,2 %
Risiko	gering, wenn die ganze Laufzeit durchgehalten wird
Verfügbarkeit	Kündigung des Vertrags nach einem Jahr möglich, aber mit hohem Verlust!
Steuern	unter folgenden Bedingungen sind Auszahlungen aus Lebensversicherungen steuerfrei: Laufzeit mindestens zwölf Jahre, Einzahlungen über mindestens fünf Jahre, Todesfallschutz mindestens 60 Prozent der Versicherungssumme.

Auch private Renten sind steuerlich begünstigt: Sie werden nur mit dem
sogenannten Ertragsanteil versteuert. Dieser ist abhängig von dem Alter, in dem Ihre Rentenzahlung beginnt. Je älter Sie bei Rentenbeginn
sind, desto geringer ist der zu versteuernde Anteil.

Fondsgebundene Lebensversicherungen – doppelte Rendite!

Es handelt sich um eine Lebensversicherung, bei der Ihre Beiträge in
Investmentfonds angelegt werden. Mit dem Thema Investmentfonds
beschäftigen wir uns im nächsten Kapitel, aber so viel sei hier schon
vorweggenommen:

Investmentfonds, und hier im besonderen Aktienfonds, sind die ideale Form des Vermögensaufbaus, wenn wir einen längeren Zeitraum vor uns haben. Und dies ist bei Lebensversicherungen der Fall. Gute Investmentfonds haben in der Vergangenheit Renditen erzielt, die weit über zehn Prozent lagen, so dass am Laufzeitende eine doppelt so hohe Auszahlung wie bei einer konventionellen Kapitallebensversicherung möglich ist. Das zeigt folgendes Beispiel:

Katharina ist 30 Jahre alt und zahlt monatlich 100 Euro in ihre Lebensversicherung ein, die eine Laufzeit von 30 Jahren hat. Wählt Katharina eine Kapitallebensversicherung (etwa 6,5 Prozent Rendite), beträgt die voraussichtliche Ablaufleistung 106 000 Euro. Bei einer fondsgebundenen Lebensversicherung sind es dagegen 203 000 Euro. (Hier wurden 12 Prozent Rendite angenommen, die Durchschnittsrendite von Aktienfonds mit Anlageschwerpunkt Deutschland im Zeitraum 1969 bis 1999.)

Fast doppelt so viel Geld bei gleicher Einzahlung und Laufzeit – da lohnt es sich, etwas näher hinzusehen!

Eine FONDSGEBUNDENE LEBENSVERSICHERUNG ist aber ebenso wie die klassische Lebensversicherung eine sehr langfristige Anlage. Auch hier werden Sie in den ersten Jahren Ihr Geld nur mit Verlusten zurückerhalten, weshalb die Entscheidung sicher getroffen werden sollte.

UNSER TIPP: Besprechen Sie alle längerfristigen finanziellen Entscheidungen mit einer Finanzplanerin oder Beraterin. Denn der Markt bietet vielfältige Möglichkeiten, aus denen die für Sie optimale ausgesucht werden sollte.

Bei fondsgebundenen Lebensversicherungen gibt es mittlerweile sehr flexible Modelle, welche auch gerade den Bedürfnissen von Frauen entgegenkommen. So sollten Sie darauf achten, dass

- Sie selbst bestimmen können, in welche Fonds Sie investieren,
- Sie nicht nur auf Fonds einer Investmentgesellschaft beschränkt sind,
- Sie, falls Sie irgendwann dringend Geld brauchen, Fondsanteile verkaufen können, ohne die Police aufzulösen,
- Sie, falls Sie in finanzielle Engpässe kommen sollten, die Zahlung vorübergehend aussetzen können,
- Sie gegen Laufzeitende kostenlos in risikoärmere Fonds umschichten können,
- Sie das Depot nach Laufzeitende weiterführen können, falls Sie dies möchten.

Die FONDSGEBUNDENE RENTENVERSICHERUNG ist für den Fall, dass Sie keine Todesfallabsicherung benötigen, die bessere Alternative. Die Rendite ist höher, da ja keine Beiträge für die Risikoabsicherung gebraucht werden. Im Falle Ihres Todes erhalten die Erben die eingezahlten Beiträge oder (bei mancher Gesellschaft) das Fondsguthaben.

»Was ist besser für mich – eine fondsgebundene Rentenversicherung oder ein Fondssparplan?« Das werden wir Finanzplanerinnen öfter gefragt.

Für Frauen mit höherem Einkommen – und damit höherer Steuerbelastung – kann die Versicherung die rentablere Lösung sein. Denn die Ablaufleistung von fondsgebundenen Lebens- und Rentenversicherungen ist steuerfrei. Bei einem Fondssparplan müssen die Dividenden, die während der Laufzeit gezahlt werden, versteuert werden.

Eine weitere Renditesteigerung erreichen Sie durch eine Direktversicherung. Die Beiträge zu normalen Lebens- und Rentenversicherungen zahlen Sie nämlich aus Ihrem versteuerten Einkommen, Ihrem Nettoeinkommen. Bei einer Direktversicherung, die Ihr Arbeitgeber für Sie abschließt (Sie haben einen Rechtsanspruch darauf!), wird der Beitrag vom Bruttogehalt abgezogen und direkt an die Versicherung überwiesen.

Dieser Beitrag, maximal 3408 Mark (1743 Euro) pro Kalenderjahr, wird mit 20 Prozent pauschal versteuert. Ihr zu versteuerndes Einkommen ist dadurch geringer, Sie sparen Einkommenssteuer.

Zahlen Sie den Beitrag zur Direktversicherung aus Sonderzahlungen, wie Weihnachts- oder Urlaubsgeld, so sind auch keine Sozialversicherungsbeiträge zu zahlen. Sozusagen ein Rendite-Turbo! Nachteil: Die Direktversicherung muss immer bis mindestens zum 60. Lebensjahr laufen.

UNSER TIPP: Fragen Sie bei Ihrem Arbeitgeber nach, ob Sie an eine bestimmte Gesellschaft gebunden sind oder nicht. Und schließen Sie nur eine fondsgebundene Versicherung ab!

Fondsgebundene Lebens- und Rentenversicherung

Rendite	Ca. 7 – 12 %, abhängig von den zugrunde liegenden Investmentfonds und den Verwaltungskosten der Gesellschaft
Risiko	mittel bis hoch, abhängig von den Fonds und der Laufzeit

Verfügbarkeit	eingeschränkt
Steuern	Fondsvermögen nach zwölf Jahren Laufzeit, fünf Einzahlungsjahren (und bei Lebensversicherung 60 % Todesfallschutz) steuerfrei. Im Fall der privaten Rente Besteuerung nach dem Ertragsanteil

Verzinsliche Wertpapiere – Rentenpapiere, Anleihen, Bonds

Der Staat, die Länder, die Kommunen, Unternehmen oder ausländische Staaten leihen sich Geld von Anlegerinnen und Anlegern. Sie zahlen dafür Zinsen und – nach einer fest vereinbarten Laufzeit – das geliehene Geld zurück. So einfach ist das Grundprinzip der verzinslichen Wertpapiere. Die Bezeichnungen Anleihen, Rentenpapiere oder im englischen Bonds meinen alle das Gleiche: Ein Schuldner leiht sich Geld von Gläubigern.

In einer Urkunde werden die Konditionen verbrieft. Ist der Zinssatz für die ganze Laufzeit fest vereinbart, spricht man von festverzinslichen Wertpapieren.

Verzinsliche Wertpapiere haben die unterschiedlichsten Namen, abhängig vom Emittenten, dem Herausgeber:

- ◆ PFANDBRIEFE, wenn sie durch Hypotheken abgesichert sind,
- ◆ BUNDESOBLIGATIONEN mit einer Laufzeit von etwa fünf Jahren,
- ◆ BUNDESANLEIHEN mit längerer Laufzeit,
- ◆ BUNDESSCHATZBRIEFE, die bekanntesten Staatsanleihen,
- ◆ KOMMUNALOBLIGATIONEN, Schuldscheine der Kommunen,
- ◆ UNTERNEHMENSANLEIHEN, Anleihen von Unternehmen,
- ◆ AUSLANDSANLEIHEN, Anleihen ausländischer Staaten oder Unternehmen,

um nur die wichtigsten zu nennen. Alle genannten Anleihen außer den Bundesschatzbriefen werden an der Börse gehandelt. Das bedeutet: Sie können ihre Anleihen jederzeit verkaufen.

Dass frau bei einem vorzeitigen Verkauf allerdings nicht unbedingt ihr gesamtes Kapital zurück erhält, hat Eva im letzten Jahr schmerzlich erfahren müssen. Denn ihr war nicht klar, dass Anleihen ein Kursrisiko haben.

Eva hatte vor zwei Jahren für 10 000 Mark eine Anleihe mit einem Zinssatz von vier Prozent und einer Laufzeit von zehn Jahren gekauft. Nun brauchte sie aber plötzlich Geld, weil ihr Auto den Geist aufgegeben hatte. Deshalb wollte sie ihre Anleihe verkaufen. Eva staunte nicht schlecht, als sie erfuhr, dass sie nur 9450 Mark zurück erhalten würde. Wieso? Nun, die Zinsen waren zwischenzeitlich gestiegen, von vier auf 4,8 Prozent. Niemand wollte Evas Anleihe, die nur vier Prozent Zinsen bringt, für den vollen Preis von 10 000 Mark kaufen, da es ja inzwischen Anleihen gab, bei denen man für die 10 000 Mark 4,8 Prozent Zinsen erzielen konnte. Evas Anleihe wurde also mit einem Abschlag gehandelt.

Dieser Abschlag (im umgekehrten Fall, wenn die Zinsen sinken, kann es auch ein Aufschlag sein) wird jeden Tag an der Börse festgestellt und als Kurswert aufgezeichnet. Der Kurs von Evas Anleihe war auf 94,5 Prozent gefallen. Sie entschied sich übrigens, ihre Anleihe nicht zu verkaufen. Sie erhält zwar weiterhin nur vier Prozent Zinsen, aber bei Fälligkeit ihre vollen 10 000 Mark zurück.

Verzinsliche Wertpapiere

Rendite	5 – 7 %
Risiko	Kursrisiko bei Verkauf vor Laufzeitende. Bonitätsrisiko, das heißt: das Verlustrisiko ist abhängig von der Bonität, der Zahlungsfähigkeit des Schuldners. Manche Auslandsanleihen haben deshalb einen weitaus höheren Zins als vergleichbare europäische Anleihen, weil das Risiko, dass Sie Ihr Geld nie wiedersehen, bedeutend höher ist
Verfügbarkeit	täglich, mit Kursrisiko
Steuern	Zinsen sind steuerpflichtig

UNSER TIPP: Besonders Bundesschatzbriefe vom Typ B oder abgezinste Anleihen sollten Sie steuerlich genau betrachten: Die Zinsen werden angesammelt und bei Fälligkeit in einem Betrag ausgezahlt: Der Sparerfreibetrag von 3100 Mark (1585 Euro) ist auf diese Weise schnell ausgeschöpft, und die Rendite ist dann ziemlich mager!

Kursgewinne sind nicht steuerpflichtig, vorausgesetzt, Sie halten die Anleihe mindestens ein Jahr.

Aktien – so werden Sie Miteigentümerin eines Unternehmens

Aktien – ein besonders spannendes Thema. Auch wenn Frauen das lange Zeit nicht so richtig bemerkt haben. »Seit wann interessieren Sie sich für Aktien?«, haben wir die Dagobertas gefragt. Die Antworten sind aufschlussreich: 95 Prozent der Frauen haben in den Jahren 1997 bis 2000 angefangen, sich für Aktien zu interessieren. Vor 1997 hatten nur zwei Prozent der Frauen ein eigenes Depot, heute immerhin 90 Prozent.

Kapitel 8 wird sich ausführlich mit Aktien, Börse und den dazugehörigen Strategien beschäftigen. Hier sollen nur die grundlegenden Begriffe geklärt werden.

Erinnern wir uns kurz: Wenn Sie eine Anleihe kaufen, verleihen Sie Ihr Geld und haben Anspruch auf eine Geldleistung, die Zinsen. Wenn Sie eine Aktie kaufen, kaufen Sie einen Anteil an einem Unternehmen.

Wie kann man das verstehen? Ein Unternehmen verschafft sich mit der Ausgabe von Aktien das benötigte Eigenkapital. Nehmen wir an, das Unternehmen benötigt eine Million Euro. Dann könnten 100 000 Aktien zu zehn Euro Nennwert ausgegeben werden. Jede Aktie verkörpert dann ein Hunderttausendstel des Grundkapitals.

Übrigens: Der Nennwert ist eine rechnerische Größe. Uns interessiert der Kurswert, der Wert, zu dem die Aktie an der Börse gehandelt wird.

Da Sie durch den Kauf der Aktien Miteigentümerin sind, werden Sie an Gewinn und Verlust des Unternehmens beteiligt.

Nehmen wir an, das Unternehmen hat nach einem Jahr einen Gewinn von 50 000 Euro erwirtschaftet. Auf der Aktionärsversammlung wird über die Gewinnverwendung entschieden: 20 000 Euro sollen an die Aktionäre ausgeschüttet werden. Das heißt: je Aktie werden 0,20 Euro Dividende ausgeschüttet. Die verbleibenden 30 000 Euro werden investiert und erhöhen somit den Wert des Unternehmens. Die Folge: Der Kurs der Aktie steigt.

Dieses Modell ist eine sehr vereinfachte Darstellung des Aktiengeschehens und dient dazu, das Grundprinzip zu erklären. Was Aktienkurse zum Steigen bringt, werden wir in Kapitel 8 ausführlicher untersuchen.

Aktienkurse können kurzfristig sehr stark schwanken, wie auch manche Dagoberta schon schmerzvoll erfahren hat. Langfristig aber haben Aktien von allen Anlageformen die höchsten Renditen!

Hierzu eine kleine Geschichte: Stellen Sie sich vor, wir schreiben das Jahr 1925 und befinden uns in den USA. Ein Ehepaar, John und Mary, möchte 2000 Dollar für seine Enkel anlegen. John bevorzugt sichere Staatsanleihen; Mary, die wagemutigere, möchte Aktien kaufen. Schließlich teilen Sie das Geld: John legt 1000 Dollar in Staatsanleihen, Mary legt 1000 Dollar in Aktien großer amerikanischer Unternehmen an. Was denken Sie, wie viel Geld bis heute daraus geworden ist? Notieren Sie hier Ihre Schätzung (die Antwort finden Sie auf der nächsten Seite):

Aus den Anleihen wurden .... $

Aus den Aktien wurden .... $

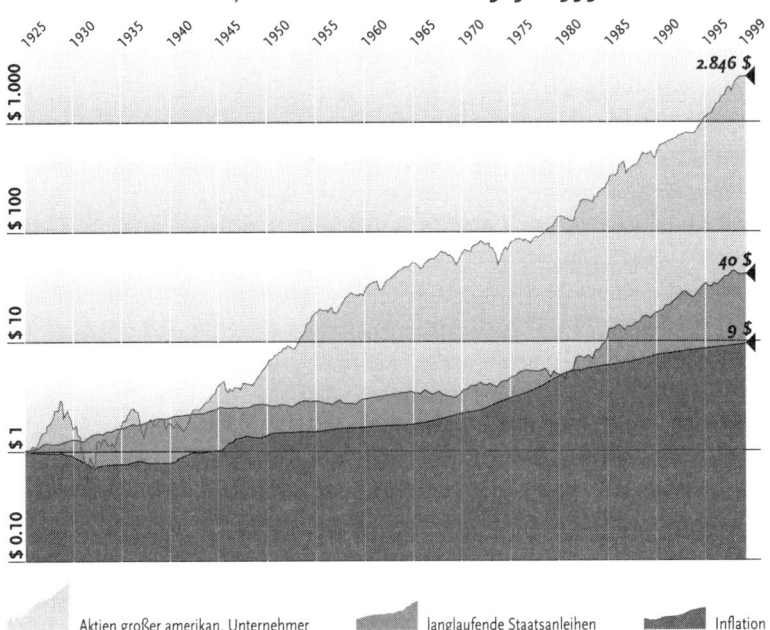

Aktien, Anleihen und Inflation 1925 – 1999

Aktien großer amerikan. Unternehmer   langlaufende Staatsanleihen   Inflation

Des Rätsels Lösung

Die USA haben eine etwas längere Aktienkultur als wir in Europa, entsprechend gibt es Aufzeichnungen über längere Zeiträume. Die Graphik zeigt die Entwicklung eines Dollars vom Jahr 1925 bis 1999 in unterschiedlichen Anlagen.

Die dunkelste Linie zeigt die Inflation: Dem Realwert eines Dollars im Jahr 1925 entsprechen 1999 neun Dollar. Die mittlere Linie zeigt die Entwicklung von langlaufenden Staatsanleihen: Ein Dollar hätte sich zu 40 Dollar vermehrt. Die hellere Linie zeigt die Wertentwicklung eines Dollars, angelegt in Aktien großer amerikanischer Unternehmen: fast unglaubliche 2846 Dollar ist das Ergebnis.

Hier finden wir auch die Antwort auf die Frage nach John und Marys Anlagen:

Ja, aus Johns 1000 $ sind 40 000 $ geworden.
Und Marys 1000 $ sind zu 2 846 000 $ angewachsen.

Das Ergebnis einer richtigen Entscheidung! Unglaublich?

Aktien – Ihr Thema?

Aktien und Börse sind für eine Anfängerin zuerst einmal ein sehr verwirrender und unübersichtlicher Bereich. Viele unverständliche Begriffe. Unbekannte Spielregeln: Wo kauft man überhaupt Aktien? Und vor allem welche Aktien? In Kapitel 8 werden wir uns intensiv mit diesen Themen beschäftigen. Vorab sollten Sie aber für sich entscheiden, ob Aktien überhaupt Ihr Thema sind.

Was braucht eine erfolgreiche Aktionärin?

1. Zeit – zum Lesen, Diskutieren, Analysieren, um »ihre« Aktien zu finden
2. Wissen – um die Informationen gewinnbringend umzusetzen
3. Geld – um die Risiken zu vermindern, brauchen Sie mehrere Aktien
4. Nerven – um sich nicht von Euphorie oder Panik anstecken zu lassen
5. Spaß am Thema Börse

Wenn Sie jetzt bei dem einen oder anderen Punkt ins Grübeln gekommen sind, dann sollten Sie Kapitel 7 mit Aufmerksamkeit lesen. Denn es geht auch anders und bequemer.

Aktien

Rendite	setzt sich zusammen aus der Dividende (0 – ca. 3 % des Kurswerts) und der Kurssteigerung, die sehr unterschiedlich sein kann. Die durchschnittliche Kurssteigerung des DAX von 1979 bis 1999 betrug 12,7 %
Risiko	hoch
Verfügbarkeit	täglich, mit Kursrisiko

Steuern Dividenden sind steuerpflichtig. Seit dem 1. Januar
2001 gilt das Halbeinkünfteverfahren; das heißt:
Sie müssen nur noch die Hälfte der Dividenden
versteuern.
Kursgewinne sind nach einer Spekulationsfrist von
einem Jahr steuerfrei. Werden Gewinne innerhalb der
Spekulationsfrist realisiert, so müssen sie auch zur
Hälfte mit dem persönlichen Steuersatz versteuert
werden. Es gilt eine Freigrenze von derzeit 999,99
Mark. Ab 1000 Mark (511 Euro) Kursgewinnen in
einem Jahr muss der gesamte Gewinn versteuert
werden.

Immobilien – Sachen mit Wert

Irgendwann beschäftigt sich jede Frau mit dem Gedanken an die eigenen vier Wände. Wenn das bei Ihnen gerade ansteht, sollten Sie sich sehr gründlich informieren, ehe Sie sich entscheiden. Denn Immobilien sind eine Großinvestition.

Übrigens: Das eigene Haus, ob heute oder später, ist, falls noch nicht Realität, der Wunsch fast jeder Dagoberta! Was uns besonders überraschte: Mehr als zwei Drittel der Frauen möchten nach dem Berufsleben zumindest zeitweise an einem warmen Ort fern der Heimat leben: in der Toskana, in Teneriffa, in Südfrankreich oder einfach nur im Süden.

Die hohen Immobilienpreise in Deutschland mögen mit ein Grund sein, weshalb es viele Frauen im Alter in den Süden zieht, im Süden sind Immobilien meist billiger zu haben. Und dazu die Sonne, das Meer, der Wein ...

Macht es Sinn, wenn Frauen ihr Geld in eine Immobilie stecken? Wir denken schon und möchten Ihnen mit dem folgenden Vergleich zeigen, warum.

Immobilien sind – genau wie Aktien – Sachwerte, und Sachwerte unterliegen nicht der Inflation, wie dies bei Geldwerten (Anleihen, Lebensversicherungen, Sparverträge) der Fall ist. Falls Sie im Alter eine vermietete Wohnung besitzen, erhalten Sie mit der Miete sozusagen eine Rente, die sich dynamisch Ihren Lebenshaltungskosten anpasst. Das folgende Beispiel verdeutlicht dies:

Renate besitzt eine Zwei-Zimmer-Wohnung in Heidelberg im Wert von 250 000 Mark (Stand: 1990). Sie nimmt pro Jahr eine Miete von 10 000 Mark ein (vier Prozent des Wohnungswerts), die sich um zwei Prozent jährlich erhöht. Der Wert ihrer Wohnung ist nach zehn Jahren auf ca. 300 000 Mark gestiegen unter Annahme einer Wertsteigerungsrate von zwei Prozent.

Gislinde besitzt 250 000 Mark in Sparbriefen. Die Rendite liegt bei vier Prozent. Von ihrem Vermögen lässt sich Gislinde anfangs 10 000 Mark pro Jahr ausbezahlen, hat aber eine Erhöhung um zwei Prozent pro Jahr vereinbart. Der Wert ihres Vermögens nach 10 Jahren: rund 240 000 Mark.

Eine Differenz von 60 000 Mark – oder 25 Prozent – zwischen den beiden Möglichkeiten! Welche würden Sie wählen?

Eine Wohnung oder ein Haus wird von Jahr zu Jahr mehr wert; entsprechend steigen auch die Mieten. So ist mietfreies Wohnen im Alter ein Ziel, welches viele Frauen anstreben. 1998 betrugen die Mietausgaben 27 Prozent der Gesamtausgaben eines Rentnerhaushalts. Die Tendenz ist steigend. Denn wenn die Renten sinken, wiegen die Mietkosten schwerer. Ein eigenes Häuschen, eine eigene Wohnung hat noch mehr Vorteile:

♦ Sicherheit: Niemand kann Ihnen kündigen.
♦ Stabilität: Niemand kann Ihre Miete erhöhen.
♦ Unabhängigkeit: Sie können in Ihrer Wohnung machen, was Sie wollen: Türen versetzen, Regale an die Wand dübeln, Bad vergrößern, Küche ausbauen und im Restaurant essen ...

Schon mit geringem Eigenkapital können Sie sich den Wunsch nach dem eigenen Heim erfüllen, denn bei der Tilgung helfen Ihnen das Finanzamt, die Zeit und, falls Sie die Wohnung vermieten, Ihre Mieter.

Und nun das versprochene Beispiel einer besonders cleveren Immobilienfinanzierung. Claudia, auch eine Dagoberta, hat es so gemacht:

Claudia kauft eine Zwei-Zimmer-Neubauwohnung. Der Preis liegt bei 250 000 Mark. Sie besitzt 25 000 Mark, die sie als Eigenkapital einbringt. Für das Darlehen von 225 000 Mark zahlt sie 1125 Mark an Zinsen im Monat, 140 Mark mehr als die Miete in der vorherigen Wohnung.

Claudia hat sich für ein tilgungsfreies Darlehen entschieden. Das heißt: sie zahlt nur Zinsen. Claudia erhält acht Jahre lang 5000 Mark Eigenheimzulage, eine staatliche Förderung für Menschen, die weniger als 80 000 Mark (Singles) oder 160 000 Mark (Ehepaare) verdienen. Diese Zulage zahlt Claudia zusammen mit einer Sparrate von monatlich 200 Mark in einen Investmentfonds ein.

Nach weiteren 8,5 Jahren, in denen sie jeden Monat ihre 200 Mark weitergezahlt hat, besitzt sie 225 000 Mark in ihrem Fonds: der Betrag, mit dem sie den Kredit ablösen kann.

Claudia hat selbst insgesamt 16,5 Jahre lang monatlich Zinsen in Höhe von 1125 Mark und die Sparrate von 200 Mark gezahlt, also insgesamt 262 350 Mark. Der Wert ihrer Wohnung liegt inzwischen bei 340 000 Mark. (Annahmen: Rendite des Investmentfonds: 10 %, Wertsteigerung der Wohnung: 2 %, Darlehenszinsen: 6 %).

Verglichen mit einer klassischen Annuitätenfinanzierung (bei der frau eine monatlich gleich bleibende Rate für Zins und Tilgung zahlt) mit den gleichen Konditionen hat Claudia fünf Jahre Laufzeit und über 75 000 Mark gespart. Sie sehen, es kann durchaus lohnen, sich auch mit dem Thema Immobilien näher zu befassen.

Immobilien

Rendite	längerfristig 2 – 4 %, abhängig vom Standort
Risiko	abhängig vom Standort
Verfügbarkeit	langfristig, wie schon der Name »Immobilie« sagt
Steuern	Spekulationsfrist zehn Jahre; wenn die Immobilie vorher verkauft wird, muss der Gewinn versteuert werden

Wie's weiter geht

Vom Sparbuch bis zur Immobilie – wir hoffen, Sie zeigen noch keine Konditionsschwäche und sind noch mit Spaß dabei, wenn dieses Kapitel auch manchmal etwas trocken war und aus sehr vielen Fakten bestand.

Wir wollen uns nun noch etwas mit den Themen Sicherheit und Risiko beschäftigen, bevor Sie sich in Ihre persönliche Anlage-Planung stürzen dürfen.

Ein Brötchen für zehn Pfennige

Ein kleiner Nachhilfekurs in Sachen Inflation. Dagobertas wissen, wie sie Wertverlust vermeiden.

Sie erinnern sich an Christines erste Lebensversicherung? Sie hatte sie mit 20 Jahren abgeschlossen. Sie zahlte monatlich 210 Mark ein, und eine Nachfrage bei der Gesellschaft ergab, dass sie mit 55 Jahren mit einer Summe von 300 000 Mark rechnen könne. 300 000 Mark – das schien Christine mit 20 Jahren eine Menge Geld zu sein!

Sie rechnete sich aus: Wenn sie mit 55 tatsächlich 300 000 Mark bekommt und diese Summe dann bei 6,5 Prozent Rendite anlegt, dann wird sie monatlich 1625 Mark erhalten, ohne dass sich ihr Kapital vermindert.

Bis dann wird sie sicher in einer eigenen Wohnung leben, so dass sie, falls sie dann mit dem Arbeiten aufhören möchte, von der Rendite Ihres Kapitals ganz gut leben kann. Und später kommt ja noch die gesetzliche Rente dazu. Christine war sehr zufrieden.

Sie wundern sich? Auch Christine bekam im Lauf der Jahre Zweifel. Die Summe kam ihr immer weniger vor. Seltsam? Woran das nur lag?

Vergegenwärtigen wir uns folgendes: Vor 20 Jahren hätten 300 000 Mark gereicht, um ein Haus zu kaufen. Heute braucht man dazu fast das Doppelte. Vor 20 Jahren kostete ein Brötchen 30 Pfennige, heute fast das Doppelte. Und als Judith Rauch 1956 zur Welt kam, kostete ein Brötchen sogar nur zehn Pfennige. Tja, so ändern sich die Zeiten! Erst kürzlich hat der Bäcker wieder die Preise erhöht: eine Brezel kostet jetzt eine Mark! Aber nicht nur die Preise erhöhen sich, zum Glück verdienen wir auch immer mehr Geld. 1980 lag der Stundenlohn einer Arbeiterin bei 13,40 Mark, heute verdient sie 25 Mark.

Diese langsame Geldentwertung nennt man Inflation: Die Löhne steigen, Sie haben mehr Geld zur Verfügung. Da aber auch die Preise steigen, können Sie letztlich nicht mehr dafür kaufen. Man sagt, die Kaufkraft des Geldes sinkt. Die langfristige durchschnittliche Inflationsrate liegt in Deutschland bei knapp drei Prozent.

Was bleibt also für Christine übrig?

Den von Christine für ihre »Frührente« eingeplanten 1625 Mark Kaufkraft würden heute, nach 20 Jahren, schon 2930 Mark entsprechen. Das bedeutet: Um das zu kaufen, was vor 20 Jahren 1625 Mark gekostet hat, bräuchte Christine heute 2930 Mark.

300 000 Mark sind unter Berücksichtigung von drei Prozent jährlicher Inflation nach 35 Jahren mehr als 840 000 Mark. Whow! Genau das ist die Summe, die Christine mit 55 Jahren bräuchte, um ihre ursprünglichen 1625 Mark (die dann allerdings 4570 Mark entsprechen) an monatlicher Auszahlung zu erhalten. Weit mehr als das Doppelte!

Aber wie sieht es aus, wenn Christine 70 Jahre alt ist? Die 4570 Mark monatlich werden ihr dann, bei gleicher Inflationsrate, nicht mehr ausreichen! 7100 Mark werden dann nötig sein, um die gleiche Kaufkraft zu haben. Die Inflationsrate ist ein Faktor, den wir nicht vernachlässigen dürfen, wenn wir in der Zukunft keine bösen Überraschungen erleben wollen.

Das ist ja Wahnsinn! Nein, es ist die Inflation!

Christine war geschockt. Dass der Wert ihres Geldes im Laufe der Jahre so stark gesunken war, das hätte sie nicht gedacht.

»Da bin ich ja richtig froh, dass wir das Haus gekauft haben, denn dann muss ich wenigstens keine Miete zahlen, die Mieten steigen ja auch.« Richtig, und der Wert des Hauses steigt auch. Denn Immobilien sind Sachwerte. Genau wie Unternehmensbeteiligungen, also Aktien. Und Sachwerte sind dem Inflationsrisiko nicht ausgesetzt.

»Gut, dass wir darüber gesprochen haben«, werden Sie jetzt vielleicht mit Christine seufzen. Denn jetzt, wo Sie Bescheid wissen, können auch Sie entsprechend planen.

Falls Sie es noch nicht getan haben, nehmen Sie jetzt nochmals Ihren Vorsorgeplan aus Kapitel 4 zur Hand und rechnen die Vorsorgesumme inflationsbereinigt hoch. Wie das geht? Eine Tabelle dazu finden Sie im Anhang.

Ja, aber das Risiko!

Manche Anlagen sind riskanter als andere.
Wie Dagobertas Risiken minimieren.

Frauen sind sicherheitsorientiert, Frauen sind risikoscheu – landauf, landab das gleiche Lied. Lange wurde diese Behauptung zur Erklärung der Tatsache benutzt, dass Frauen den größten Teil ihres Geldes auf dem »sicheren« Sparbuch liegen haben. Und oftmals wurde ihnen auf der Bank auch gar nichts anderes angeboten.

Doch dann gab es in Kalifornien eine Aufsehen erregende Studie. Das Ergebnis: Frauen erzielen mit ihren Aktiendepots eine um 1,4 Prozent höhere Rendite als Männer. Denn: Frauen sind risikobewusst, Frauen informieren sich gründlicher, machen seltener Fehler, schichten seltener um.[1]

So kann eine vermeintliche Schwäche zur Stärke werden, je nach Blickwinkel.

Was bedeutet Risiko?

Wenn etwas riskant ist, birgt es in der Regel eine Gefahr. Für Geldanleger besteht die Gefahr meist darin, Geld zu verlieren.

»Aktien sind riskant.« Viele Frauen, vor allem solche, die sich bisher nicht sehr mit Geldanlagen beschäftigt haben, würden diesen Satz unterschreiben. Und ihr Geld dann doch lieber in »sicheren« Anlagen aufbewahren. Dass dies ziemlich fatal sein kann, zeigt die Geschichte von Alexandra.

Alexandra geht auf Nummer Sicher

Alexandra hat vor zwei Jahren 200 000 Mark geerbt. Da sie sich mit Geldanlagen nicht auskannte, kam das Erbe erst einmal zu ihrem anderen Vermögen, 20 000 Mark, auf dem Sparbuch.

Dort bekommt sie 2,5 Prozent Zinsen. Nicht sehr viel, wie sie zugibt. »Aber das Geld ist wenigstens sicher«, sagt sie. Sie ist nicht verheiratet, arbeitet in einem Steuerberatungsbüro und verdient 5000 Mark brutto im Monat.

Irmtraud Potkowski erklärt ihr, dass ihr Geld ziemlich riskant angelegt ist, denn: »Das erste Ziel jeder Geldanlage ist der Erhalt des Vermögens!« Und der ist bei Alexandra nicht gegeben. Sie schaut ihre Finanzplanerin verdutzt an.

»Ich kriege doch 5500 Mark Zinsen im Jahr«, sagt Alexandra. Richtig, aber 2400 Mark muss sie mit ihrem persönlichen Steuersatz versteuern, das macht rund 840 Mark Steuern.

Nach einem Jahr hat Alexandra 224 660 Mark auf dem Konto. Was sie aber nicht berücksichtigt, ist die Inflation: Die durchschnittliche Geldentwertung beträgt langfristig drei Prozent. Das bedeutet: Real besitzt Alexandra nach einem Jahr 217 920 Mark.

Falls sie nichts ändert, kann sie zuschauen, wie ihr Vermögen jedes Jahr weniger wird: Nach zwei Jahren sind es noch 215 990 Mark. Alexandras vermeintliche Sicherheit ist also höchst riskant.

Warum wählte Alexandra diese vermeintlich »sichere« Geldanlage? »Ich kannte mich einfach nicht aus. Ich hatte zwar von Aktien und Fonds gehört, aber wusste nicht wirklich, was das ist. Außerdem hatte ich Angst, das Geld zu verlieren. Das mit der Inflation war mir überhaupt nicht klar.«

Das wirksamste Mittel gegen Angst ist Wissen! Dieser Satz gilt wirklich in jedem Lebensbereich. Wenn Alexandra die unterschiedlichen Anlagemöglichkeiten kennt, kann sie vergleichen und die für sie richtigen herausfinden.

Carola kriegt die Krise

Das Sparbuch beinhaltet Risiken, wie wir gerade sahen. Rentenpapiere haben ein Kursrisiko, falls Sie sie früher verkaufen müssen. Und Aktienkurse können ganz erheblich schwanken, wie wir täglich in der Zeitung lesen oder in den Fernsehnachrichten sehen können: zehn Prozent, ja 20 Prozent Verlust an einem Tag! Bei manchen Aktien ist das durchaus möglich.

Risiken können wir dann minimieren, wenn wir sie kennen. Bleiben wir noch kurz bei der Aktie:

Carola hatte im Winter 1999 beobachtet, wie die Aktienkurse fast täglich stiegen. Alle Welt redete von Aktien, alle Welt schien bombastisch damit zu verdienen, nur sie nicht. So entschied sie sich, im Februar 2000 endlich 100 Nokia-Aktien zu kaufen. Der Handy-Markt boomte. »Und das wird wohl noch lange so bleiben«, dachte Carola. Die vielen Chinesen, die alle noch kein Handy haben – ein riesiger Markt sei das, hatte sie gelesen.

Im Februar 2001 sieht alles anders aus: Der Wert von Carolas Aktien hat sich innerhalb eines Jahres halbiert. Sie versteht die Welt nicht mehr. »Aktien sind nichts für mich«, meint Carola, »da verliert man nur Geld.«

Was hat sie falsch gemacht?

So schnell wie eine Aktie steigen kann, kann sie auch fallen. (Mehr zu den Gründen, warum Aktien steigen oder fallen, erfahren Sie in Kapitel 8.) Und falls man nur eine Aktie hat, ist man vollkommen abhängig von diesem Unternehmen. Wie wir schon gesehen haben, ist das wirklich sehr riskant.

Die Lösung: Nicht eine Aktie, sondern verschiedene Aktien gehören in ein Depot. Denn die Wahrscheinlichkeit, dass alle gleichzeitig fallen, ist wesentlich geringer. Durch die Verteilung der Anlagebeträge auf die verschiedenen Aktien – Diversifikation – verringern sich die Risiken von Aktienanlagen. Bei einer Aktie besteht im schlimmsten Falle die Möglichkeit eines Totalverlusts. Dass alle Unternehmen gleichzeitig pleite gehen, ist dagegen ziemlich unwahrscheinlich.

Das Risiko – mathematisch gesehen

Was bedeutet Risiko genau? In der Alltagssprache hat der Begriff verschiedene Bedeutungen, und deshalb haben wir gefragt, was die Dagobertas im Umgang mit Aktien unter Risiko verstehen. Sie sagen dazu folgendes:

- ◆ 55 Prozent bezeichnen mit Risiko die Möglichkeit eines Totalverlusts.
- ◆ 25 Prozent sehen im Risiko die Gefahr, einen Verlust zu realisieren. Also weniger als das ursprünglich angelegte Geld herauszubekommen.
- ◆ 15 Prozent sagen, Risiko sei die Gefahr, eine niedrigere Rendite zu erzielen als erwartet.
- ◆ 5 Prozent verstehen unter Risiko Kursschwankungen.

Die letztgenannte Erklärung entspricht der Definition der wirtschaftswissenschaftlichen Theorie. Demnach bezeichnet man mit Risiko die Schwankung von Erträgen um ihren Mittelwert, mathematisch ausgedrückt als Standardabweichung.

In der Grafik sehen Sie die jährlichen Erträge zweier Fonds in den letzten 26 Jahren – ganz schöne Unterschiede, nicht? Da gibt es Jahre mit über 50 Prozent Plus und Jahre mit fast 30 Prozent Minus. Welcher dieser Fonds hat nun in diesem Zeitraum die höhere Rendite gebracht? Aus der Grafik ist dies nicht zu erkennen.

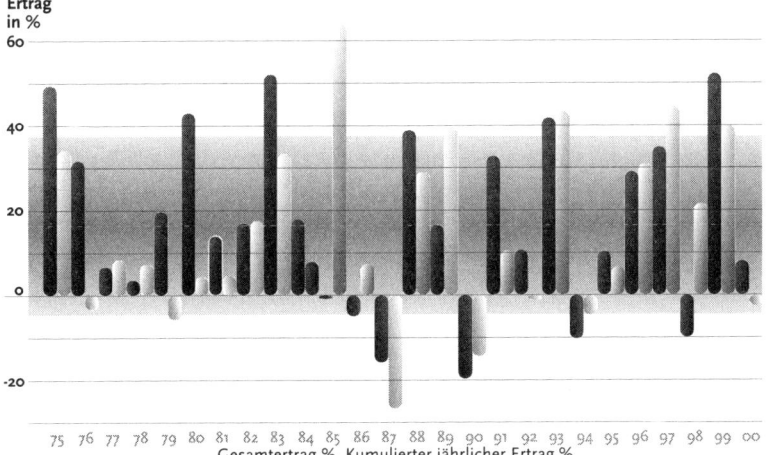

Jährliche Wertentwicklung

Ertrag
in %

Gesamtertrag %, Kumulierter jährlicher Ertrag %
● Templeton Growth Fund 5.155,82%, 16,46%   ◗ Investa 2.676,26%, 13.64%

Data © STANDARD & POOR'S Micropal 2000

Um die Frage zu beantworten, berechnen wir den Mittelwert. Wir addieren alle Jahreserträge und teilen das Ergebnis durch die Anzahl der Jahre. Das Ergebnis: Der schwarze Fonds hat eine Durchschnittsrendite von 16,5 Prozent, der grau schattierte von 13,6 Prozent in dem betrachteten Zeitraum. Demnach wäre der erste das bessere Investment gewesen.

Übrigens hat Fonds 1 in keinem Jahr genau die Durchschnittsrendite – 16,5 Prozent – erbracht. Er hatte stets entweder eine höhere Rendite oder eine niedrigere.

Wie stark waren nun die Schwankungen? Genau diese Frage beantwortet die Standardabweichung. Sie gibt die durchschnittlichen Abweichungen der Einzelrenditen an. Die Standardabweichung des schwarzen Fonds beträgt 21 Prozent. Dies bedeutet: 95 Prozent der überhaupt vorkommenden Renditewerte liegen in dem Bereich zwischen

$$(16,5 - 21 =) - 4,5 \text{ Prozent}$$
$$\text{und}$$
$$(16,5 + 21 =) + 37,5 \text{ Prozent}$$

147

Eine hohe Standardabweichung, ein hohes Risiko also, bedeutet, dass die durchschnittlichen Schwankungen des Fonds nach oben und nach unten höher sind als bei einem Fonds mit einer niedrigeren Standardabweichung. Haben zwei Anlagen die gleiche Rendite, so ist die Anlage mit der niedrigeren Standardabweichung vorzuziehen.

Was Ihnen diese Grafik auch verdeutlicht: Kurzfristig können auch Aktienfonds sehr stark schwanken, langfristig aber sind sie allen anderen Anlagen überlegen. Die Durchschnittsrendite des in der Grafik dargestellten internationalen Aktienfonds (schwarz) betrug in den vergangenen 45 Jahren 14 Prozent.

1000 Mark angelegt im Jahr 1955, und Sie hätten zu Weihnachten 2000 mehr als 360 000 Mark ihr eigen nennen können. Nicht übel, oder?

Check 6: Welcher Risikotyp sind Sie?

Der siebte Schritt. Folgen Sie Ihren Gefühlen – gewinnen Sie Sicherheit.

Sind Sie eher risikofreudig oder eher risikoscheu? Es macht durchaus Sinn, sich diese Frage zu stellen. Die Antwort sollten Sie im Hinterkopf behalten und von Zeit zu Zeit überprüfen, ob Ihr Verhalten Ihrem Risikotyp entspricht.

Sicherlich, Sie werden im Laufe Ihres Lebens Ihr Risikoverhalten ändern, denn Ihre Risikotoleranz und so auch Ihr Handeln ändern sich mit dem Wissen, das Sie erwerben.

Die Risikobereitschaft in der Bevölkerung kann sich – je nach Börsenlage – sehr stark verändern. Im Boomjahr 1999 kauften Menschen, die bisher ihr Geld ausschließlich auf Sparbüchern angelegt hatten, plötzlich Aktien von Unternehmen, die am Neuen Markt notierten. Wichtiger als Sicherheit war plötzlich der Wunsch, dazu zu gehören. Und die Angst, man könnte die wundersame Geldvermehrung, von der die ganze Welt redete, womöglich verpassen. Plötzlich waren Menschen bereit, Risiken einzugehen, die sie in keiner Weise einschätzen konnten. Was trieb sie dazu? Wir werden in Kapitel 8 auf die beiden elementaren Motive menschlichen Handelns eingehen, die an der Börse eine Rolle spielen: Gier und Angst.

Nun zu Ihnen: Zur groben Einschätzung Ihrer persönlichen Risikobereitschaft haben wir für Sie vier Fragen vorbereitet, in denen wir Sie vor vier verschiedene Risiko-Situationen stellen. Kreuzen Sie jeweils Ihre Antwort an:

Frage 1

Sie möchten 10 000 Mark langfristig anlegen. Welche Rendite erwarten Sie?

A ○ 5 Prozent
B ○ 9 Prozent
C ○ 13 Prozent
D ○ mehr als 13 Prozent

Frage 2

Sie haben 10 000 Mark in einen internationalen Aktienfonds investiert. Nach drei Monaten geht es an der Börse bergab. Wann verkaufen Sie?

A ○ bei 9500 Mark
B ○ bei 8500 Mark
C ○ bei 7500 Mark
D ○ gar nicht

Frage 3

Sie nehmen an einem Gewinnspiel teil. Welche Möglichkeit würden Sie wählen?

A ○ Sie erhalten 10 000 Mark sicher.
B ○ Sie erhalten 8000 Mark sicher. Dann werfen Sie eine Münze: Bei Kopf bekommen Sie noch 4000 Mark dazu, bei Zahl nichts.
C ○ Sie werfen eine Münze. Bei Kopf erhalten Sie 5000 Mark, bei Zahl erhalten Sie 20 000 Mark.
D ○ Sie würfeln. Bei einer Sechs erhalten Sie 100 000 Mark. Bei allen anderen Zahlen gehen Sie leer aus.

Frage 4

Auf einer Party wird über die Börse diskutiert. Die Meinungen gehen weit auseinander. Welcher Meinung stimmen Sie am ehesten zu?

A ○ »An der Börse kann man nur Geld verlieren.«
B ○ »Wirklich Geld verdienen an der Börse nur die großen Spekulanten.«
C ○ »Um an der Börse zu verdienen, braucht man Glück und Geduld.«
D ○ »Mit der richtigen Strategie kann jede Frau an der Börse reich werden.«

Und so werten Sie aus:
Bitte schauen Sie nach, welchen Buchstaben Sie am häufigsten angekreuzt haben. Das ist Ihr Risiko-Typ:

Typ A
Für Sie steht Sicherheit an erster Stelle. Schon der Gedanke an einen möglichen Verlust bereitet Ihnen schlaflose Nächte.
UNSER TIPP: Allein mit dem Sparbuch werden Sie Ihre finanziellen Ziele nicht erreichen. Vielleicht hilft Ihnen für den Anfang die Kostolany-Methode: Mit einem kleinen Teil Ihres Geldes kaufen Sie einen guten Aktienfonds. Dann stellen Sie sich schlafend. Nach zehn Jahren wachen Sie auf und schauen nach, was aus Ihrem Geld geworden ist. Und wir sind sicher, Sie werden Ihren Aktienanteil erhöhen wollen!

Typ B
Kalkulierbaren Risiken sind Sie nicht abgeneigt, aber Sie haben Angst vor Verlusten.
UNSER TIPP: Das beste Mittel gegen Angst ist Wissen. Informieren Sie sich weiter, und Sie sind auf dem besten Weg, Ihr Anlageverhalten zu optimieren.

Typ C
Chancen erkennen und nutzen ist Ihre Devise. Für eine höhere Rendite sind Sie bereit, ein höheres Risiko einzugehen.
UNSER TIPP: Diversifikation ist der Schlüssel zu Ihrem Erfolg: Streuen Sie Ihre Anlagen, und Sie minimieren Ihr Risiko.

Typ D
No risk – no fun! Was Sie interessiert, ist eine möglichst hohe Rendite.
UNSER TIPP: Achten Sie darauf, dass Sie nicht alles auf eine Karte setzen! Diversifikation ist für Sie am allerwichtigsten!

Wie Sie nun Ihr Risikoprofil bei der Zusammenstellung Ihres persönlichen Vermögensmix berücksichtigen, erfahren Sie in Kapitel 7.

7. Auf neuen Bahnen

Silkes Story: »Blonde Frau im Jaguar«

Sie ist 34, hat einen guten Job, einen Hausmann und
monatlich 900 Mark übrig. Wohin damit?

Um so zu leben wie ich, brauchen Sie vor allem einen selbstbewussten
Mann. Dass ein Mann Hausmann ist und ein Kind versorgt, ist noch
lange keine Selbstverständlichkeit. Was glauben Sie, wie komisch mein
Mann angeschaut wird, wenn er mit dem Kinderwagen unterwegs ist
oder mit unserem Sohn auf den Spielplatz geht? Er ist immer Außensei-
ter unter den Müttern. Die Frauen haben Probleme, ihn zu integrieren.

Warum wir uns für den Rollentausch entschieden haben? Nun, ich
habe studiert. Ich verdiene mehr als mein Mann. Ich arbeite im europäischen Marketing-Center einer Medizintechnik-Firma und bin dort verantwortlich für zwei wichtige Software-Produkte. Die Arbeit macht mir
Spaß, und ich möchte karrieremäßig auch noch weiter kommen.

Mein Mann hat Schreiner gelernt und hat seit seinem 16. Lebensjahr
in der Werkstatt gestanden. Er hat für seinen Beruf gelebt, sich verschlis-
sen. Er hat auch gesundheitliche Probleme bekommen, Ausschläge
durch die Lacke. Dass er jetzt für ein paar Jahre eine Auszeit nehmen
kann, um sich um Sebastian zu kümmern, tut ihm gut.

Also, Sie sehen, unsere Entscheidung hat viel mit Geld zu tun. Aber
nicht nur mit Geld. Es liegt auch daran, dass ich nicht unbedingt ein
Kind wollte. Mein Mann schon. »Gut, wenn du Kinder willst, dann musst
du sie auch aufziehen«, habe ich zu ihm gesagt.

Und heute bin ich ihm so dankbar dafür. Ich glaube, ich würde viel
vermissen, wenn ich Sebastian nicht hätte. Er ist jetzt zwei Jahre alt.

Es ist schon eine Männergesellschaft, in der wir leben. Das spüren wir
beide. Mein Mann ist eigentlich sehr traditionell eingestellt. Er ist stolz
auf seinen Meisterbrief, das ganze Zunftwesen. Wenn er arbeitet, arbeitet er 180prozentig. Seine Kollegen wollten es erst gar nicht glauben,
dass er für seinen Sohn den Beruf aufgeben will. »In einem Vierteljahr
stehst du wieder hier in der Werkstatt«, haben sie ihm prophezeit.

Und er hatte auch selber Angst, dem gesellschaftlichen Druck nicht standzuhalten. Für einen Mann gehört nämlich sehr viel Mut dazu, seinen Freunden zu erklären: »Meine Frau verdient das Geld. Ich habe ihre Scheckkarte.«

Und die jungen, aufstrebenden Männer in meiner Firma verstehen so etwas erst recht nicht. Die haben mit Familie gar nichts am Hut. Bei denen heißt es eher: »Mein Haus, mein Auto, mein Boot.«

Dass Männer den Mund gern voll nehmen, habe ich schon während meiner Ausbildung gemerkt. Ich habe nach dem Abitur eine Ausbildung zur Kommunikationselektronikerin, Fachrichtung Informationstechnik, bei IBM gemacht. Wir waren zwei Frauen und zwölf Männer.

Warum die mich damals bei IBM genommen haben, weiß ich nicht genau. Ich hatte Biologie und Latein als Leistungskurs gehabt, meine Mitstreiter hatten alle Physik und Mathe. Also, ich war keine Leuchte in Elektrotechnik. Ich habe mich so durchgebissen.

Damals haben mir die Kerle, also die Männer, immer tolle Sachen erzählt, wie etwas funktioniert. Aber irgendwann habe ich selber einigermaßen durchgeblickt und gemerkt: Das stimmt ja gar nicht alles. Die wissen das ja auch nicht besser. Die lügen einen ja an – aber mit einem Selbstbewusstsein, das ist schon sagenhaft! Also, bei Männern kannst du erst mal 50 Prozent abziehen, dann kommt's vielleicht ungefähr hin.

Nach der Ausbildung habe ich mir gesagt: Okay, jetzt hast du was Elektrisches gelernt, aber eigentlich interessierst du dich doch mehr für Biologie und Medizin. Ich habe dann mit 24 Jahren noch studiert, Biomedizintechnik in Gießen, ein Ingenieurstudiengang. Das war genau das Richtige für mich. Schon während der Diplomarbeit wusste ich, dass ich mal im Marketing einer Medizintechnikfirma arbeiten will.

Ich habe mir die Stellenausschreibungen angeschaut und festgestellt: Für die interessanten Marketing-Jobs braucht man Vertriebserfahrung. Also fing ich erst einmal bei einer Medizingeräte-Firma im Vertrieb an. Ich besuchte Krankenhäuser im süddeutschen Raum. Drei Jahre habe ich das gemacht und viel gelernt.

Dann wurde ich schwanger. Ich habe damals meinen Job einfach gekündigt. Aufgrund der Arbeitsschutzvorschriften durfte ich nach dem dritten Monat nicht mehr Auto fahren, und einen reinen Bürojob wollte ich nicht. Und um in dieser Firma Karriere zu machen, hätte ich ins Hauptquartier nach Köln gemusst. Einen Umzug wollte ich meiner Familie aber auf keinen Fall zumuten.

Erziehungsurlaub, Erziehungsgeld – darauf konnte ich verzichten. Ich war mir einfach sicher, dass ich wieder einen guten neuen Job bekomme. Und so war es auch: Sebastian kam Anfang Januar zur Welt. Im Juli oder August fing ich mit der Stellensuche an. Da rief mich ein alter Kollege an, den ich noch von der Diplomarbeit kannte: »Silke, ich gehe hier weg. Willst du nicht meinen alten Job?«

Er hatte einfach seine Visitenkarten durchgearbeitet, sich an mich erinnert und gedacht: »Jetzt ist sie sicher reif fürs Marketing-Center.« Also, es passte alles. Ich war zur richtigen Zeit am richtigen Ort.

Ja, mein Mann und ich sind sehr heimatverbunden. Wir sind beide hier in K. aufgewachsen. Meine Mutter, meine Schwester und die Schwiegerleute wohnen gleich nebenan. Wir kochen und essen oft alle gemeinsam. Und als Sebastian noch ein Baby war, konnten wir ihn bei meiner Schwester oder meiner Mutter abliefern und zu zweit einen Spaziergang machen. Dazu haben junge Paare mit Kind ja oft gar keine Möglichkeit.

Mein Mann und ich sind beide Baujahr 1966. Wir haben uns vor zehn Jahren hier im Jugendkulturzentrum kennen gelernt. Ich war dort im Vorstand, er war auch sehr engagiert, und wir haben heute noch viele Freunde aus dieser Zeit. Mein soziales Leben spielt sich weitgehend hier im Dorf ab.

Beruflich muss ich ja viel reisen. Ich bin für ganz Europa, Nahost und Afrika zuständig. Neulich war ich in Polen, letzte Woche in Paris, im Januar in Dubai. Ich schule die Vertriebsleute in den einzelnen Ländern, mache strategische Präsentationen, fädele Partnerschaften ein. Ich besuche wichtige Kunden und unterstütze den Vertrieb bei Großprojekten. Kongressbesuche gehören auch zu meinen Aufgaben. Zweimal im Jahr muss ich an den Stammsitz unserer Firma, in die USA. Es ist ein toller Job, er wird nie langweilig.

Es gab Zeiten, da war ich regelmäßig drei Tage und zwei Nächte pro Woche unterwegs. Allerdings kann ich meine Arbeitszeit frei einteilen. Wenn ich erst um Mitternacht nach Hause komme, gehe ich am nächsten Morgen eben erst um elf Uhr ins Geschäft. Da spiele ich morgens lieber noch ein Stündchen oder zwei mit meinem Sohn. Ich nehme mir die Zeit, die ich für meine Familie brauche. Natürlich liegen immer Stapel auf dem Schreibtisch, aber die werde ich wohl nie abarbeiten.

An normalen Bürotagen mache ich auch früher Schluss als die meisten Kollegen. Die Männer sitzen oft bis acht, halb neun im Büro. Aber warum sollte ich es ebenso machen? Ich bin Frühaufsteher, bin normalerweise morgens ab acht Uhr da. Ich arbeite konzentriert durch. Die Männer legen da schon öfter mal ein Päuschen am Kaffee-Automaten ein.

Manchmal habe ich das Gefühl, diese Männer wollen gar nicht nach Hause. Oder sie haben Angst, sie verpassen etwas im Büro. Ein Kollege hat sich mal beklagt, sein kleiner Sohn nehme ihn gar nicht mehr richtig wahr. Da habe ich mir gedacht: »Selber schuld«. Natürlich sticheln sie auch bei mir: »Erkennt dich dein Sohn noch? Sagt er schon Tante zu dir?«

Aber das trifft mich nicht. Mein Sohn freut sich immer, wenn ich komme. Aber er ist auch nicht besonders traurig, wenn ich gehe. Eher vermisse ich ihn. Mein Sohn hat so viele Leute um sich rum. Dem geht's richtig gut. Mein Mann unternimmt so viel mit ihm. Halt andere Dinge als Mütter. Mein Sebastian weiß schon ganz genau, wo beim Auto der Motor sitzt, und wo man den Akkubohrer ansetzen muss. Dafür kann er nicht singen und klatschen. Das lernt er dann halt im Kindergarten.

Mein Chef guckt zum Glück nicht auf die Bürozeiten, sondern auf Resultate. Er bekommt ja Feedback von den Kunden, und das ist positiv. Als mein Mann und ich vor einem Jahr unser Haus umgebaut haben, habe ich meinem Chef ein ganz ungewöhnliches Arbeitszeitmodell vorgeschlagen: »Ich arbeite jetzt von fünf bis zwölf Uhr im Büro und nehme mir den Nachmittag frei.« Und da hat er nur gesagt: »Mach, was du willst, solange du alles schaffst.«

Mein Erfolgsgeheimnis? Ich bin keine große Kämpferin. Ich glaube, ich erreiche vieles mit Gelassenheit, Ruhe und Energie. Ich überlege mir genau, was ich mache.

Mit den Finanzen soll es jetzt genau so werden. Eine Zeitlang waren wir beide zu beschäftigt, um uns um Geldanlagen zu kümmern. Wir haben ja das Grundstück gekauft, das Haus renoviert, und ich war dauernd weg und hatte zu tun.

Vor einem Jahr aber bin ich auf das Buch von Bodo Schäfer gestoßen: »Der Weg zur finanziellen Freiheit«. Das habe ich gelesen, mich furchtbar aufgeregt und mich gefragt, wo eigentlich unser ganzes Geld hingeht. Ich meine: Als mein Mann und ich noch beide berufstätig waren, haben wir zusammen sehr viel verdient. Und dieses Geld ist weg, einfach weg! Wir haben immer schöne Urlaube gemacht, waren gut essen, haben Klamotten gekauft, aber nie etwas zurückgelegt oder investiert.

»Lies das mal«, habe ich zu meinem Mann gesagt. »Wir müssen jetzt mal anfangen, uns um unser Geld zu kümmern.«

Komisch, dabei habe ich mich eigentlich immer für die Börse und für Wirtschaftsfragen interessiert. Ich sehe NTV, lese die *Wirtschaftswoche*. Aber das hatte nie etwas mit meinem Leben zu tun. Erst Bodo Schäfer hat mich auf den Trichter gebracht: Man muss lernen, mit dem eigenen Geld sinnvoll zu wirtschaften. Dann hat man mehr davon.

Ich verdiene zur Zeit rund 6000 Mark netto im Monat. Ich habe gerechnet und festgestellt, dass ich davon 900 Mark im Monat übrig habe. Die will ich jetzt in Investmentfonds stecken. Von dem Rest lebt die Familie und wird das Haus abbezahlt.

Meine finanziellen Ziele sind eigentlich ganz klar: Ich möchte irgendwann ein größeres Haus. Ich möchte eine gute Absicherung fürs Alter. Und ich möchte auch richtig gut leben.

Na, und dann gibt es noch ein paar Kleinigkeiten, die ich gern hätte: Ich hätte zum Beispiel unheimlich gerne einen Jaguar! Ja, das ist schon ein ziemlicher Luxus. Aber ich genieße es einfach, in einem schönen Auto zu fahren. Und wenn man dann als blonde Frau in so einer Nobelkarosse sitzt und die Männer schauen einem nach ... Das könnte mir schon gefallen.

Einfach als Ausgleich dafür, dass man als Frau so viel einstecken muss. Diese Männer mit ihren Seilschaften, die immer versuchen, dich zu überholen und an dir vorbeizuziehen! Für eine Frau ist es unheimlich schwierig, einen Chef zu finden, der sie mit nach oben zieht.

Doch ich lasse mich da nicht entmutigen. Ich mische den Laden schon noch auf! Ich möchte Managerin sein, möchte Menschen führen. Ich glaube, dass ich das besser kann als viele andere. Ich habe von meinen verschiedenen Chefs gelernt und fühle mich jetzt reif für eine Führungsposition.

Das habe ich auch im Betrieb schon klar gemacht: Wenn ich im nächsten Jahr nichts angeboten bekomme, wechsle ich den Job.

Ob meine Karriere ein Problem für die Beziehung ist? Keineswegs. Ich bewundere meinen Mann ja über alles. Wie er unseren Kleinen aufzieht, einfach toll! Ich habe den tollsten Mann der Welt.

Und er ist auch stolz auf mich. Mein Mann klopft mir immer auf die Schulter, wenn ich mal wieder einen Erfolg erzielt habe: »Gut gemacht«, sagt er. »Wann gibt's mehr Gehalt?«

Investmentfonds – der bequeme Weg zum Reichtum

*Wer hohe Renditen will, ohne selbst zur Börsenexpertin zu werden,
lässt Profis für sich arbeiten.*

Innerhalb von nur drei Jahren hat sich die Anzahl der BesitzerInnen von
Investmentfonds in Deutschland mehr als verdoppelt. Waren es 1997
noch 5,6 Millionen Deutsche, die Aktien und Fonds besaßen, so waren
es im Jahr 2000 schon 11,8 Millionen.[1]

Und auch die Anzahl der angebotenen Fonds stieg. Heute gibt es in
Deutschland etwa 4500 zugelassene Fonds mit den unterschiedlichsten
Anlageschwerpunkten, Zielen und Risikograden: vom inländischen
Geldmarktfonds mit geringen Kursschwankungen bis zum risikoreichen
High-Tech-Branchenfonds. Fast täglich kommen neue dazu. Wie soll
frau da den Überblick behalten? Wir sagen Ihnen, worauf es ankommt.

Investmentfonds sind gewissermaßen die »eierlegenden Woll-
milchsäue« der Geldanlage:

- Mit wenig Zeitaufwand
- beliebige Geldbeträge investieren,
- ohne wirtschaftliches Fachwissen,
- nervenschonend,
- und dabei Durchschnittsrenditen von 15 Prozent langfristig
  erzielen, das macht Spaß!

Die Investmentfonds-Idee ist ganz einfach: Mit Aktien sind die höchsten Renditen zu erzielen, haben wir festgestellt. Aber sie haben auch
hohe Risiken. Letztlich kann das einzelne Unternehmen pleite gehen,
und unser Geld ist weg.

Die Lösung heißt Diversifikation: Streuung des Kapitals auf viele Unternehmen. So wird das Risiko eines Totalverlusts durch die Chance hoher Gewinne der anderen Unternehmen aufgefangen.

Vorausgesetzt, Sie sind sehr reich, haben eine Million Euro flüssig,
dann können Sie Ihr Kapital auf viele Unternehmen streuen, zum Beispiel je 10 000 Euro in hundert gewinnversprechende Unternehmen
investieren.

Ist ein Unternehmen dabei, welches wirklich Konkurs macht (womit
Ihre 10 000 Euro verloren sind), so gibt es sicherlich ein anderes, wel-
ches sehr erfolgreich arbeitet und seinen Aktienkurs verdoppelt. Der
Verlust ist also ausgeglichen.

Nun haben die meisten Menschen nicht das nötige Kleingeld, um in 40 oder 50 Unternehmen zu investieren. Ganz abgesehen davon, dass es vielen von uns an Zeit und Wissen fehlt, die gewinnbringendsten Unternehmen auszusuchen.

Die Lösung: Wenn eine Person das alleine nicht kann, so kann man doch Gelder von mehreren Sparern sammeln und diese dann von einem professionellen Verwalter anlegen lassen. Das ist die Grundidee des Aktienfonds.

Modell eines internationalen Aktien-Investmentfonds

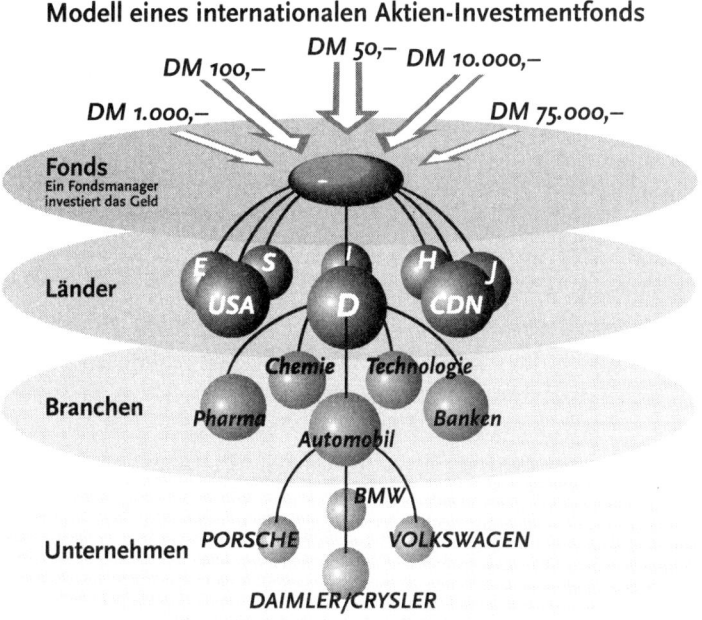

Hier im Beispiel eines internationalen Aktienfonds kann der Manager die vielversprechendsten Unternehmen in der ganzen Welt auswählen. Der Fonds hält vielleicht Aktien von 100 oder 200 Unternehmen.

Es ist unmöglich, Ihnen all die unterschiedlichen Fondsarten vorzustellen, die es heute am Markt gibt. Wir wollen uns auf die für Sie wichtigsten Fondstypen konzentrieren.

Sie erinnern sich noch an unsere Bemerkungen zu der »idealen Geldanlage« in Kapitel 6? Wir verglichen dort die Wahl der richtigen Geldanlage mit der Wahl des richtigen Verkehrsmittels: Je nach Ziel und Strekke ist ein anderes richtig.

Mit Fonds verhält es sich genauso. Der Fonds muss zu Ihnen und zu Ihren Zielen passen.

Die Sprintstrecke: Der Bäcker am Morgen

Zu Ihrem Bäcker sind Sie drei Minuten mit dem Fahrrad unterwegs. Gut, wenn frau ein Fahrrad hat!

Entsprechend gilt: Für finanzielle Nahziele – sei es der nächste Urlaub im Allgäu, neue Vorhänge für das Wohnzimmer oder der Wochenendkurs »Selbst-PR« – oder für die unvorhergesehenen Dinge des Lebens sollte eine Rücklage vorhanden sein. Hier ist ein

Geldmarktfonds

das geeignete Mittel. Es gibt fast keine Wertschwankungen. Die Rendite liegt bei drei bis vier Prozent. Der Geldmarktfonds ist also eine interessante Alternative zum Sparbuch, zumal hier keine Kündigungsfrist besteht. Der letzte Punkt gilt übrigens für alle hier vorgestellten Fonds.

Die Kurzstrecke: Stuttgart, die Staatsoper

Nun, auch dies ist, falls frau in Ludwigsburg lebt, keine große Entfernung und die Oper mit der S-Bahn in 20 Minuten zu erreichen.

Entsprechend sind für finanzielle Ziele, die etwas weiter entfernt liegen, sagen wir zwei bis drei Jahre,

Internationale Geldmarktfonds

gut geeignet. Das Risiko: Währungsschwankungen können auch kurzfristig einen großen Einfluss auf die Wertentwicklung haben. Steigt zum Beispiel der Dollar im Verhältnis zum Euro, so erzielen wir Gewinne; fällt er, sind's Verluste.

Dafür ist die Rendite mit drei bis sieben Prozent auch etwas höher.

Europäische Rentenfonds
könnten alternativ ins Depot. Sie kaufen Rentenpapiere der Euro-Zone.
Hier gilt: Je länger die Laufzeit der Papiere, desto höher die Zinsen. Desto höher aber auch das Risiko. Und die Rendite? Auch etwa drei bis sieben Prozent.

Die Mittelstrecke: Ingrid in Gaggenau

Je nach Verkehrslage sind wir hier schon mal ein bis anderthalb Stunden mit dem Auto unterwegs.

Finanzielle Ziele, die in etwas weiterer Ferne liegen, etwa drei bis fünf Jahre (wie die Reise auf der Route 66 durch Amerika, die neue Sitzgarnitur für das Wohnzimmer oder ein Aufbaustudium) sind mit

Internationalen Rentenfonds
zu erreichen. Wie bei internationalen Geldmarktfonds besteht ein Währungsrisiko. Aber wir können die Zinsdifferenzen zwischen den einzelnen Ländern ausnutzen und so eine Rendite von vier bis acht Prozent erreichen.

Möchten Sie etwas schneller ans Ziel kommen, müssen Sie auch ein etwas höheres Risiko eingehen: entweder etwas schneller fahren oder vielleicht eine Abkürzung nehmen. Mit einem

Mischfonds
wäre dies möglich. Mischfonds enthalten Aktien, Renten- und Geldmarktpapiere in unterschiedlichen Zusammensetzungen und sind somit gut geeignet, wenn Sie die Chancen der Aktien wahrnehmen, das Risiko aber etwas mindern möchten. Der Aktienanteil eines Mischfonds kann zwischen 20 und 80 Prozent liegen. Entsprechend liegen die Renditen zwischen sechs und zwölf Prozent, je nach Aktienanteil.

Die Langstrecke: München, der Kongress

Hier ist die Bahn das beste Verkehrsmittel, und der IC schafft es in der Regel auch in zweieinhalb Stunden.

Finanzielle Ziele, die Sie in sechs bis acht Jahren erreichen wollen, vielleicht das Eigenkapital für die eigene Wohnung, sollten Sie nicht mit dem Fahrrad anfahren. Hier sind

Internationale Blue-Chips-Aktienfonds

geeignet, die weltweit in Aktien großer Unternehmen, sogenannte Blue Chips, investieren. Durch die breite Streuung ergibt sich eine relativ hohe Sicherheit. Sie sollten sich aber im klaren darüber sein, dass Sie dieses Investment auf eine Dauer von mindestens sechs Jahren tätigen.

Das Risiko, zu spät zu kommen, ist auch bei der Bahn nicht ausgeschlossen: Ein defektes Stellwerk – und Sie stehen eine halbe Stunde vor Ulm. Da hilft kein Fluchen und Zetern, schlimmstenfalls kommen sie eben zu spät.

Analog: Schlimmstenfalls erreichen Sie die mögliche Rendite von acht bis zehn Prozent nicht in der vorgesehenen Zeit. Sie müssen dann die Wohnung ein, zwei Jahre später oder eine Nummer kleiner kaufen. Eine Garantie gibt es nicht.

Übrigens: Ein internationaler Aktienfonds, der in große Unternehmen investiert, ist ein Basisinvestment für jede längerfristig orientierte Anlegerin. Es gibt aber schon Hunderte verschiedener internationaler Aktienfonds. Welches ist der beste? Wenn Sie sich nicht entscheiden können, ist vielleicht ein

Dachfonds

die Lösung für Sie. Ein Dachfonds besteht aus bis zu 20 Einzelfonds unterschiedlicher Gesellschaften, die ein Manager nach festgelegten Kriterien zusammenstellt. Er kann entweder nur aus Aktienfonds zusammengesetzt sein oder eine Mischung von Aktien- und Rentenfonds enthalten. Sie können sich über einen Dachfonds schon mit kleinen Beträgen an sehr vielen Unternehmen beteiligen. Dachfonds sind quasi eine Vermögensverwaltung für kleine Vermögen.

Die Fernstrecke: Hongkong, der Traumurlaub

Da haben Sie einiges vor: Die Vorbereitung ist um einiges umfangreicher als beim Besuch der Freundin. Der Flug dauert Stunden, und unterwegs aussteigen geht nicht! Selbst bei leichten Turbulenzen, wenn die Stewardess Sie freundlich bittet, sich anzuschnallen, Ihnen der Kaffee auf dem Tablett überschwappt, Ihr Nachbar seltsam grün im Gesicht wird und Sie sich fragen, ob der brenzlige Geruch vorhin wirklich aus der Kochnische kam, Sie müssen sitzen bleiben.

Unterwegs zu langfristigen finanziellen Zielen kann es Ihnen ähnlich ergehen. Nicht nur Aktien können schwanken, natürlich auch Aktienfonds. Und auch da ist Aussteigen fast immer die schlechteste Strategie.

Zu den Gründen im nächsten Kapitel.

Das ideale Investmentfahrzeug zum Erreichen langfristiger Ziele – zehn bis 15 Jahre oder mehr – sind Aktienfonds:

Internationale Aktienfonds,
die auch in mittlere Unternehmen (Mid Caps) oder kleinere Unternehmen (Small Caps) investieren, oder in Wachstumswerte an den Neuen Märkten. Oder in einzelne Branchen wie Technologie, Pharma, Rohstoffe. Oder auch Fonds, die in einzelne Länder oder Regionen, wie Südostasien oder Osteuropa, investieren.

Allgemein gilt: Je spezieller der Fonds, desto größer das Risiko! Wertschwankungen von 20, 30, 50 Prozent und mehr sind bei solchen stark auf Branchen, Themen oder Regionen konzentrierten Fonds möglich, vor allem dann, wenn Sie alles auf eine Karte setzen. Als Anfängerin auf dem Börsenparkett sollten Sie sich an internationale Fonds oder Fonds, die in Europa investieren, halten.

Interessante Spezial-Fonds

Sie kennen nun passende Fonds für jedes Investmentziel. Aus der Fülle der am Markt angebotenen Fondsarten möchten wir Ihnen sechs Fondsarten vorstellen, die für die schon etwas fortgeschrittenere Anlegerin interessant sein können.

High-Yield-Fonds
Dies sind Fonds, die in Rentenpapiere aus Ländern oder von Unternehmen mit einem erhöhten Risiko investieren, zum Beispiel aus osteuropäischen Ländern oder Südamerika. Sollten Sie an diesen Investments interessiert sein, ist ein Fonds einer Direktanlage sicherlich vorzuziehen. Denn das Risiko, dass eine Anleihe aus Argentinien oder der Ukraine nie mehr zurückgezahlt wird, ist hoch. Dies wird durch eine höhere Rendite von bis zu zwölf Prozent kompensiert. Entsprechend sind diese Anlagen auch nur für längere Zeiträume gedacht.

Wandelanleihenfonds
Eine Wandelanleihe (Convertible Bond) ist eine verhältnismäßig niedrig verzinste Unternehmensanleihe, die Ihnen das Recht einräumt, die Anleihe nach einem vorher festgelegten Umtauschverhältnis in die zugrunde liegende Aktie umzuwandeln. Sie haben also die Wahl, ob Sie bei gut laufender Börse die Anleihe in die Aktie wandeln, oder bei schlecht lau-

fender eben die Zinsen kassieren. Sie können so die Renditechancen von risikoreichen Aktien nutzen, können aber kaum verlieren, da sie ja im negativen Falle nicht umwandeln müssen.

Im Falle von Wandelanleihenfonds trifft der Fondsmanager die Entscheidung, ob im Einzelfall gewandelt wird oder nicht. Auch diese Fonds sind für mittel- bis längerfristige Anlagen gedacht und bringen Renditen von sechs bis neun Prozent.

Offene Immobilienfonds
investieren etwa zwei Drittel des Fondsvermögens in Immobilien, also in Sachwerte, und etwa ein Drittel in festverzinsliche Wertpapiere, um jederzeit genügend liquide Mittel für Auszahlungen zur Verfügung zu haben.

Die Rendite ist mit vier bis fünf Prozent sehr niedrig. Es besteht jedoch fast kein Risiko. Ein Vorteil gegenüber Rentenfonds besteht in der steuerlichen Behandlung: etwa 60 bis 70 Prozent der Rendite ist steuerfrei.

Ökofonds
Vor allem Frauen ist es oft sehr wichtig, dass ihr Geld ökologisch sinnvoll investiert wird. Nicht nur Rüstungsindustrie und Kinderarbeit sind tabu, der ganze Produktionsprozess sollte umweltgerecht und sozialverträglich gestaltet sein. Nachhaltigkeit ist gefragt. Gerade Fondsgesellschaften haben hier die Möglichkeit, Einfluss geltend zu machen und Standards zu setzen. Und die Renditen müssen sich nicht hinter »normalen« Fonds verstecken, im Gegenteil! Längerfristig sind auch hier neun bis zwölf Prozent erreichbar.

Es gibt mehrere Anbieter von Ökofonds. Wegweisend waren und sind die Fonds der Schweizer Privatbank Sarasin. Die Familie Sarasin ist seit der Gründung der Bank im Jahre 1841 dem Naturschutz verpflichtet und Paul Sarasin war es auch, der 1909 den Schweizerischen Bund für Naturschutz gründete.

Indexfonds
versuchen, einen bestimmten Index genau nachzubilden. Ein Indexfonds, der in den Deutschen Aktienindex (DAX) investiert, hat also genau die 30 Werte des DAX im Depot und möglichst in der gleichen Gewichtung wie der DAX. Von Vorteil für Sie ist, dass Sie immer genau wissen, in welche Werte Ihr Fonds investiert ist. Der Nachteil: Ihr Fonds

kann nie besser als der Index sein. Und dies ist das Ziel der meisten Fondsmanager, welches viele auch erreichen. Die Transaktionskosten (im nächsten Kapitel kommen wir darauf zu sprechen) bedingen, dass der Indexfonds immer etwas schlechter als der Index abschneidet.

Garantiefonds
haben im Gegensatz zu allen anderen genannten Fonds eine feste Laufzeit. Zum Laufzeitende (nach sieben bis zehn Jahren) wird Ihnen die Rückzahlung Ihres eingezahlten Geldes oder eine vereinbarte Verlustbegrenzung (zum Beispiel 90 Prozent) garantiert.

Das klingt erst einmal gut. Aber es gibt nichts umsonst, und die Garantie kostet Geld – Ihr Geld. Meist wird der größte Teil des Geldes in risikoarme festverzinsliche Wertpapiere gesteckt, die bis zum Ablauf die garantierte Summe ergeben, und der Rest wird am Aktienmarkt investiert. An den Gewinnen sind Sie jedoch nur zum Teil beteiligt. Und: Falls Sie Ihr Geld vorzeitig benötigen, verfällt die Garantie.

Wir halten dieses Produkt für ungeeignet. Die sinnvollere Alternative: Sie streuen ihr Geld auf verschiedene Anlagen.

Neben den genannten Fondskategorien gibt es noch eine große Zahl unterschiedlichster Fonds, die alle zu behandeln den Rahmen dieses Kapitels sprengen würde. Im Literaturverzeichnis finden Sie Hinweise zu weiterführenden Büchern.

Wo können Sie Fonds kaufen?

Es gibt verschiedene Möglichkeiten:

- Bei unabhängigen FinanzplanerInnen und FinanzdienstleisterInnen: Hier ist in der Regel die Auswahl am größten und eine unabhängige Beratung gewährleistet.
- Bei Geschäftsbanken: Hier werden Ihnen in der Regel hauseigene Fonds angeboten; auf Nachfrage erhalten Sie auch Fonds anderer Gesellschaften.
- Bei Direktbanken: Hier können Sie aus einem großen Spektrum auswählen, erhalten aber keine Beratung. Das heißt, Sie müssen wissen, was Sie wollen.

Was kosten Fonds?

Sie müssen mit folgenden Kosten rechnen:

Der Ausgabeaufschlag
ist eine Gebühr zwischen null und sechs Prozent. Sie ist beim Kauf des Fonds zu zahlen und wird von Ihrem Anlagebetrag abgezogen. Geldmarktfonds sollten keinen Ausgabeaufschlag haben, Rentenfonds drei bis 3,5 Prozent, Aktienfonds vier bis sechs Prozent. Direktbanken bieten Fonds oft mit reduzierten Ausgabeaufschlägen an.

No-load-Fonds sind Fonds ohne Ausgabeaufschlag, aber mit einer höheren Managementgebühr. Somit sind sie für kürzere Zeiträume eher geeignet; längerfristig ist es meist sinnvoller, den Ausgabeaufschlag zu zahlen und dadurch eine niedrige Managementgebühr zu haben. Manche Fonds bieten sogenannte B-Shares an, das heißt: Sie zahlen keinen Ausgabeaufschlag, dafür aber eine gestaffelte Rücknahmegebühr, falls Sie den Fonds in den nächsten vier Jahren verkaufen. Oft ist auch hier die Managementgebühr höher als bei A-Shares, deshalb sollten Sie beides vergleichen.

Die Managementgebühr
beträgt abhängig vom Fondscharakter null Prozent bei Geldmarktfonds, bis zu zwei Prozent bei Branchenfonds.

Eine Erfolgsbeteiligung
wird bei manchen Fonds noch zusätzlich in Rechnung gestellt. Diese ist in der Regel abhängig von der Fondsrendite. Sie zahlen zum Beispiel 15 Prozent Erfolgsbeteiligung auf den Teil der Rendite, der sechs Prozent übersteigt.

Die Depotbankgebühr
fällt bei manchen Fonds noch zusätzlich an.

Eine ganze Menge, werden Sie jetzt denken. Aber eines sollte klar sein: Niemand verwaltet und vermehrt Ihr Geld umsonst. Und Sie erwarten ja auch eine überdurchschnittliche Leistung: Die Kosten müssen in Relation zu den Gewinnen stehen.

Und wie ist das mit den Steuern?
Die steuerliche Behandlung von Fonds ist abhängig von den Vermögenswerten im Fonds: Handelt es sich um Aktien, so sind die Dividenden steuerpflichtig. Verkaufen Sie den Fonds innerhalb der Spekulationsfrist von einem Jahr, sind auch die erzielten Kursgewinne steuerpflichtig.

Handelt es sich um Rentenpapiere, sind die Zinserträge steuerpflichtig. Bei Immobilien sind die Renditen nach zehn Jahren steuerfrei.

Wie hoch ist die Mindesteinzahlsumme?

Sie haben bei Investmentfonds die Möglichkeit, einmalige Einzahlungen zu tätigen, oder Sie eröffnen einen Sparplan und zahlen monatlich ein. Bei Einmalzahlungen sind die Mindestsummen sehr unterschiedlich, von 1000 bis zu 10 000 Mark, je nach Gesellschaft. Es gibt aber auch Gesellschaften, die schon mit 100 Mark pro Monat einen Sparplan für Sie einrichten.

Vermögensaufbau mit Investmentfonds

Somit sind Investmentfonds das ideale Mittel für den Vermögensaufbau. Sie können damit

- für bestimmte Anlageziele sparen,
- für die Ausbildung Ihrer Kinder sparen,
- die vermögenswirksamen Leistungen sparen (siehe unten),
- die Tilgung Ihrer Baufinanzierung ansparen,
- Mietkautionen hinterlegen und vermehren,
- mit monatlichen Zahlungen eine private Rente aufbauen
- und sich später über einen Entnahmeplan die monatliche Rente auszahlen lassen.

Und Sie profitieren bei monatlichen Einzahlungen noch von einem ganz bestimmten Effekt:

Der Cost-Average-Effekt

Zahlen Sie Monat für Monat einen bestimmten Betrag, zum Beispiel 100 Euro, dann kaufen Sie jeden Monat eine bestimmte Menge von Fondsanteilen.

Steigt der Preis der Anteile, dann erhalten Sie für Ihre 100 Euro weniger Anteile. Fällt der Preis der Anteile, dann erhalten Sie mehr Anteile. Und da der Anteilspreis des Fonds ebenso wie die Kurse der Aktien im Zeitverlauf schwankt, haben Sie immer wieder die Möglichkeit, billiger einzukaufen. Sie senken damit Ihre Durchschnittskosten.

Übrigens: Diesen Effekt können Sie selbstverständlich auch in gewissem Maße bei einer größeren Einmalzahlung haben. Beispiel: Sie möchten 30 000 Euro in einen Aktienfonds investieren, sind sich aber unsicher über die künftige Börsenentwicklung. Teilen Sie den Betrag in drei Teile und investieren Sie 10 000 Euro gleich, 10 000 Euro in ein bis zwei Monaten und die letzten 10 000 Euro in zwei bis vier Monaten. Steigen die Kurse, haben Sie heute noch günstig gekauft; fallen die Kurse, haben Sie die Möglichkeit, noch günstiger einzusteigen.

Vermögenswirksame Leistungen

Unternehmen und der Staat fördern den Sparwillen der Angestellten. Viele Betriebe zahlen ihren ArbeitnehmerInnen freiwillig oder aufgrund tarifvertraglicher Regelungen vermögenswirksame Leistungen. Darunter versteht man einen monatlichen Zuschlag zum Gehalt, der nicht zum Ausgeben, sondern zum Anlegen gedacht ist: 26 Mark, 52 Mark, 78 Mark, je nach Unternehmen.

Wenn Sie nicht zu den Großverdienerinnen gehören, kommt noch ein Bonbon dazu: die Arbeitnehmer-Sparzulage. Damit belohnt der Staat Ihren Sparwillen, vorausgesetzt, sie verwenden das Geld zur »Beteiligung am Produktivvermögen«, das bedeutet, Sie zahlen es in einen Investmentfonds oder Sie besparen damit einen Bausparvertrag.

Im Falle des Bausparvertrags erhalten Sie eine jährliche staatliche Arbeitnehmer-Sparzulage von zehn Prozent auf die eingezahlten Beiträge, die maximal 936 Mark betragen dürfen. Im Falle des Fondssparens erhalten Sie 20 Prozent auf Einzahlungen von maximal 800 Mark im Jahr. Es fließen in diesem Fall also pro Jahr zusätzlich 160 Mark auf Ihr Konto. Anspruch auf Arbeitnehmer-Sparzulage haben Sie bei einem zu versteuernden Einkommen von 35 000 Mark als Single und 70 000 Mark als verheiratetes Paar. Im Anhang finden Sie eine Tabelle, die Ihnen hilft, aus Ihrem Bruttojahresgehalt das zu versteuernde Einkommen abzulesen.

UNSER TIPP: Falls Sie Anspruch auf Arbeitnehmer-Sparzulage haben, so können Sie beide Sparformen nutzen. Und das geht so: Die vermögenswirksamen Leistungen des Arbeitgebers zahlen Sie in den Bausparvertrag. Sind es weniger als 78 Mark monatlich, können Sie den Betrag selbst aufstocken. Sie erhalten dann eine jährliche Zulage von 94 Mark.

Zusätzlich zahlen Sie 67 Mark monatlich aus eigener Tasche in einen vermögenswirksamen Fondssparplan und erhalten jährlich 160 Mark Sparzulage dafür, zusammen also 274 Mark. Sind Sie verheiratet, so können Sie die Beiträge verdoppeln und erhalten 548 Mark pro Jahr.

Und falls Sie in den neuen Bundesländern wohnen, erhalten Sie sogar 25 Prozent auf die Einzahlungen in den Aktienfonds, also 200 Mark jährlich.

Aber auch wenn Sie keine Arbeitnehmer-Sparzulage erhalten, weil Ihr Gehalt oberhalb der Verdienstgrenze liegt, sollten Sie auf die vermögenswirksamen Leistungen Ihres Arbeitgebers nicht verzichten.

Denn: Die vermögenswirksamen Leistungen eignen sich geradezu ideal für die Vermögensbildung mittels Aktienfonds, und zwar in jeder Lebenssituation. Falls Sie bisher noch nicht in Aktien investiert haben, ist dies die beste Möglichkeit, erste Erfahrungen zu sammeln. Und falls Sie schon aktienerfahren sind, dann wissen Sie: Es gibt keine bessere Anlageform! Investmentfonds sind einfach der bequeme Weg zum Reichtum.

Und jetzt wird gelebt!

Wenn Sie dann irgendwann ein größeres Vermögen Ihr eigen nennen und beschließen, ab heute von Ihrem Vermögen zu leben, dann ist dies genauso einfach zu managen wie das Ansparen. Dafür gibt es nämlich den ENTNAHMEPLAN. Sie lassen sich von der Fondsgesellschaft eine monatliche »Privatrente« überweisen.

Ein Beispiel soll Ihnen dies verdeutlichen: Anna hat von Oktober 1970 bis Oktober 2000 monatlich 100 Mark in den Templeton Growth Fund, einen internationalen Aktienfonds, eingezahlt. Im Oktober 2000 beträgt ihr Fondsguthaben 533 281 Mark. Anna vereinbart jetzt eine monatliche Entnahme von sieben Prozent des Guthabens; das heißt: Es werden ihr jeden Monat 3015 Mark auf ihr Girokonto überwiesen.

Und Annas Fondsguthaben? Sollte sich der Fonds nur annähernd so gut weiter entwickeln, wie er das in der Vergangenheit getan hat, so wird ihr Guthaben weiter wachsen. Nur nicht ganz so schnell wie bisher.

Die Vorteile von Investmentfonds

möchten wir abschließend nochmals zusammenfassen:

Diversifikation = Streuung

- Sie kaufen gleich einen ganzen Korb voller Aktien auf einmal.
- Sie senken damit das Risiko.
- Sie benötigen keine großen Kapitalbeträge, um Ihr Investment breit zu streuen.
- Sie sind mit geringen Beträgen an 50 oder 100 Gesellschaften beteiligt.

Professionelles Management

- Sie sparen Zeit.
- Sie überlassen die Auswahl der Aktien einem Fondsmanager.
- Der Fondsmanager hat Informationen, die Sie nicht haben.
- Sie profitieren von diesem Informationsvorsprung.
- Ihr Fondsmanager hat das gleiche Ziel wie Sie: Einen möglichst hohen Wertzuwachs zu erzielen.

Günstige Konditionen

- Investmentfonds erzielen bei An- und Verkauf von Aktien Preisvorteile.
- Investmentfonds werden steuerlich bevorzugt behandelt: Kursgewinne sind auch dann steuerfrei, wenn der Fondsmanager sie innerhalb der Spekulationsfrist von einem Jahr erzielt. (Nur wenn Sie selbst den Fonds innerhalb der Spekulationsfrist verkaufen, zahlen Sie auf die Kursgewinne Steuern.)
- Investmentfonds kommen bei Neuemissionen eher zum Zug als der Privatanleger.

Komfort

- Sie sparen Nerven.
- Sie müssen Ihr Investment nicht täglich verfolgen.
- Sie können die Wertentwicklung Ihres Fonds täglich in den Medien verfolgen, und zwar ausgedrückt in einer einzigen Zahl, dem Anteilswert.
- Sie müssen sich nicht um die Wiederanlage der Dividenden und Zinszahlungen kümmern.
- Sie können einen Fonds gemäß Ihrer persönlichen Risikobereitschaft und nach Ihrem Geschmack aus über 4500 Fonds auswählen.

Die erste Million ist die schwerste

Doch danach weist die Gewinnkurve steil nach oben.
Wie die Zeit für uns arbeitet.

Philip ist heute 20 Jahre alt und Student. Als Sohn einer vorsorgenden Mutter hat er nicht nur seit seiner frühesten Kindheit einen Fondssparplan, der ihm heute sein Studium finanziert, sondern seit seinem 19. Geburtstag auch einen Sparplan, der ihm das Thema Rentenvorsorge abnimmt. Mit 19 Jahren schon an den Ruhestand zu denken, halten Sie, liebe Leserin, vielleicht für überzogen. Wir nicht!

Philip zahlt monatlich 100 Mark (51 Euro) in seinen Fondssparplan ein. Mit 60, also nach 41 Jahren, kann er bei einer jährlichen Rendite von zwölf Prozent mit 1 088 940 Mark rechnen – mehr als eine Million Mark! (In Euro etwas mehr als eine halbe Million: 556 766 Euro.)

Finge Philip erst heute, also mit 20 Jahren, zu sparen an, würde er bei gleicher Rendite mit 60 Jahren 971 137 Mark (496 534 Euro) erhalten. Ein Jahr Warten kostet ihn 117 803 Mark (60 231 Euro)!

Verblüffend? Es kommt noch besser: Ein amerikanischer Aktienfonds, den es seit 1928 gibt, der Pioneer Fund, hat in diesem Zeitraum bis heute eine Durchschnittsrendite von 14,5 Prozent pro Jahr erzielt. Sollte sich die langfristige Entwicklung an den Aktienmärkten fortsetzen, so würde Philip bei dieser Rendite-Annahme nach 41 Jahren 1 954 970 Mark (bzw. 999 560 Euro) erhalten. Ein Jahr mit dem Sparen zu warten, brächte ihm dann ein Minus von 241 200 Mark (123 326 Euro) ein.

Doch müssen wir noch die Inflation berücksichtigen, wie wir im vorigen Kapitel gelernt haben: Unter der Annahme einer durchschnittlichen Inflationsrate von drei Prozent entspricht Philips Guthaben von 1,95 Millionen Mark nach 41 Jahren real »nur« 582 000 Mark (297 752 Euro). Eine Entnahme von sieben Prozent Rendite jährlich ergibt jedoch immerhin eine Zusatzrente in Höhe von 3400 Mark (1738 Euro) nach heutigem Geldwert.

Zwei wichtige Erkenntnisse werden uns an diesem Beispiel klar:

♦ Erstens: Die Zeit spielt eine große Rolle beim Vermögensaufbau: Nicht genutzte Zeit beim Vermögensaufbau ist nie mehr aufzuholen.

♦ Zweitens: Kleine Renditeunterschiede haben eine große Wirkung!

Die drei Faktoren des finanziellen Erfolgs

Wie können Sie für sich persönlich diese Erkenntnisse umsetzen? Mit Ihrer persönlichen Vermögens-Aufbau-Formel. Denn es sind nur drei Faktoren, die Ihren finanziellen Erfolg bedingen:

$$\text{Vermögen} = \text{Geld} \times \text{Zeit} \times \text{Ertrag}$$

Geld muss sein

Sie können es drehen und wenden, wie Sie wollen: Um ein Vermögen aufzubauen, brauchen Sie zunächst Geld. Geld, das Sie sparen. In unserer Konsumgesellschaft ist Sparen nicht gerade in. Aber – denken Sie an Petras Lernfortschritt aus Kapitel 5: Reich können wir nur werden von dem Geld, welches wir nicht ausgeben! »Aus nichts wird nichts«, das weiß sogar der Volksmund.

Je mehr Zeit, desto besser!

Aber schon aus kleinen Beträgen kann viel werden. Vorausgesetzt, wir haben Zeit. Wie sich die Zeit auswirkt, zeigt nochmals die folgende Geschichte:

Zwei 20jährige Freundinnen, Sarah und Lisa, fangen zusammen beim gleichen Unternehmen an: der erste Job. Lisa ist begeistert: endlich eigenes Geld! Das bedeutet für sie schicke Kleider, Kosmetik, Ausgehen ... Am Monatsende ist nichts übrig. Aber was soll's? Sie ist ja noch so jung!

Sarah, immer schon der solidere Typ, schließt dagegen einen Sparplan ab. Monatlich zahlt sie 150 Mark in einen Fonds. »Verglichen mit meiner Ausbildungszeit verdiene ich ja jetzt mehr als das Doppelte«, meint sie. »Da muss ich nicht alles ausgeben.«

Zehn Jahre später: Sarah hat geheiratet und erwartet das erste Kind. Sie wird Elternzeit nehmen. Und da dann das Familieneinkommen etwas knapp wird, stoppt sie den Sparplan. Insgesamt hat sie in der Zwischenzeit 18 000 Mark eingezahlt. Sie lässt das Geld im Fonds und kümmert sich nicht weiter darum.

Auch Lisa wird erwachsen. »Langsam wird es Zeit«, denkt sie. »Vielleicht sollte ich auch mal etwas für meine Altersvorsorge tun.« Sie nimmt sich ein Beispiel an Sarah und zahlt von nun an 150 Mark monatlich in einen Fonds ein. Das tut sie 30 Jahre lang, bis sie 60 ist. 54 000 Mark zahlt sie insgesamt ein.

Und nun die entscheidende Frage: Wer, denken Sie, hat mit 60 Jahren das größere Vermögen? Sarah, die zehn Jahre lang eingezahlt hat und dann das Geld 30 Jahre lang arbeiten ließ? Oder Lisa, die 30 Jahre lang einzahlte? Das verblüffende Ergebnis:

Sarahs Vermögen	998 415 Mark
Lisas Vermögen	458 290 Mark

Hätten Sie mit einem solchen Unterschied gerechnet? Sarah hat mit 60 mehr als doppelt so viel wie Lisa. Dabei hat sie nur ein Drittel eingezahlt. Aber: Sarah hat ihrem Geld die nötige Zeit gegeben, die es brauchte, um zu wachsen!

Was Sie daraus lernen können: Je mehr Zeit Sie haben, umso weniger Geld müssen Sie sparen. Die folgende Tabelle zeigt Ihnen das ganz deutlich. Nutzen Sie also Ihre Zeit! Beginnen Sie heute!

Die Zeitsparkasse

Annahme: Sie möchten eine Million Euro Vermögen erreichen, und rechnen mit einer Jahresrendite von zwölf Prozent. Wie viel müssen Sie sparen bei unterschiedlichen Zeiträumen?

Sie haben	Sie müssen sparen
10 Jahre Zeit	monatlich 4501 Euro
20 Jahre Zeit	monatlich 1096 Euro
30 Jahre Zeit	monatlich 327 Euro
40 Jahre Zeit	monatlich 103 Euro
50 Jahre Zeit	monatlich 33 Euro

Auf den Ertrag kommt's an

Sie sehen: So schwer ist es gar nicht bis zur ersten Million, vorausgesetzt, Sie fangen früh an – und Sie erzielen einen hohen Ertrag!

Zwölf Prozent Rendite mag Ihnen recht hoch erscheinen. Vor allem dann, wenn Sie bisher Ihr Geld eher konservativ angelegt haben. Doch, wie wir bereits gesehen haben, kann die langfristige Rendite eines guten Aktienfonds bei 14,5 Prozent liegen. Und selbst der deutsche Aktienindex schaffte in den letzten 20 Jahren eine Durchschnittsrendite von zwölf Prozent. Für Ihren langfristigen Vermögensaufbau sollten Sie sich mit weniger nicht zufrieden geben!

Natürlich gehört etwas Mut dazu, sein Geld – zumindest einen Teil seines Geldes – am Aktienmarkt zu investieren. Aber dieser Mut wird belohnt, wie die nächste Tabelle zeigt. Denn: Je mehr Rendite Sie erzielen, umso weniger Zeit brauchen Sie, um reich zu werden.

Mit 100 Euro zum Millionär

Sie investieren monatlich genau 100 Euro. Wie lange es jeweils dauert, bis Sie mit unterschiedlichen Anlageformen eine Million Euro erreichen, sehen Sie hier:

Anlageform	Rendite	So lange müssen Sie sparen
Sparbuch	3 %	110 Jahre
Lebensversicherung	6 %	67 Jahre
Deutscher Aktienfonds	9 %	50 Jahre
Internationaler Aktienfonds	12 %	40 Jahre
Top-Aktienfonds	15 %	34 Jahre

Der Zinseszinsfaktor

Der Faktor, der die Zeit so optimal für Sie arbeiten lässt, heißt Zinseszinsfaktor: Die Rendite eines Jahres wird nicht entnommen, sondern wird dem eingesetzten Kapital hinzugerechnet. Im nächsten Jahr erhalten Sie eine Rendite auf diese Summe. Die wird wiederum hinzugerechnet, und so geht das immer weiter.

Dieser Faktor bewirkt Wunder. Besitzen Sie zum Beispiel 10 000 Euro, so verdoppelt sich Ihr Geld

◆ bei 3 % Rendite in 24 Jahren,
◆ bei 6 % Rendite in 12 Jahren,
◆ bei 9 % Rendite in 8 Jahren
◆ und bei 12 % Rendite in 6 Jahren.

Nun sehen Sie auch, warum es heißt: Die erste Million ist die schwerste. Denn: Selbst bei zwölf Prozent Rendite dauert es 40 Jahre, bis Ihre 10 000 Euro zu einer Million Euro angewachsen sind. Aber dann brauchen Sie nur noch sechs Jahre, bis sie zwei Millionen Euro im Depot haben. Die zweite Million ist wesentlich einfacher zu erreichen.

Check 7: Ihr optimaler Vermögensmix

Der siebte Schritt: Vom Ist zum Soll!

In Kapitel 5 haben Sie Ihre Vermögensbilanz erstellt. Ganz sicher sind Ihnen beim Weiterlesen schon einige Ideen zur Verbesserung Ihrer Geldanlagen gekommen. Nun wollen wir diese umsetzen.

Ihr optimaler Vermögensmix sollte ganz individuell Ihrer Situation und Ihren Zielen entsprechen. Er ist somit einmalig – kein Kostüm von der Stange.

Der Aufbau eines Vermögens ist eine ziemlich spannende Angelegenheit. Denn in dem Maße, in dem Sie sich damit beschäftigen, lernen Sie. Und in dem Maße, wie Sie lernen, werden Sie sicherer. Und in dem Maße, in dem Sie sicherer werden, werden Sie besser mit Risiken umgehen. Sie werden Ihr bisheriges Verhalten überdenken und verändern. Mit anderen Worten: Sie wachsen mit Ihren Geldanlagen.

Zur Klarstellung: In diesem Abschnitt und beim Ausfüllen der folgenden Checklisten geht es um Ihr Geldvermögen, also nicht um Ihre Eigentumswohnung oder Ihr Haus oder sonstige Vermögenswerte.

Ein optimaler Vermögensmix setzt sich zusammen aus folgenden Anlage-Gruppen:

1. Kurzfristige Anlagen mit geringem Risiko:

- Geld, welches Sie im Laufe des nächsten Jahres benötigen, sei es für den Sommerurlaub, für die neue Waschmaschine et cetera.
- Ihr Sicherheitspolster für unvorhergesehene Dinge. Für kurzfristige Anlagen eignen sich: Geldmarktfonds, Sparbücher, Festgeld, Tagesgeld.

2. Mittelfristige Anlagen mit mittlerem Risiko:

- Geld, welches sie in den nächsten drei bis fünf Jahren benötigen: für das neue Auto, neue Möbel, eine Ausbildung, die Traumreise, das Eigenkapital für die Eigentumswohnung. Für mittelfristige Anlagen eignen sich: internationale Rentenfonds, Wandelanleihenfonds, internationale und europäische Mischfonds, festverzinsliche Wertpapiere.

3. Längerfristige und langfristige Anlagen mit höherem Risiko

- ◆ Geld, welches Sie für längerfristige Ziele anlegen: zur Altersvorsorge, für die Ausbildung der Kinder et cetera. Anlagezeit-
raum ab fünf Jahren. Für längerfristige Anlagen eignen sich:
Internationale Aktienfonds, Aktien, Dachfonds. Für langfristige Anlagen: fondsgebundene Lebens- oder Rentenversicherungen, Branchenfonds, Länderfonds.

Um Vermögen aufzubauen, brauchen Sie Anlagen in der Gruppe 3. Und
das ist unabhängig von Ihrer Risikostruktur! Ihre Risikostruktur (siehe
Check 6 aus dem vorigen Kapitel) gibt lediglich Aufschluss über die
Gewichtung der Gruppe 3 innerhalb Ihres gesamten Portfolios. Dazu
unten mehr.

Die Ist-Tabelle

Nun ist es an der Zeit, Ihre Vermögensbilanz etwas genauer unter die Lupe zu nehmen. Entspricht die Aufteilung Ihres Vermögens Ihren Zielen? Bitte tragen Sie die einzelnen Geldanlagen, die Sie haben, in die folgende Ist-Tabelle ein:

Kurzfristige Anlagen

(z.B. Girokonto, Sparbuch, Geldmarktfonds, Festgeld)

	Summe (in DM oder Euro)	Gesamt
....	....	
....	....	
....	....	
....	....	....

Mittelfristige Anlagen

(z.B. Festverzinsliche Papiere, Rentenfonds)

....	....	
....	....	
....	....	
....	....	....

Längerfristige Anlagen

(z.B. Aktien, Aktienfonds, Lebensversicherungen, Bausparverträge)

....	....	
....	....	
....	....	
....	....	....

Summe des Vermögens   ....

Nun ein kleiner Check

- KURZFRISTIGE ANLAGEN haben eine Rendite zwischen zwei und vier Prozent. Auch bei Ihnen? Manche Direktbanken bieten höhere Zinsen für Sparbücher oder Festgelder. Warum sollten Sie davon nicht auch profitieren?
- MITTELFRISTIGE ANLAGEN haben eine Rendite zwischen vier und acht Prozent. Auch bei Ihnen? Bei jedem Einkauf vergleichen Sie und suchen das beste Preis-Leistungs-Verhältnis – warum nicht auch hier?
- LÄNGERFRISTIGE ANLAGEN haben eine Rendite zwischen acht und zwölf Prozent und
- LANGFRISTIGE ANLAGEN können über zwölf Prozent Rendite erzielen. Sie sollten sich für Ihren langfristigen Vermögensaufbau nicht mit weniger zufrieden geben.

Nun kann es durchaus sein, dass Sie unter den langfristigen Anlagen Lebensversicherungen, Bausparverträge oder andere Anlagen haben, die nicht die hier angegebenen Renditen erreichen. Falls Sie damit zufrieden sind, bleiben Sie dabei. Falls Sie mit den Renditen unzufrieden sind, beraten Sie sich mit einer Finanzplanerin Ihres Vertrauens, bevor Sie bestehende Verträge vorschnell und mit Verlusten kündigen.

Und nun der Schritt vom Ist zum Soll
Teilen Sie Ihr Vermögen entsprechend Ihren Wünschen und Zielen auf!

Wie viel sollte kurzfristig zur Verfügung stehen?
Sind größere Anschaffungen geplant? Welche? Und wie viel Geld hätten Sie gern als Sicherheitsreserve zur Verfügung? Anhaltspunkt: ein oder zwei Monatsgehälter als Sicherheitsreserve genügen in der Regel!

Wie viel brauchen Sie mittelfristig?
Sie wissen noch aus Check 6, welcher Risikotyp Sie sind? Sind Sie Typ A oder B? Dann liegt hier der Schwerpunkt Ihres Vermögens.

Und zwar in festverzinslichen Anleihen, Bundesschatzbriefen, Rentenfonds, Immobilienfonds sowie Mischfonds mit geringem Aktienanteil.

Und langfristig?

Aber reich werden Sie nur, wenn Sie auch Anlagen im langfristigen Bereich haben, also Aktienfonds, Dachfonds, Aktien, fondsgebundene Lebens- und Rentenversicherungen. Als Risikotyp A oder B haben Sie hier nur einen kleineren Teil Ihres Vermögens liegen, 20 bis 40 Prozent. Als Risikotyp C oder D haben Sie hier den größeren Teil, 60 bis 80 Prozent.

Aber niemals das ganze Vermögen! Denn Aktien und Aktienfonds sind – wir wiederholen es nochmals – langfristige Investments. Und falls Sie kurzfristig Geld brauchen, kann es sehr gut sein, dass Sie Ihre Fonds oder Aktien mit Verlust verkaufen müssen – das ist nicht erfreulich.

Die Soll-Tabelle

Kurzfristige Anlagen	Summe (in DM oder Euro)	Gesamt
....	....	
....	....	
....	....	
....	....	....

Mittelfristige Anlagen		
....	....	
....	....	
....	....	
....	....	....

Längerfristige Anlagen		
....	....	
....	....	
....	....	
....	....	....

Summe des Vermögens		
		....

Wir sind überzeugt: Zwischen Ist und Soll bestehen ganz schöne Unterschiede. Nun ist es Ihre Aufgabe, hier entsprechend umzuschichten.

Diese Aufstellung ist natürlich nichts Endgültiges. Unvorhergesehene Ausgaben können die kurzfristigen Gelder schnell aufbrauchen. Dann müssen aus den mittelfristigen Anlagen Gelder umgeschichtet werden.

Aber die langfristigen Anlagen, die für Ihre Altersvorsorge und für »die wichtigen Dinge im Leben« vorgesehen sind, die sollten nicht angegriffen werden.

8. FRAUEN EROBERN DIE BÖRSE

Dagobertas zocken nicht!

Wie Dagobertas mit der richtigen Strategie an der Börse gewinnen.

Die Börse! Im Winter 1999 und noch im Frühling 2000 war sie Synonym für grenzenlose Gewinne. Aktienkurse vervielfachten sich innerhalb weniger Tage. So verdreifachte sich die Aktie des Internetportals Yahoo von Oktober bis Dezember 1999 von 80 auf 240 Euro, das Software-Unternehmen Oracle vervierfachte den Aktienkurs von November 1999 bis Ende Januar 2000 von zehn auf 40 Euro, und selbst die Deutsche Telekom legte von Oktober 1999 bis März 2000 um 150 Prozent zu: von 40 auf über 100 Euro.

Wozu eigentlich noch arbeiten, fragten sich einige ganz Schlaue, wenn Geld »zu machen« so einfach ist? Jede wollte dabei sein. Bei den Dagobertas gingen täglich Telefonanrufe von Frauen ein, die in den Aktienclub eintreten wollten. Menschen, die sich zuvor nie mit Aktien beschäftigt hatten, lösten aus Angst, die Chance ihres Lebens zu verpassen, ihre Sparkonten auf und kauften asiatische Internetaktien.

Und dann kam der Absturz. Auf einmal ging es nicht mehr so schön aufwärts, nein, die Aktienkurse fielen, fielen immer schneller. Und die einstigen Stars, die Internetwerte, stürzten am tiefsten ab.

Heute, ein Jahr nach dem absoluten Börsenhoch, sitzen viele Menschen mit Kursverlusten von 30 Prozent, 60 Prozent, ja 80 Prozent da. So hatten sie sich das nicht vorgestellt. Vorbei der Traum vom schnellen Reichtum ohne Mühe! Die Börse hat ihr Geld und ihre Träume innerhalb kurzer Zeit vernichtet.

Die Börse – was ist das eigentlich?

Die Börse ist ein organisierter Markt, genau genommen ein Secondhand-Markt. Ein Secondhand-Markt, weil hier ein und dieselben Papiere wie getragene Kleider immer wieder den Besitzer wechseln.

Auf diesem Markt werden Wertpapiere, also Aktien und Anleihen, gehandelt. Die Börse bietet den einen die Möglichkeit, Geld anzulegen, und den anderen, sich Geld zu beschaffen. Eine wesentliche Aufgabe der Börse ist das Abstimmen von Angebot und Nachfrage, das Ermitteln eines Kurses.

Die wichtigste Börse der Welt, über die wir im nächsten Kapitel noch einiges erfahren werden, ist die New York Stock Exchange. Über 50 Prozent des Welthandels wird dort abgewickelt.

In Deutschland gibt es acht Börsenplätze: Frankfurt, Stuttgart, Berlin, Bremen, Düsseldorf, Hamburg, Hannover und München.

Möchten Sie Aktien kaufen oder verkaufen, müssen Sie an einer Börse den Auftrag erteilen. Dies ist allerdings nicht direkt möglich. Sie müssen sich an eine Bank oder ein Brokerhaus wenden, das dann Ihren Auftrag weitergibt. Ihr Kaufauftrag wird an einen Börsenmakler an einer der Börsen gegeben.

Dessen Aufgabe ist es, die Kauf- und Verkaufsangebote zusammenzuführen, so dass möglichst viele Käufe und Verkäufe getätigt werden können. Er legt den Preis fest, zu dem die Aktien ge- und verkauft werden.

Die Zeit der Makler und des Börsenparketts – des hektischen, von wildem Gestikulieren geprägten Geschehens im Börsensaal – geht langsam ihrem Ende entgegen. Fast alle Aktien werden heute im XETRA, dem »Exchange Electronic Trading System« (elektronisches Börsenhandelssystem) gehandelt, welches schneller und effizienter die Kurse ermittelt.

Sie wollen die Börse erobern – warum?

Sie haben dieses Buch vielleicht gekauft, weil auch Sie endlich einsteigen wollen. Sie wollen an die Börse, wollen Aktien kaufen. Aber – warum wollen Sie Aktien kaufen?

Seltsame Frage? Nein, dies ist die wichtigste Frage überhaupt. Denn um Erfolg an der Börse zu haben, müssen Sie sich klar sein über Ihre Ziele. Was wir in Kapitel 4 fürs Leben gelernt haben, gilt auch für die Welt der Börse: Ans Ziel kommt nur, wer eines hat.

Nur wenn Sie wissen, wohin Sie wollen, werden Sie auch dort ankommen. Wenn Sie nicht wissen, wohin Sie wollen, müssen Sie sich nicht wundern, wenn Sie nirgendwo ankommen.

Wollen Sie Aktien kaufen, weil es Ihre Nachbarin tut und Sie endlich auch mitreden möchten? Oder weil Sie hoffen, so das nötige Geld für das neue Auto schneller zusammen zu haben? Oder möchten Sie sich mit dem Gewinn den lang ersehnten Abenteuerurlaub in Südamerika finanzieren? Ist es Ihr Ziel, ein eigenes Haus zu besitzen, und Sie wollen an der Börse das dazu nötige Eigenkapital verdienen? Oder möchten Sie genügend Geld erwirtschaften, um mit 50 Jahren aus der beruflichen Tretmühle auszusteigen?

Möglichst hohe Gewinne in kurzer Zeit – ist das Ihr Ziel? Eine höhere Rendite als auf dem Sparbuch? Oder eine höhere Rendite als mit festverzinslichen Wertpapieren?

Ja, welches ist Ihr Ziel? Bitte halten Sie es schriftlich fest:

Mein Aktien-Ziel:

_____

_____

Die Strategie

Die Frage ist nun: Wie erreichen Sie Ihr Ziel? Was fehlt jetzt? Eine Strategie! Denn Erfolg an der Börse ist abhängig von der Strategie.

Eine Strategie ist frei nach *Brockhaus* »die langfristige Grundsatz- und Methodenplanung im Hinblick auf ein festgelegtes Ziel«. Sie legt den Zeitrahmen fest und die einzelnen Maßnahmen, die zum Erreichen des Ziels getroffen werden.

Ihren Zeithorizont festzulegen, ist somit eine der wichtigsten Entscheidungen, die Sie treffen müssen. Und hier sollten Sie sich unbedingt noch einmal klar machen, dass Investitionen in Aktien eine unternehmerische Beteiligung sind. Sie beteiligen sich an einem Unternehmen, weil Sie von dessen Produkten, von dessen Zukunftsperspektiven überzeugt sind.

Zukunft ist für uns im Aktienclub in der Regel länger als eine Woche, ein Monat oder ein Jahr. Die Dagobertas haben beschlossen, dass ihre Aktien grundsätzlich längerfristig gehalten werden, das bedeutet: drei, vier oder vielleicht auch mehr Jahre. Da wir längerfristig überdurchschnittliche Renditen erzielen möchten, müssen wir auch längerfristig planen.

Kurzfristig können Aktienkurse sehr stark schwanken. Kurseinbrüche von 30, 40 oder 50 Prozent sind keine Seltenheit, weshalb kurzfristige Anlagen in Aktien sehr riskant sein können.

Sollte es Ihr Ziel sein, mit kurzfristigen Spekulationen an der Börse

»Geld zu verdienen«, so ist sicherlich eine andere Strategie als die hier beschriebene zu verfolgen. Doch das ist nicht unser Thema. Mit anderen Worten: Dagobertas zocken nicht. Das schnelle Geld ist nicht unser Ziel. Sondern viel Geld auf lange Sicht.

Aber jetzt sind Sie dran: Wie ist Ihr Zeithorizont?

Mein Zeithorizont:

Bitte unbedingt notieren. Es wird der Zeitpunkt kommen, an dem Sie sich daran erinnern sollten.

Der Aktienclub Fortuna plant sein Portfolio

Mittwoch, der 20. September 2000. Die Gruppe Fortuna hat heute ihr viertes Treffen. Die grundlegenden Fragen sind geklärt, die GbR gegründet, das Depot eröffnet, im nächsten Monat werden die ersten Gelder eingezahlt.

Heutiges Thema: Das Musterdepot. Oder: Wie finden wir die »richtigen« Aktien?

Aktien, die die Frauen für interessant und zukunftsreich halten, werden zuerst in eine Watchlist aufgenommen, das heißt: in ein fiktives Depot, dessen Entwicklung die Frauen verfolgen. Später wollen sie daraus die Kaufkandidaten auswählen.

Es wird eine heiße Diskussion: Frau D. schlägt Cybio vor, ein Biotechnologie-Unternehmen, Gewinnerwartung mindestens 50 Prozent. Frau E. meint, das sei zu riskant. Lieber sollte die Gruppe Daimler kaufen, »die sind schon so weit gefallen, tiefer geht es bestimmt nicht mehr!« Worauf Frau K. meint, das könne ja wohl kein Grund dafür sein, dass die Aktie jetzt steigen wird. Sie möchte Ericsson kaufen, die würden ihre Handys jetzt auch in China produzieren – »und so viele Chinesen, das ist doch ein Markt der Zukunft!« Frau B. schlägt L'Oréal vor: »Die machen so tolle Werbung.« Frau N. hat mit Cisco schon gute Gewinne gemacht und meint, die Kurse würden bestimmt weiter steigen.

Frau S. hat sich bisher nicht an der Diskussion beteiligt. Sie fragt, woher sie denn Vorschläge nehmen solle, sie kenne sich da gar nicht aus. Worauf Frau T. den Investor Warren Buffett zitiert: »Am besten kauft man das, was man kennt.« In seinem Depot finden sich zum Beispiel Coca-Cola und McDonald's.

Irmtraud Potkowski notiert alle Nennungen auf einer Liste. Dabei schaut Frau U. sie ganz ungläubig an: »Und das soll etwas werden? Das hat ja weder Hand noch Fuß. So geht das nicht!«

Aber wie geht es?
Also fragt Irmtraud Potkowski die Frauen, die bisher schon in Aktien investiert haben, woher sie ihre Informationen beziehen. Die meisten, so stellt sich heraus, informieren sich in der Zeitung, viele in Zeitschriften und im Internet. Gespräche mit Bekannten und Fernsehen, hauptsächlich NTV, sind die weiteren Informationsquellen.

Informationen haben die Fortunas. Aber welche sind wesentlich? Welche sollen sie in Betracht ziehen? Welche sind eher nebensächlich?

Die Frauen halten zunächst fest, dass es sinnvoll ist, feste Kriterien für die Aktienauswahl zugrunde zu legen, so dass ihre Entscheidungen nachvollziehbar und nicht dem Zufall überlassen sind.

Die Fortunas brauchen Informationen
- über das Unternehmen und seine Zukunftsperspektiven,
- über Konkurrenzunternehmen und die Branche, in dem es operiert,
- über wirtschaftliche Rahmendaten und die Absatzmärkte.

Das Zusammentragen aller Informationen, die Einfluss auf die Geschäfts- und Gewinnentwicklung eines Unternehmens haben können, nennt man Fundamentalanalyse.

Die Fundamentalanalyse
geht davon aus, dass jede Aktie einen »inneren Wert« hat. Das ist der objektive Wert, der sich ergibt, wenn man alle Daten, die das Unternehmen betreffen, zusammenträgt und bewertet. Der Kurs der Aktie schwankt langfristig um diesen »inneren Wert«. Liegt er darüber, so ist die Aktie überbewertet. Liegt er darunter, so ist sie unterbewertet.

Entsprechend den Informationen, die wir benötigen, besteht die Fundamentalanalyse aus drei großen Teilbereichen:

1. Globalanalyse
Sie untersucht die volkswirtschaftlichen Rahmendaten wie Konjunktur, Zinsentwicklung, Währungsentwicklung, und sollte uns Auskunft geben, ob die wirtschaftlichen Rahmenbedingungen für die Unternehmen eher positiv oder negativ sind.

2. Branchenanalyse
Sie sucht Informationen über die aussichtsreichsten Branchen zu finden und sollte die Frage beantworten, ob die Damen eher Nokia oder Deutsche Bank kaufen sollten.

3. Unternehmensanalyse
Sie sucht nun innerhalb der Branche nach den Unternehmen mit der größten Renditeerwartung. Daraus sollte die Antwort auf die Frage resultieren, ob die Fortunas eher Deutsche Bank oder eher Citigroup kaufen sollten.

Einwand von Frau U.: »Das klingt ja alles sehr vernünftig. Aber bis wir das alles durchhaben, das dauert ja Jahre!« Nicht unbedingt.

Zum Glück müssen die Anlegerinnen die Analysen nicht selbst erstellen. Das tun Banken, Wirtschaftsforschungsunternehmen, Institute, die Unternehmen selbst. »Wir müssen nur die für uns wesentlichen Informationen finden«, sagt Irmtraud Potkowski. Und das ist bei der Fülle von Informationen schon schwierig genug.

Wir vereinfachen also, auch hier im Buch. Wir werden uns für den Anfang auf einige grundlegende Beziehungen und Zusammenhänge beschränken.

Die Globalanalyse: Wie läuft die Konjunktur?
Drei Bemerkungen vorneweg:
* Wirtschaft und Politik weltweit beeinflussen die Entwicklung der Unternehmen und somit deren Aktienkurse. Anders gesagt: Wenn in China ein Sack Reis platzt, so hat das Auswirkungen auf die Aktienkurse in New York.
* Marktwirtschaft bedeutet, dass Angebot und Nachfrage nach einem Gut dessen Preis bestimmen.
* Wie alles im Leben, verläuft auch das Wirtschaftsleben nicht gleichförmig, sondern es gibt Hochs und Tiefs. Diese wiederkehrenden Schwankungen nennt man Konjunkturzyklen.

Im folgenden wollen wir Ihnen einen solchen Konjunkturzyklus und seine Triebkräfte kurz beschreiben:

Aufschwung – die Wirtschaft expandiert
Die Auftragsbestände, die Produktion, die Nachfrage nach Investitions-
gütern und nach Arbeitskräften, die Warenlager, die Gewinne – alles
steigt! Neue Fabriken, neue Lager, neue Geschäfte werden eröffnet.
   Die Menschen haben Arbeit, verdienen gut, das Haushaltseinkommen
steigt. Und die Konsumausgaben steigen; denn die Menschen fühlen
sich wohlhabend. Der Staat hat hohe Steuereinnahmen.

Konjunkturhoch – die Wirtschaft boomt!
Die Investitionen steigen, die Nachfrage nach Krediten steigt, und all-
mählich steigen auch die Zinsen.
   Die Nachfrage nach Gütern steigt, und auch die Preise steigen. Die
Gewinne steigen; darum fordern die Gewerkschaften höhere Löhne.
Dadurch steigen die Preise weiter, denn nur so können die Arbeitgeber
die höheren Löhne zahlen. Die Preise für Rohmaterialien steigen, die
Preise der Güter steigen: Jede Preiserhöhung verursacht eine neue Preis-
erhöhung: die Folge ist Inflationsgefahr.

Inflationsgefahr – der Geldwert sinkt
Sie haben zwar mehr Geld in Ihrer Börse, können aber immer weniger
dafür kaufen. Die Brötchen, die im letzten Monat noch 50 Pfennig ko-
steten, kosten jetzt 60 Pfennig. Das Auto, welches Sie kaufen wollten,
kostet nun anstatt 30 000 Mark schon 32 000 Mark. Für die 30 000
Mark, die Sie auf dem Sparbuch haben, erhalten Sie zwar drei Prozent
Zinsen, aber zum Kauf des Autos fehlen Ihnen nun 1100 Mark. Die ganze Sache gefällt Ihnen nicht mehr!
   Nun kommt die Europäische Zentralbank ins Spiel: Ihre Aufgabe ist
es, für einen stabilen Geldwert in Europa zu sorgen. (In den USA macht
das Alan Greenspan mit seiner US-Notenbank.) Die Zentralbank erhöht
die Zinsen.

Rezession – es geht bergab
Die Banken geben diese Zinserhöhung an ihre Kunden, die Unternehmen und Haushalte, weiter. Die Folgen: Kredite werden teurer. Wegen
der hohen Zinskosten sinken die Gewinnaussichten der Unternehmen.
Die Kreditnachfrage sinkt. Die frei verfügbaren Einkommen der privaten Haushalte sinken ebenfalls. Die Nachfrage nach Gütern sinkt, die
Preise sinken, die Produktion sinkt. Weniger Arbeitskräfte werden ge-

braucht, es droht Arbeitslosigkeit. Nun sinken auch die Steuereinnahmen des Staates, und seine Ausgaben steigen.

Depression – ganz unten angekommen
Die Auslastung in der Industrie ist gering. Viele Unternehmen schreiben rote Zahlen. Die Zahl der Konkurse steigt, die Arbeitslosigkeit steigt mit. Nun tritt wieder die Zentralbank auf und senkt die Zinsen. Die Unternehmen können wieder billiger Kredite aufnehmen. Ihr Fixkostenanteil sinkt, Anreize zu neuen Investitionen werden geschaffen.

Der erste Schritt zum nächsten Wirtschaftsaufschwung ist getan, das Spiel beginnt von neuem.

Konjunkturzyklus

Depression Aufschwung Konjunkturhoch Rezession Depression

Der Konjunkturzyklus verläuft in der Realität nicht so schön gleichförmig wie die Kurven dieses Modells. In der Realität herrscht sehr oft Unsicherheit darüber, an welchem Punkt die Wirtschaft sich gerade befindet.

Und wie lange dauert so ein Zyklus? Etwa fünf bis sechs Jahre. Die amerikanische Wirtschaft hat seit dem Zweiten Weltkrieg neun Rezessionen (durchschnittliche Dauer: 11 Monate) und zehn Expansionsphasen (durchschnittliche Dauer: 54 Monate) durchlaufen.

Die Konjunktur und die Börse
Gibt es einen Zusammenhang zwischen Konjunkturzyklus und der Aktienkursentwicklung?

»Im Aktienkurs drückt sich die Gewinnerwartung des Unternehmens aus«, hat Frau F. gelesen. »Wenn die Unternehmensgewinne sinken, so fallen auch die Aktienkurse und umgekehrt.« Das ist richtig. Zwischen

Börse und Konjunktur besteht ein enger Zusammenhang. Allerdings besagt der Satz richtig, dass der Aktienkurs die Gewinnerwartung ausdrückt, nicht den bereits erzielten Gewinn. Der Aktienkurs nimmt die künftige wirtschaftliche Entwicklung vorweg. Der Börsenzyklus läuft dem Konjunkturzyklus voraus.

Konjunktur– und Börsenzyklus

Depression Aufschwung Konjunkturhoch Rezession Depression

Aktienkurse beginnen schon zu steigen, wenn die Nachrichten noch ein trübes Bild zeichnen, wenn die Konjunktur in der tiefsten Depression liegt. Später, wenn für jeden ersichtlich ist, dass es aufwärts geht, haben die Kurse schon ein gutes Stück der Aufwärtsbewegung hinter sich.

Und wenn Industrieproduktion und Gewinne steigen, dann ist das Börsenhoch erreicht. Die Nachrichten werden euphorisch, die Wirtschaft boomt. An der Börse beginnt eine volatile, das heißt flatterhafte Phase: Werden die Gewinne weiter steigen? Neue Technologien können den Boom verlängern, neue Absatzmärkte die Gewinnentwicklung steigern.

Jetzt erhöht die Zentralbank die Zinsen, und die Gewinnerwartungen der Unternehmen sinken. Für viele Anleger werden jetzt aufgrund der höheren Zinsen Anleihen interessant. Sie verkaufen ihre Aktien, die Aktienkurse fallen. Die Anzeichen eines Wirtschaftsabschwungs mehren sich, die Aktienkurse gehen auf Talfahrt. Doch noch ehe die Wirtschaft ihren Tiefstpunkt erreicht hat, fangen die Kurse wieder an zu steigen, der nächste Zyklus beginnt.

Die Zeichen an der Wand
Gibt es Anzeichen, an denen wir erkennen können, in welche Richtung die Börsenentwicklung geht?

Bei der Beobachtung des Börsengeschehens über längere Zeiträume hat man festgestellt, dass es Zusammenhänge gibt zwischen der Börsenentwicklung und verschiedenen Indikatoren, die zukünftige Entwicklungen mehr oder weniger wahrscheinlich erscheinen lassen. Drei dieser Indikatoren wollen wir kurz vorstellen:

1. Der Zinstrend
Wie wir bei der Untersuchung des Börsenzyklus schon festgestellt haben, haben Zinserhöhungen und -senkungen Einfluss auf die Entwicklung der Aktienkurse.

Steigen die Zinsen, hat das zur Folge, dass die Kreditbelastungen der Unternehmen zunehmen. Unternehmen mit einem hohen Anteil an Fremdkapital und hohen Fixkosten sind besonders stark betroffen. Das sind oft Unternehmen, die sich gerade in der Wachstumsphase befinden, in der sie viel investieren müssen, um später erfolgreich zu sein: also gerade die innovativen Technologieunternehmen. Ihre Gewinnerwartungen verschlechtern sich. Gewinnwarnungen werden veröffentlicht.

Jetzt kommt die große Stunde der »Value«-Unternehmen, der »substanzhaltigen« Unternehmen mit besserer Eigenkapitalausstattung. Sie sind in der Regel schon länger am Markt, haben Rücklagen gebildet und sind deshalb weniger zinsabhängig als neue Wachstumsunternehmen. Die Börsianer schichten um oder verkaufen die Aktien. Denn nun, da die Zinsen gestiegen sind, ist auch die Anlage in festverzinslichen Wertpapieren für manche wieder attraktiver. Als Folge werden die Aktienkurse fallen. Nicht sofort. Oft lassen sich die Aktienkurse einige Monate Zeit, ehe sie auf die Zinsbewegungen reagieren.

Die Regeln die Sie sich merken müssen, lauten also:
- Steigende Zinsen bewirken fallende Aktienkurse!
- Fallende Zinsen bewirken steigende Aktienkurse!

Und worauf müssen Sie achten? Wenn Sie den Zinstrend beobachten wollen, ist am wichtigsten der Trend der amerikanischen Zinsen, am besten abzulesen am Zins der 30jährigen US-Staatsanleihe. Den Trend der deutschen Zinsen lesen Sie an der »Umlaufrendite« ab. Schon mal gehört? Die Umlaufrendite ist die Durchschnittsrendite aller umlaufenden öffentlichen Anleihen mit einer Restlaufzeit von über drei Jahren.

2. Der Dollar-Wechselkurs

Ein hoher Dollar-Kurs wird Sie nicht gerade begeistern, wenn Sie einen Urlaub in den USA planen. Wenn Sie aber in europäische Aktien investiert haben, sieht das für Sie anders aus: Denn für die deutsche Exportindustrie – Automobil, Maschinen, Stahl – bedeutet ein hoher Dollar steigende Gewinne. Deutsche Produkte sind dann im Ausland billiger, was die Nachfrage nach ihnen steigen lässt.

Die Regeln lauten also:

- Ein steigender Dollar begünstigt den europäischen Aktienmarkt.
- Ein sinkender Dollar schwächt den europäischen Aktienmarkt.

3. Der Goldpreis

Fällt der Goldpreis, so ist dies ein positives Zeichen für die Börse. Denn Gold kaufen die Menschen, wenn sie Angst vor einer Inflation haben. Wenn die Nachfrage nach Gold sinkt, signalisiert dies, dass keine Inflationsangst besteht.

Steigt der Goldpreis, vor allem dann, wenn auch die Zinsen steigen, ist dies für die Börse meist ein negatives Zeichen.

Deswegen gelten hier folgende Regeln:

- Ein fallender Goldpreis ist positiv für den Aktienmarkt.
- Ein steigender Goldpreis ist eher negativ.

Und dann gibt es noch eine Rechengröße, mit deren Hilfe wir den Trend der Börsenkurse selbst verfolgen können. Man nennt sie Index. Zusammen mit den beiden folgenden Indizes können wir erste Aussagen über zukünftige Börsen-Entwicklungen machen:

4. Der Dow-Jones Industrial Average

Charles Henry Dow, der Mitbegründer des *Wall Street Journals,* suchte nach einer Möglichkeit, die wirtschaftliche Entwicklung der USA möglichst einfach darzustellen. 1884 veröffentlichte er einen Aktienindex, der sich aus den Schlusskursen von elf Aktien zusammensetzte, den damals wichtigsten Unternehmen des Landes: neun Eisenbahngesellschaften und zwei produzierende Unternehmen.

Wie berechnete er den Index? Ganz einfach: Er addierte die Schlusskurse und teilte die Summe durch elf. Zeichnet man diesen Wert (den Dow-Jones Industrial Average) jeden Tag in eine Kurve (Chart) ein, so kann man auf einen Blick feststellen, wie die Entwicklung der Börse in einem bestimmten Zeitraum war: ob es aufwärts oder abwärts ging.

Und da Charles Henry Dow seine Zeitung zusammen mit einem Herrn Edward Davis Jones gegründet hatte, nannte er den Index Dow-Jones-Index. Seit 1928 umfasst dieser Dow-Jones-Index die 30 wichtigsten Industrie-Unternehmen der New Yorker Börse. Übrigens: Das einzige Unternehmen, welches von Anfang an dabei ist, ist General Electric. Da der Index Unternehmen der verschiedenen Branchen enthält, gibt er branchenunabhängig Auskunft über die momentane Börsenentwicklung.

5. Der DAX
In Deutschland hat es fast 100 Jahre länger gedauert, bis sich ein führender Aktienindex etablierte: Seit 1988 haben wir mit dem DAX, dem Deutschen Aktien-Index, ein Pendant zum amerikanischen Index. Genau wie dieser enthält der DAX auch die 30 wichtigsten deutschen Unternehmen. Allerdings erfolgt die Berechnung etwas komplizierter als beim Dow Jones: Die 30 Aktien des DAX gehen entsprechend ihrer Marktkapitalisierung in die Indexberechnung ein. Kursänderungen bei Schwergewichten im Index, wie der Deutschen Telekom, DaimlerChrysler oder Allianz, wiegen somit sehr viel stärker als bei Index-Leichtgewichten wie MAN oder Linde.

Neben dem DAX gibt es noch weitere deutsche Indizes: Den MDAX, in welchem die 70 nächstgrößten Werte zu finden sind, den SMAX mit kleineren Werten oder den Nemax 50 mit den 50 wichtigsten Werten des Neuen Marktes. Um den Börsentrend in Deutschland zu erkennen, ist jedoch der DAX am besten geeignet.

Die Branchenanalyse: Welcher Wirtschaftssektor wird gewinnen?
Wichtige Frage für Anlegerinnen: Welches sind die aussichtsreichsten Branchen? Sollten wir im Moment lieber Chemiewerte kaufen oder Telekommunikation oder vielleicht doch lieber Banken? Dabei könnten wir zwei unterschiedliche Strategien verfolgen:

Strategie 1: Auf dauerhafte Werte setzen
Eine Strategie, die von bekannten amerikanischen Investoren wie Warren Buffett oder John Templeton angewandt wurde: Sie konzentrierten sich auf »Value«-Aktien: substanzhaltige Unternehmen, die langfristig überdurchschnittliche Gewinne erzielen. Zum Beispiel weil sie ein ein-

zigartiges Produkt anbieten, wie Coca-Cola, oder weil sie unangefochten Spitzenreiter im Markt sind, wie zum Beispiel General Electric.

Einmal im Depot, werden diese Aktien oft Jahre oder Jahrzehnte lang gehalten. Die Investoren gehen mit ihnen durch dick und dünn. Denn langfristig steigen die Aktienkurse parallel zu den Gewinnen. Und wenn die Gewinne dieser Unternehmen langfristig überdurchschnittlich wachsen, so tun es auch die Aktienkurse. Der Templeton Growth Fund beispielsweise, der nach dieser Strategie seit 1954 gemanagt wird, erzielte seit seinem Bestehen bis Ende 1999 eine Durchschnittsrendite von fast 15 Prozent.

Strategie 2: Globale Trends verfolgen
Eine andere Strategie verfolgt globale Trends. Sie geht von der Frage aus, welches wohl die Branchen sind, die in den kommenden vier bis fünf Jahren überdurchschnittlich wachsen werden. Die Dagobertas haben folgende fünf Branchen für sich gefunden:

♦ 1. GESUNDHEITSWESEN, PHARMA, BIOTECHNOLOGIE: Die Menschen werden immer älter. Das bedeutet: Die Nachfrage nach gesundheitserhaltenden und krankheitsbekämpfenden Mitteln steigt. Vor allem durch die neuen Erkenntnisse, die die Biotechnologie liefert, werden Medikamente und Heilmethoden auf den Markt kommen, die überdurchschnittliche Gewinne erwarten lassen

♦ 2. FREIZEITINDUSTRIE UND MEDIEN: Das Verhältnis zwischen Arbeitszeit und Freizeit verändert sich immer mehr zugunsten der Freizeit. Dies gilt sowohl während des Arbeitslebens als auch im Bezug auf die gesamte Lebensdauer. Denn die heutigen und künftigen Rentner sind körperlich aktiv und geistig fit, und sie haben noch eine Zeitspanne von 20 bis 25 Jahren vor sich. Davon dürften die Reisebranche, die Unterhaltungsindustrie, Film und Medien profitieren.

♦ 3. BANKEN UND FINANZDIENSTLEISTUNGEN: Die Menschen werden immer wohlhabender. Ende 1999 betrug das Geldvermögen der Deutschen 6729 Milliarden Mark; es ist in den letzten sieben Jahren um zwei Drittel gestiegen. Daran verdienen nicht zuletzt die Banken, Versicherungen und andere Unternehmen, die Finanzdienstleistungen anbieten.

- ◆ 4. KONSUM: Steigendes Einkommen und Vermögen führen zu steigendem Konsum. In den Ländern, die an der Schwelle zur Industrialisierung stehen, werden die Grundbedürfnisse gedeckt: Die Menschen kaufen mehr und bessere Nahrungsmittel, Kleider, Baumaterial und vielleicht ein Fahrrad. In Europa und den USA sind mit steigendem Wohlstand hochwertige Güter gefragt: elektronische Geräte, moderne Autos, Designermöbel.

- ◆ 5. TECHNOLOGIE UND TELEKOMMUNIKATION: Auch wenn diese Branchen im Börsencrash 2000/2001 am meisten gebeutelt wurden: Eine Zukunft ohne PC, ohne Internet, ohne Handys ist nicht mehr vorstellbar! Die technische Entwicklung geht rasant weiter, wobei sich die Verbreitungszeiträume stark verkürzen. Dauerte es beim Fax-Gerät noch 22 Jahre, bis es zehn Millionen Benutzer hatte, waren beim Videogerät neun Jahre, beim PC sechs Jahre und beim Internet-Browser nur noch ein Jahr notwendig, um zehn Millionen Kunden zu erreichen.

Als Anlegerinnen, die globale Trends verfolgen, fragen wir uns nun: Gehören die Aktien auf unserer Watchlist einer dieser Branchen an? Dann erfüllen sie das erste Auswahlkriterium.

Unternehmensanalyse: Welches Potenzial hat diese Firma?
Unser Ziel ist es, Unternehmen ausfindig zu machen, deren Aktienkurse überdurchschnittlich steigen. Aktienkurse steigen dann stark, wenn das Unternehmen hohe Gewinne erzielt. Und, was bedeutender ist, wenn es in der Zukunft hohe oder höhere Gewinne erzielen wird. Denn dann werden wir als Aktionärinnen daran teilhaben. Wie schon gesagt: Im Aktienkurs drückt sich die Gewinnerwartung aus.

Wie finden wir diese Unternehmen? Eine Möglichkeit: Indem wir mit offenen Augen durch die Welt gehen.

Irmtraud Potkowski erzählt: »Es ist schon einige Jahre her, da war ich mit meiner damals 13jährigen Tochter in Stuttgart zum Einkaufen. Sie schleppte mich in ein Geschäft, welches mir nicht sonderlich gefiel: Es herrschte ein Durcheinander, die Kleider hingen kreuz und quer an den Ständern oder lagen ungeordnet auf Stapeln. Eine Bedienung, die das Chaos hätte lichten können, war weit und breit nicht zu finden. Aber meine Tochter war begeistert. Ich weniger, ich konnte an den Kleidungsstücken nichts Besonderes finden. Nun, ich sollte sie ja auch nicht tragen. Während ich so da stand und wartete, bis meine Tochter das Passende gefunden hatte, beobachtete ich das Gewusel der Teenager. Und es waren derer recht viele. Der Laden war voll. An der Kasse eine lange Schlange, in die ich mich dann auch geduldig einreihte. Und bis ich endlich zahlen durfte, hatte ich Gelegenheit, mich doch ziemlich zu wundern. Die meisten der Kinder und Jugendlichen waren alleine hier. Wenn ich so um mich blickte, war ich die einzige Erwachsene. Und die Jugendlichen kauften nicht nur ein T-Shirt oder ein paar Socken. Kleidungsstücke für 100 Mark, 200 Mark und mehr wurden in die Tüten gepackt. Ich hatte zuvor nicht gewusst, dass 12- bis 14jährige so viel Geld zum Einkaufen zur Verfügung haben.« Irmtraud Potkowski fuhr nach Hause und suchte nach Informationen über das Unternehmen, es war H&M. Dann kaufte sie Aktien der Firma. Es war ein sehr lukratives Investment.

Auch die Vorschläge, die die Dagobertas (Fortunas, Daxies, Money Pennys et cetera) in ihre Gruppen mitbringen, entstammen oft der Erfahrung im persönlichen Umfeld. So wurde Nokia in die engere Wahl genommen, als die Frauen feststellten, dass die überwiegende Mehrzahl von ihnen ein Handy dieser Marke hatte. Oder Wal-Mart, als diese US-Handelskette auch in Karlsruhe ein Geschäft eröffnete. Und natürlich sind die Unternehmen, die die Frauen kennen, weil sie in ihrer direkten Nachbarschaft leben, wie Porsche, das Softwarehaus USU oder die Firma Jetter, die industrielle Steuerungssysteme herstellt, für sie interessant.

Haben wir ein Unternehmen ins Auge gefasst, gilt es festzustellen, was das Unternehmen produziert. Und ob dieses Unternehmen heute und in Zukunft »besser« sein wird als die Konkurrenz. Und wenn ja, warum?

Peter Lynch, einer der berühmtesten amerikanischen Investoren, formulierte dies folgendermaßen, als er sich mit der Firma Nike beschäftigte: »Man muss sich nun drei grundsätzliche Fragen stellen: 1. Verkauft Nike in diesem Jahr mehr Schuhe als im vergangenen? 2. Erzielt Nike aus den Schuhen, welche die Firma verkauft, einen angemessenen

Gewinn? 3. Wird Nike im nächsten Jahr und in den darauffolgenden Jahren jeweils mehr Schuhe verkaufen als im Jahr zuvor?«[1]

Diese Fragen zielen darauf ab festzustellen, ob Umsatz und Gewinne des Unternehmens wachsen werden. Denn – und das ist so wichtig, dass wir es nochmals wiederholen möchten – auf längere Sicht verlaufen die Aktienkurse parallel zur Höhe der Gewinne der Unternehmen.

Kurzfristig kann es allerdings zu extremen Übertreibungen sowohl nach oben als auch nach unten kommen, wie uns die Jahre 1999, 2000 und 2001 gezeigt haben.

Eine Unternehmensanalyse sollte Antworten auf die folgenden Fragen geben:

- ♦ Was wird produziert?
- ♦ Wer kauft das Produkt?
- ♦ Welches sind die Vorteile des Unternehmens zur Konkurrenz?
- ♦ Wie ist die Kostenstruktur?
- ♦ Wie ist die Struktur der Erlöse?
- ♦ Welche Rolle spielen Forschung und Entwicklung?
- ♦ Wie ist das Management strukturiert und am Erfolg beteiligt?

Und viele andere mehr. Je mehr Sie in Erfahrung bringen können, desto sicherer werden Sie in Ihrer Entscheidung. Doch wir werden uns im folgenden auf fünf Kennzahlen beschränken, damit wir es etwas einfacher haben.

Fünf Kennzahlen für die Unternehmensbewertung

Nach welchen Kriterien wollen wir die Aktien auswählen? Ist der Aktienkurs eine wichtige Größe?

Exkurs: Der Aktienkurs

Der Kurs einer Aktie ist die Größe, die Börsenanfängerinnen wohl am meisten verunsichert: Ein Blick auf die Werte des DAX, und wir finden die Deutsche Post mit einem Kurs von 18,84 Euro, Linde mit einem Kurs von 50,83 Euro und die Allianz mit einem Kurs von 318,27 Euro.[2] Sollte dann die Deutsche Post die »billigste« Aktie sein und somit ein Kaufkandidat? Keinesfalls. Der Aktienkurs ist eine Größe, die über die Qualität und Zukunftschancen des Unternehmens überhaupt nichts aussagt. Der Aktienkurs ist eine willkürliche Größe, die sich in der Börsenhistorie des Unternehmens so ergeben hat.

So mögen zum Beispiel die Amerikaner keine hohen Aktienkurse. Das hat zur Folge, dass ein Kurs »gesplittet« wird, sobald er eine gewisse Höhe erreicht hat. Bei einem Split 1 : 10 beispielsweise erhält die Aktionärin für eine alte Aktie zehn neue. Der Kurs dieser Aktie ist dann genau ein Zehntel des Kurswerts der alten Aktie. Am Börsenwert des Unternehmens hat sich nichts geändert.

Wenn der Kurs also nicht dazu taugt festzustellen, ob eine Aktie günstig ist oder nicht, was dann? Wir werden unsere Kaufentscheidungen im wesentlichen von folgenden fünf Entscheidungskriterien abhängig machen:

1. Das Unternehmensprofil
Hier suchen wir Antworten auf die folgenden vier Fragen:

♦ A. PRODUKTPROGRAMM: Überzeugt uns das Produkt? Handelt es sich um das 27. Unternehmen, welches eine virtuelle Buchhandlung eröffnet? Oder um das erste Unternehmen, welches ein wirksames Mittel gegen HIV gefunden hat? Zur objektiven Beantwortung dieser Frage sollten Sie sich nicht nur auf Unternehmensangaben stützen, sondern die Wirtschaftspresse[3] und natürlich das Internet zu Rate ziehen.

♦ B. MARKENNAME UND BEKANNTHEIT: Hat das Unternehmen »einen Namen« oder ist es auf dem Weg dorthin? Wie heißt die Creme in der blauen Dose? Jede weiß es sofort: Nivea. Bei dieser Frage hilft uns die eigene Erfahrung. Es werden aber auch gelegentlich Untersuchungen dazu in der Wirtschaftspresse veröffentlicht.

♦ C. GRÖSSE DES UNTERNEHMENS UND BRANCHENRANG: Ist das Unternehmen unter den fünf führenden Unternehmen seiner Branche? Ein großes Unternehmen mit guter Substanz ist in der Regel weniger den Konjunkturschwankungen ausgesetzt und hat ein stetigeres Gewinnwachstum. Die Informationen dazu finden Sie im Internet[4] oder in der Presse.

♦ D. ZEITHORIZONT UND UMSATZENTWICKLUNG: Werden die Produkte auch noch im nächsten Jahr und im übernächsten Jahr nachgefragt? Und vor allem, werden dann mehr davon nachgefragt?

Auf den Börsenseiten im Internet finden Sie Analystenmeinungen zu dieser Frage. Sie sollten sich aber Ihre eigene Meinung bilden. Mindestens drei der vier Fragen A bis D sollten mit »Ja« beantwortet werden können, damit unser Kaufkandidat weiterhin im Rennen bleibt.

2. Das Gewinnwachstum

Der Gewinn und vor allem der in der Zukunft erwartete Gewinn ist das wichtigste Ergebnis der Unternehmensanalyse. Nun ist der Bilanzgewinn eines Unternehmens vielleicht in der Gesamthöhe beeindruckend, aber uns interessiert der Gewinn pro Aktie. Der Gesamtgewinn der Firma wird dazu durch die Gesamtzahl der Aktien geteilt.

Hier ein Beispiel: Die Linde AG mit Sitz in Wiesbaden, ein Unternehmen mit den Geschäftsbereichen Fördertechnik und Kältetechnik, Industrie- und Medizingase sowie Anlagenbau.

Das Unternehmen Linde AG

Aktienkurs am 27.4.2001	50,83 Euro
Gewinn/Aktie 2000	2,29 Euro
Gewinn/Aktie 2001	3,01 Euro

Das kleine e nach 2001 bedeutet »erwartet«. Das Gewinnwachstum, also die Veränderung des Gewinns von einem Jahr zum nächsten, ist eine sehr wichtige Maßzahl. Da Aktienkurse langfristig parallel zu den Gewinnen steigen, ist das Gewinnwachstum ein erster möglicher Hinweis auf die Zukunft des Unternehmens. Denn wie schon gesagt: An der Börse wird die Zukunft gehandelt; die zukünftigen Gewinne sind von Interesse.

Jetzt verstehen Sie sicherlich auch die panischen Reaktionen, die im Frühling 2001 mit dem Begriff »Gewinnwarnung« verbunden waren. Vor allem Unternehmen aus dem Technologiesektor mussten solche Gewinnwarnungen abgeben, das heißt: Sie teilten der Öffentlichkeit zerknirscht mit, dass sie die erwarteten Gewinne im laufenden Geschäftsjahr nicht erreichen werden.

Doch zurück zu unserem Unternehmen Linde AG: Aus der Differenz der Gewinnzahlen 2001e und 2000 errechnet sich ein Gewinnwachstum von 31,44 Prozent.

Vergleichen wir das Gewinnwachstum von Linde mit den beiden anderen oben genannten Aktien: Die Deutsche Post AG erwartet ein Gewinnwachstum von 11,76 Prozent, die Allianz AG, das größte deutsche Versicherungsunternehmen, 9,02 Prozent.[5] Gingen wir also allein nach dem Gewinnwachstum, so wäre Linde die erste Wahl unter den drei Aktien.

3. Das Kurs-Gewinn-Verhältnis (KGV)

Wenn wir nun den Kurs einer Aktie ins Verhältnis zum Gewinn pro Aktie setzen, erhalten wir einen zweiten wichtigen Wert: Das Kurs-Gewinn-Verhältnis (KGV). Im Englischen heißt es übrigens Price-Earnings-Ratio (P/E), für den Fall, dass Sie mal auf diese Abkürzung stoßen. Auf der Suche nach einem Wert, der uns sagt, ob eine Aktie »billig« ist, ist dies vielleicht der geeignete Kandidat. Am Beispiel der Linde AG wollen wir dies wieder verdeutlichen:

Das KGV der Linde AG

Aktienkurs am 27.4.2001	50,83 Euro
Gewinn pro Aktie 2001	3,01 Euro
Ergibt ein KGV 2001 von (50,83:3,01 =) 16,89	

Und wie sieht das KGV bei Allianz und der Deutschen Post aus?

Das KGV der Allianz AG

KGV 2001	28,93

Das KGV der Deutschen Post

KGV 2001	12,39

Die Deutsche Post hat das niedrigste Kurs-Gewinn-Verhältnis, der Kurs beträgt das 12,39fache des Gewinns pro Aktie. Ist sie also die »billigste« Aktie? Ehe wir diese Frage beantworten, wollen wir uns noch etwas näher mit dem KGV beschäftigen.

Wie hoch ist ein »normales« KGV? Gibt es das überhaupt? Das durchschnittliche KGV 2001 der 30 DAX-Werte lag im April 2001 bei 22,50. Wobei die KGVs je nach Branche unterschiedlich sind: Unternehmen in Wachstumsbranchen (der »New Economy«) und traditionell auch Versicherungen haben ein höheres KGV als Unternehmen der »Old Economy«, also alteingesessene Unternehmen.

Im historischen Vergleich sieht es so aus: Das durchschnittliche KGV der deutschen Aktien liegt auf lange Sicht bei etwa 18, wenn man die Jahre 1998 bis 2000 nicht berücksichtigt. So gesehen ist der Wert 22,50 relativ hoch.

Wir können das KGV auch in Beziehung zum Zinsniveau sehen; denn Aktien und Anleihen stehen als Anlagen ja immer in Konkurrenz. Und der Zinssatz beeinflusst auch das KGV. Ein KGV von 22,50 entspricht einer Rendite von (100 : 22,50 =) 4,4 Prozent. Umgekehrt entspricht eine Anleihenrendite von 5 Prozent einem KGV von (100 : 5 =) 20. Also gilt: Je niedriger das Zinsniveau, desto höher das KGV. Und: Steigt der Zinssatz, so sinkt das KGV.

Aber ein sehr hohes KGV deutet immer auf eine Überbewertung des Marktes hin, wie die folgende Grafik zeigt:

Kurs-Gewinn-Verhältnis des S&P 500

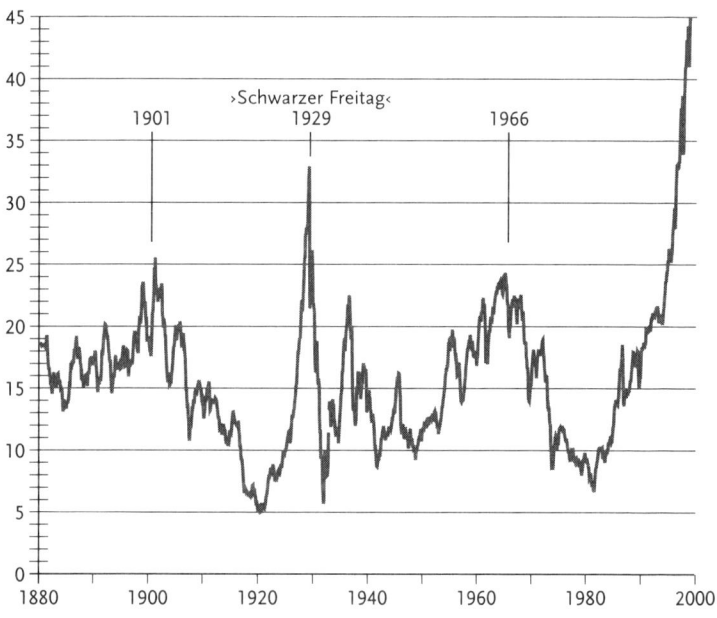

Quelle: Harald Klimenta, *Die 12 Aktien-Irrtümer*, München 2001, S. 65

Der S&P500 ist ein Aktienindex, der 500 amerikanische Unternehmen enthält und somit einen guten Überblick über den amerikanischen

Markt bietet. Sie sehen, dass das Verhältnis nur sehr selten über 20 war, und wenn, dann nicht für lange Zeit, es folgte bald der Absturz am Aktienmarkt.

Wie benutzen wir nun das KGV als Entscheidungskriterium beim Vergleich unserer drei Beispielaktien? Die Deutsche Post hat das niedrigste KGV. Sie hat aber auch gleichzeitig das niedrigste Gewinnwachstum. Und diese beiden Zahlen müssen zusammen betrachtet werden, denn langfristig gleichen sich Wachstumsrate und KGV an.

Ist die Wachstumsrate höher als das KGV, wie bei Linde, so ist dies ein Zeichen für eine günstige Bewertung der Aktie, man sagt dann, die Aktie hat Potenzial. Das heißt: Sie ist ein potentieller Kaufkandidat.

Ist das Gewinnwachstum niedriger als das KGV, wie bei der Deutschen Post AG, so ist dies eher ein Zeichen für eine Überbewertung der Aktie. Das spricht gegen einen Kauf zum jetzigen Zeitpunkt.

Was aber, wenn ein Unternehmen, wie es gerade bei jungen Unternehmen der Fall ist, noch gar keine Gewinne macht? Dann hilft uns die nächste Kennzahl weiter.

4. Kurs-Cashflow-Verhältnis (KCV)

Vor allem im angelsächsischen Raum hat sich das KCV als Bewertungsmaßstab durchgesetzt. Der Cashflow ist wie der Umsatz oder der Gewinn eine betriebswirtschaftliche Größe. Man versteht darunter den Überschuss der Betriebseinnahmen über die Betriebsausgaben innerhalb einer Geschäftsperiode, wobei Abschreibungen und Rückstellungen noch nicht abgezogen sind. Der deutsche Ausdruck lautet »ordentliches Betriebsergebnis«.

Der Cashflow ist demnach der gesamte »Geldfluss« eines Unternehmens innerhalb einer bestimmten Zeit. Gerade im internationalen Vergleich ist diese Größe interessant, da die Abschreibungsmethoden sich von Land zu Land unterscheiden und so das KGV oft wenig aussagefähig ist. Hier hilft das Kurs-Cashflow-Verhältnis, KCV. Betrachten wir wieder unsere Unternehmen, so finden wir:

Das KCV der drei Unternehmen:

Linde AG	10,05
Deutsche Post AG	4,52
Allianz AG	3,15

Generell können wir sagen: Je höher der Cashflow, also je mehr flüssige Mittel das Unternehmen hat, desto besser. Für das Kurs-Cashflow-Verhältnis bedeutet dies: Je kleiner, desto besser. Hier hat in unserem Unternehmensvergleich der große Versicherungskonzern ganz klar die Nase vorn.

5. Die Dividendenrendite

Neben den Kurssteigerungen sind die Ausschüttungen der Aktiengesellschaft, die Dividenden, für Aktionärinnen interessant. Jeweils in der Hauptversammlung wird über die Gewinnverwendung beschlossen und damit auch darüber, wie hoch die auszuschüttende Dividende ist.

Jedoch ist eines klar: Das Geld, welches das Unternehmen an die Aktionäre ausschüttet, kann im Unternehmen nicht mehr arbeiten. Darum schütten vor allem junge Unternehmen und solche in dynamischen Wachstumsbranchen oft gar keine Dividende aus, sondern investieren den gesamten Gewinn wieder in das Unternehmen selbst.

In unserem Beispiel der Linde AG wird für 2001 eine Dividende von 1,35 Euro erwartet. Die Dividendenrendite, das Verhältnis der Dividende zum Aktienkurs, beträgt also (1,35 : 50,83 x 100 =) 2,66 Prozent.

Falls Sie als Aktionärin an einer hohen jährlichen Ausschüttung interessiert sind, ist die Höhe der Dividendenrendite für Sie wichtig. Für die meisten Börsianerinnen ist sie allerdings eher nebensächlich.

Nun haben Sie eine ganze Menge über Wirtschaft, Branchen und Unternehmen erfahren. Jetzt wird es Zeit, von der Theorie zur Praxis überzugehen. In der folgenden Checkliste haben wir für Sie die Kriterien, nach denen die Dagobertas Aktien auswählen, nochmals zusammengestellt.

Check 8: Die richtige Aktie für Sie

Fundamentalanalyse: Drei mal fünf – Ihr Weg zum Erfolg!

Was wir gelernt haben, wenden wir nun an. Globalanalyse und Branchenanalyse machen Sie zu jedem Zeitpunkt nur einmal. Die Unternehmensanalyse (nächste Seite) natürlich für jedes Unternehmen extra.

Globalanalyse – die fünf Grundsatzfragen

Tragen Sie hinter dem Stichwort den jeweils aktuellen Wert ein. Sowie einen Pfeil (rauf, runter oder seitwärts) für den Trend. Bitte bewerten Sie den Trend mit Plus oder Minus in Bezug auf Ihre Aktien:

	Trendpfeil	Bewertung
1. Zinsen und Zinstrend		
Durchschnittsrendite		
30 J. US-Staatsanleihen:	....	
Umlaufrendite dt. Anleihen:	....	
2. Wechselkurs US-Dollar/Euro:	....	
3. Goldpreis:	....	
4. Dow-Jones-Index:	....	
5. DAX:	....	

Branchenanalyse – die fünf Zukunftsbranchen

Das sind die Dagoberta-Zukunftsbranchen: Gesundheit/Pharma/Biotechnologie; Freizeit und Medien; Banken/Finanzdienstleistungen; Konsum; Technologie und Telekommunikation. Welches sind Ihre Zukunftsbranchen?

1. _____

2. _____

3. _____

4. _____

5. _____

Unternehmensanalyse – die fünf Kennzahlen

Bitte kopieren Sie dieses Blatt und verwenden Sie für jedes Unternehmen eine frische Kopie.

1. Unternehmensprofil

Bitte beantworten Sie zunächst die vier Fragen mit Ja oder Nein:

A. Überzeugendes Produktprogramm? ....
B. Bekannter Markenname? Bekannte Firma? ....
C. Branchenrang – unter den ersten fünf? ....
D. Positive Umsatzentwicklung zu erwarten? ....

Haben Sie mindestens drei Fragen mit Ja beantwortet?

2. Gewinnwachstum ....
3. Kurs-Gewinn-Verhältnis ....
4. Kurs-Cashflow-Verhältnis ....
5. Dividendenrendite ....

Und: Falls Sie sich entscheiden, diese Aktie zu kaufen, schreiben Sie bitte auf, wann und warum Sie diese Aktie gekauft haben:

_____

_____

_____

_____

Sie denken, das brauchen Sie nun aber wirklich nicht? Wir sind sicher, es wird die Zeit kommen, in der die Kurse nicht in die von Ihnen erwartete Richtung gehen werden. Dann werden Sie unsicher sein, ob Sie diese Aktie noch behalten möchten. Sie werden sich nur noch schlecht an die Gründe erinnern können, die Sie zum Kauf veranlasst haben.

In diesem Fall ist es ganz gut, wenn Sie nachlesen können, warum Sie diese Aktie gekauft haben. Dann sollten Sie die Kriterien nochmals Punkt für Punkt durchgehen und überlegen, ob sich an den Daten etwas geändert hat, das Sie veranlassen sollte, diese Aktie zu verkaufen. Wenn nicht, dann nicht!

Vielleicht sind Sie auch bei der Informationsbeschaffung für diese Checkliste ins Schwitzen gekommen und denken jetzt: Ist denn das ganze Unterfangen notwendig? Sie haben doch einen Banker, der Ihnen Tipps gibt, welche Aktien Sie kaufen sollen.

Dann vergegenwärtigen Sie sich folgendes: Jeder Mensch, und damit auch Ihr Banker, handelt aus Eigeninteresse, sei es für sich selbst oder für die Bank, für die er arbeitet. Das heißt: Er handelt nicht unbedingt in Ihrem Interesse. Und er hat seine eigenen Gründe, warum er Ihnen genau die Aktien empfiehlt, die er empfiehlt.

André Kostolany, ein Mann mit 70 Jahren Börsenerfahrung, meint dazu: »Folgen Sie unter keinen Umständen den Tipps der Banken. Das ist genau so wie in meinem Stammbistro: Wenn mir der Wirt ›Boeuf à la mode‹ empfiehlt, weil er noch fünf Portionen in der Küche stehen hat und loswerden will, so bestelle ich justament dieses Gericht nicht.«[6]

Dasselbe gilt im Prinzip für all die Analysten, Börsengurus und Fachleute: Lesen Sie die Meinungen von zehn Analysten, und Sie erhalten elf Meinungen.

Warum das so ist und wie Sie mit all diesen Informationen umgehen sollten, das erfahren Sie im Anschluss.

Zwischen Gier und Panik

Ein wenig Börsen-Psychologie. Und zehn Gebote für Dagobertas.

Versetzen wir uns noch einmal zurück in den heißen Börsenwinter 1999/2000. Was ließ damals die Aktienkurse in kurzer Zeit explodieren? Betrachten wir einen der damaligen Shootingstars, die Aktie des amerikanischen Internetportals Yahoo (Abbildung 1).

Die Börsenbewertung war fern jeder rationalen Begründung. Aber der Kurs stieg weiter. Fundamentale Bewertungen spielten an der Börse keine Rolle mehr. Was ließ die Kurse so stark steigen?

Aktienkurse sind das Ergebnis von Angebot und Nachfrage nach einer Aktie. Und die Nachfrage stieg von Tag zu Tag. Der Kurs stieg mit. Es muss also etwas geben, was wir bisher nicht berücksichtigt haben. Etwas, das einen äußerst starken Einfluss auf die BörsianerInnen und somit auf die Nachfrage nach Aktien hat.

Was beeinflusst das Verhalten der Marktteilnehmer?

Wenn es nicht die Fundamentaldaten der Wirtschaft und des Unternehmens sind, was ist es dann? »Langfristig werden die Fundamentaldaten und damit die Logik triumphieren. Aber kurzfristig machen die emotionalen Reaktionen des Publikums immer wieder einen Strich durch die Rechnung.

Die Börse besteht zu 90 Prozent aus Psychologie«, sagte schon André Kostolany.[7] Psychologie? Bisher wähnten wir uns in einer Welt der Berechnungen und rationalen Beurteilungen. Und nun ist das nur ein Teil der Geschichte?

In der Tat: Die Börse ist ein Ort, an dem viele Menschen zusammentreffen; sie ist eine soziale Veranstaltung. Die AnlegerInnen treffen ihre Entscheidungen nicht im luftleeren Raum, sondern sie sind in ein komplexes Beziehungsgeflecht eingebunden. Emotionale und soziale Einflussfaktoren bestimmen ihr Handeln, und ihr Verhalten ist somit meist wenig rational.

Mit diesem irrationalen Anlegerverhalten beschäftigt sich die »Behavioral Finance«, übersetzt etwa: verhaltenswissenschaftliche Finanztheorie. Sie liefert interessante Erklärungen für das Auf und Ab an den Börsen aus psychologischer Sicht.

Abb. 1: Drei-Jahres-Chart Yahoo! Inc.

Der eingeschränkt rationale Anleger

Menschen verhalten sich nur eingeschränkt rational, sowohl im täglichen Leben als auch an der Börse. Sie neigen

1. zur selektiven Wahrnehmung

Diejenigen Informationen, die in Übereinstimmung sind mit bereits vorhandenen Meinungen und Überzeugungen, werden verstärkt wahrgenommen. Wenn wir der Meinung sind, dass Yahoo weiter steigen wird, werden wir Berichte, die dies bestätigen, eher wahrnehmen als solche, die diese Meinung in Frage stellen.

2. zum Überoptimismus

Insbesondere dann, wenn ein bestimmtes Ereignis von uns sehr erwünscht ist, wie zum Beispiel das weitere Ansteigen des Aktienkurses einer Aktie, die wir im Portfolio haben. Dies führt oft zu einer verzögerten Wahrnehmung von Risiken.

3. zur Kontroll-Illusion
Im Verlauf länger anhaltender Erfolgserlebnisse glauben Menschen, dass die Erfolge der Vergangenheit allein auf eigenem Zutun beruhen und somit in der Zukunft beliebig oft wiederholbar sind. Dies führt mit der Zeit zu einer abnehmenden Wahrnehmung der Risiken.

4. zur Homogenisierung
Menschen neigen dazu, ihre Meinung mit den Meinungen anderer Menschen abzugleichen und sich am Verhalten anderer Anleger zu orientieren. Menschen glauben an Experten; Meinungen von »Fachleuten« werden oft viel zu unkritisch übernommen.

5. zur Vereinfachung
Menschen suchen einfache Erklärungsmuster und reduzieren die Komplexität eines Sachverhalts so lange, bis sie damit umgehen können.

Um zu verstehen, welchen Einfluss diese Verhaltensmuster auf die Aktienkurse haben, wollen wir nun den Börsenzyklus um die »psychologische Komponente« erweitern.

Cisco – zwei bewegte Jahre
Der Verlauf des Aktienkurses des Unternehmens Cisco (Abbildung 2) kann uns als Beispiel dienen.

MÄRZ 1999: Das Unternehmen ist führend in der Herstellung von Netzwerkverbindungen. Die Nachfrage nach den Produkten ist überdurchschnittlich, ebenso das Gewinnwachstum. Die Aktie hat den Einbruch im Oktober 1998 innerhalb eines Monats wieder ausgeglichen, und die Kurse steigen wieder. Immer mehr InvestorInnen sind von dem Unternehmen überzeugt, was zu einer anhaltenden Nachfrage führt. Der Kurs steigt weiter.
    DEZEMBER 1999: Der Aufwärtstrend erfährt seit Oktober eine Beschleunigung. Immer mehr AnlegerInnen, Menschen, die vorher noch nie in Aktien investiert haben, kaufen Aktien. Kostolany nennt sie »die Zittrigen«, besser ist vielleicht der Ausdruck »die Naiven«. Die Berichterstattung in den Medien ist äußerst positiv. Die neuen »AktionärInnen« wie-

Abb. 2: Drei-Jahres-Chart Cisco Systems Inc.

gen sich in kollektiver Sicherheit, denn: was so viele tun, kann nicht falsch sein.

»Wenn eine Meinung oft genug und einstimmig wiederholt wurde, (...) so bildet sich das, was man eine geistige Strömung nennt, und der mächtige Mechanismus der Ansteckung kommt dazu. Unter den Massen übertragen sich Ideen, Gefühle, Erregungen, Glaubenslehren mit ebenso starker Ansteckungskraft wie Mikroben«, erkannte Gustave Le Bon schon 1911.[8]

JANUAR 2000: Die AnlegerInnen werden bestätigt durch immer weiter steigende Kurse, denn die »soziale Infektion« bewirkt, dass immer mehr Aktien gekauft werden. Diese lang anhaltende Phase steigender Kurse erzeugt die Kontroll-Illusion. Die Aktien steigen, die InvestorInnen fühlen sich in ihrer richtigen Anlageentscheidung bestätigt.

Menschen, die noch keine Aktien besitzen, bekommen Angst, die Chance ihres Lebens zu verpassen, und suchen nun auch ihr Glück am

Aktienmarkt. Die Stimmung wird überoptimistisch bis euphorisch. Und »der Überschwang der Gefühle (...) wird noch dadurch verstärkt, dass er sich sehr rasch ausbreitet und dass die Anerkennung, die er erfährt, seinen Spannungsgrad erheblich steigert. Die Einseitigkeit und Überschwenglichkeit der Gefühle der Massen bewahren sie vor Zweifel und Ungewissheit.«[9]

Die AnlegerInnen sind euphorisch gestimmt, negative Nachrichten werden verdrängt. Nur solche Nachrichten werden wahrgenommen, die ihre Ansicht unterstützen, dass die Aktienkurse weiter steigen werden.

FEBRUAR 2000: Die Gier nach schnellem Reichtum bestimmt das Anlegerverhalten. Das Stimmungsbild ist geprägt von positiver Konditionierung (man redet sich die Welt schön), selektiver Wahrnehmung (man sieht nur, was ins Bild passt), Überoptimismus (»Es kann nur aufwärts gehen.«) und Kontroll-Illusion (»Wusste ich's doch: Ich bin der geborene Aktienexperte.«).

Das Bewertungsniveau ist jenseits der wirtschaftlichen Realität. Denn die wirtschaftlichen Rahmendaten haben sich verschlechtert. Risikofaktoren, wie die Erhöhung der Zinsen, werden nicht wahrgenommen. Die Menschen wiegen sich in der Illusion, dass »diesmal alles anders ist« als sonst: Die ehernen Gesetze der Börse scheinen nicht mehr zu gelten.

Manche Profis ziehen sich jetzt zurück. Aber »naive« Investoren kaufen. Eine labile Situation entsteht.

MÄRZ 2000: Die Korrektur beginnt. Die veränderte Realität kann nun auch von der Mehrheit der Marktteilnehmer nicht mehr ignoriert werden. Der Abwärtstrend ist eingeleitet. Viele Marktteilnehmer, die erst Anfang 2000 gekauft haben, wollen die Wende nicht wahrhaben.

Die Situation entzieht sich ihrer Kontrolle. Sie verhalten sich zunächst passiv. Die fehlerhafte Entscheidung wird verdrängt. Es wird abgewartet und gehofft, dass sich das Problem von selbst löst. Die Neueinsteiger hoffen auf eine baldige Erholung des Kurses.

MAI 2000: Die erwartete Erholung tritt ein. »Also war es doch nur eine heftige Korrektur im intakten Aufwärtstrend«, sagen sich die Optimisten. »Wir haben es doch gleich gewusst.«

JULI 2000: Der Kurs stabilisiert sich. Bald geht es sicher wieder aufwärts. »Jetzt sollte man nachkaufen«, lautet die Devise.

JANUAR 2001: Zuerst Unsicherheit, dann Angst und zum Jahresende Panik. Am Abwärtstrend besteht kein Zweifel mehr. »Raus aus den Aktien!«, rufen die »Zittrigen«. Das Ergebnis: Aus ehemaligen Optimisten werden Pessimisten. Sie verkaufen – der Aktienkurs sinkt weiter.

APRIL 2001: Der Aktienkurs von Cisco ist seit März 2000 von 80 Euro auf 15 Euro gefallen. Mancher, der sich vor einem Jahr noch reich wähnte und lauthals verkündete, wie einfach es doch sei, an der Börse ein Vermögen zu machen, ist jetzt verdächtig still.

Und Cisco? Cisco hat im letzten Jahr seinen Umsatz um 55 Prozent gesteigert. Die Firma hat heute ein Kurs-Gewinn-Verhältnis von 49,9, ist immer noch Weltmarktführer für Netzwerktechnik. Nüchtern kalkulierende AnlegerInnen steigen langsam wieder ein. Denn Cisco ist heute billig, viel billiger, als es im letzten Jahr jemals war.

Wenn alle »Zittrigen« ihre Aktien verkauft haben, ist die Basis für den nächsten Aufschwung gelegt. Dann beginnt das Spiel von vorn.

Und wann wird das sein?

Wenn wir das wüssten, dann gäbe es keine Börse. »Es gibt keine Methoden zur Berechnung, wann eine Wende kommt«, sagt André Kostolany. »Diese Einschätzung muss man selbst vornehmen aufgrund der Erfahrungen und der Symptome.« Und weiter: »Wir sind alle in einem dunklen Raum, aber gewiss wird sich jener, der sich schon seit Jahrzehnten im diesem Zimmer aufhält, besser zurechtfinden als einer, der erst vor kurzem eingetreten ist.«[10]

Wir sind gerade dabei, uns in diesem Raum voranzutasten. Und die technische Analyse kann uns dabei etwas helfen.

Technische Analyse

Was ist das nun wieder? »Technische Analyse ist das Studium von Marktbewegungen, in erster Linie durch den Einsatz von Charts, um zukünftige Kurstrends vorherzusagen.« So lautet die Definition von John Murphy, der weltweit wohl als der bekannteste technische Analyst zu gelten hat. »Der Techniker glaubt, dass alles, was möglicherweise die Kurse beeinflussen kann – fundamental, politisch, psychologisch oder sonst wie – durch den Marktpreis aktuell widergespiegelt wird.«[11]

Allerdings ist die technische Analyse keine Erfindung der letzten Jahre. Nein, die Grundlagen gehen zurück auf einen Herrn, den wir bereits kennen: Charles Henry Dow. Der Wirtschaftsjournalist zog aus der Beschäftigung mit der Entwicklung des von ihm entwickelten Dow-Jones-Index sechs Schlussfolgerungen, die die Grundlagen der technischen Analyse bilden:

1. In einem Aktienkurs sind alle am Markt verfügbaren Informationen enthalten.
2. Die Geschichte wiederholt sich. Die Kursverläufe bilden immer wieder die gleichen Muster.
3. Die Bewegungen an der Börse werden von drei Trends bestimmt.
4. In einem Aufwärtstrend liegen die Tiefstpunkte immer über den vorhergehenden Tiefs.
5. Das Handelsvolumen muss den Trend bestätigen.
6. Ein Trend besteht so lange, bis er sich umkehrt.

Aufbauend auf Dow, gehen technische AnalystInnen heute von folgenden Überlegungen aus:

♦ Der Kurswert einer Aktie wird ausschließlich von Angebot und Nachfrage bestimmt
♦ Die Kursbewegungen sind Ausdruck des Verhaltens der Menschen. Menschliches Verhalten ändert sich, wenn überhaupt, nur sehr langsam.
♦ Menschen reagieren auf gleichartige Marktsituationen, zum Beispiel auf eine Hausse, immer gleich. Somit ergeben sich typische Kursbewegungen.

Die technische Analyse sieht die Kursverläufe demnach als ein Ergebnis menschlichen Verhaltens:

Börsenpsychologie in Kurvenform

Schauen wir uns die Kursverläufe einmal etwas genauer an. Die Abbildungen der Kurse im Zeitverlauf bezeichnet man, wie schon erwähnt, als Charts. Am bekanntesten und gebräuchlichsten ist der LINIENCHART (Abbildung 3).

Die aufeinander folgenden Kurse werden mit einer Linie verbunden. In der Abbildung sind die Tagesschlusskurse von Microsoft in einem Linienchart über ein Jahr hinweg dargestellt. Wir sehen auf einen Blick, in welche Richtung die Entwicklung geht.

Wollen wir Näheres über das Börsengeschehen wissen, ist der BALKEN-CHART (Abbildung 4) besser geeignet. Die einzelnen senkrechten Balken zeigen die Kursspannweite innerhalb eines Zeitraums, hier innerhalb

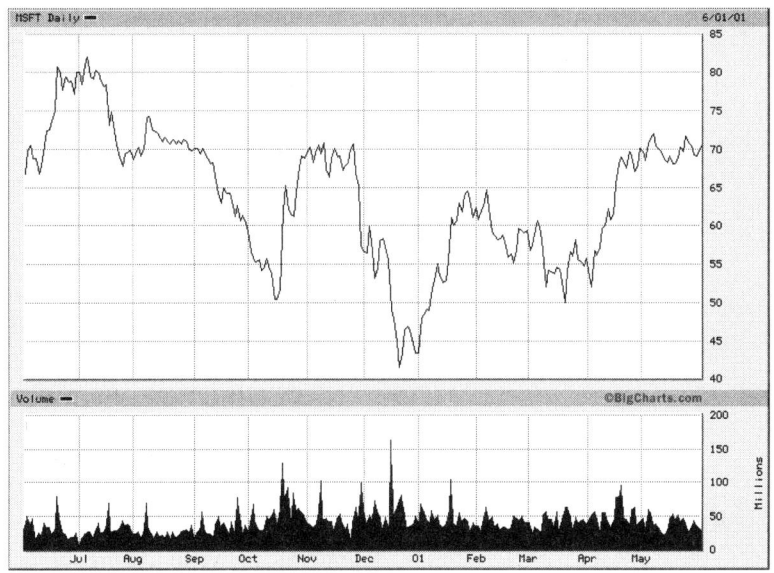

Abb. 3: Linienchart Microsoft Corp.

Abb. 4: Balkenchart Microsoft Corp.

Abb. 5: Kerzenchart Microsoft Corp.

einer Woche. Die kleinen Striche links des Balkens zeigen den Eröffnungskurs, die kleinen Striche rechts des Balkens die Schlusskurse. Wir
erkennen also auf einen Blick, wann der Kurs besonders stark schwank-
te (langer Balken) und wann nicht.

Noch bessere Aussagen auf einen Blick geben die japanischen KERZEN-
CHARTS. Wie in Abbildung 5 zu sehen ist, bilden Eröffnungs- und
Schlusskurs den Kerzenkörper; Höchst- und Tiefstkurse werden durch
den Docht (oben) und die Lunte (unten) angezeigt. Liegt der Schlusskurs
über dem Eröffnungskurs, so wird eine helle Kerze gezeichnet, liegt er
darunter, ist die Kerze dunkel. Genial, nicht?

Beachten Sie die Darstellung!
Je nach Interesse können wir Charts für kurze Zeiträume zeichnen (oder
uns auf den Börsenseiten im Internet anzeigen lassen), zum Beispiel
Tagescharts, um die Bewegungen einer Aktie innerhalb eines Tages zu
sehen, oder lange Charts über viele Jahre. Gerade bei sehr langen Zeiträumen sollte man die Darstellung des Charts beachten:

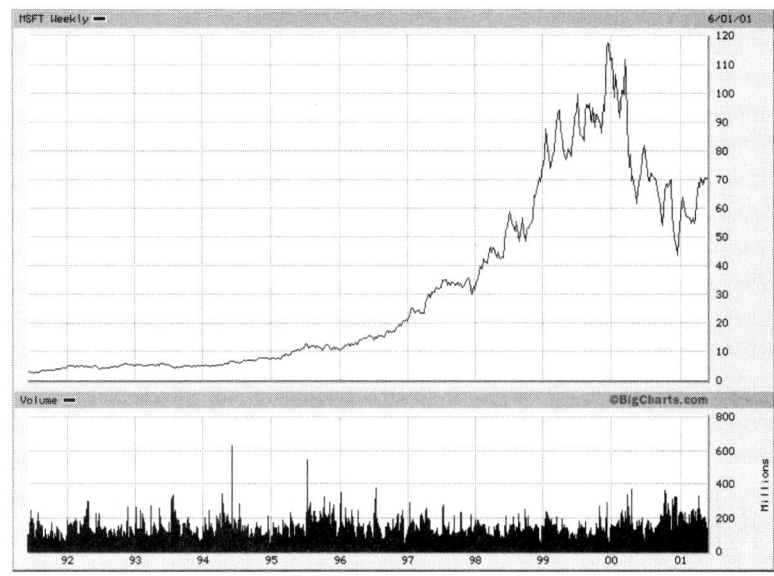

Abb. 6: Zehn-Jahres-Chart Microsoft Corp. arithmetisch

Arithmetische Darstellung
Abbildung 6 zeigt den Chart von Microsoft über zehn Jahre hinweg. Auf den ersten Blick entsteht der Eindruck, als ob sich die Aktie in den ersten fünf Jahren fast nicht bewegt hat, erst seit 1996 geht es aufwärts. Dieser Eindruck täuscht!

Logarithmische Darstellung
Abbildung 7 zeigt die gleiche Aktie, den gleichen Zeitraum, aber in einer anderen Darstellung. Die Darstellung in Abbildung 6 ist arithmetisch, das heißt: die Abstände zwischen den Werten auf der Kursskala sind gleich groß. Der Abstand zwischen 15 und 30 Euro ist genauso groß wie der Abstand zwischen 60 und 75 Euro. Der Wertzuwachs ist jedoch sehr unterschiedlich: Von 15 auf 30 Euro haben wir eine Verdoppelung des Kurses, von 60 auf 75 Euro lediglich einen Zuwachs von 25 Prozent.

Um lange Zeiträume darzustellen, ist demnach die zweite Darstellung, die logarithmische, viel besser geeignet: Hier sind die prozentualen Veränderungen der Kurse dargestellt. Der Abstand zwischen 7,5 Euro und 15 Euro ist genauso groß wie der Abstand zwischen 15 und 30 Euro oder

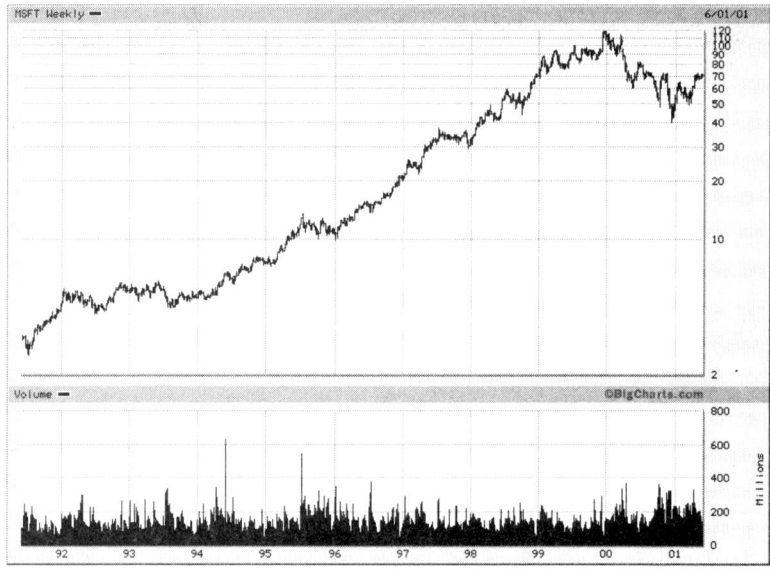

Abb. 7: Zehn-Jahres-Chart Microsoft Corp. logarithmisch

der Abstand zwischen 30 und 60 Euro; denn es handelt sich jeweils um eine Verdoppelung des Kurses.

Der zweite Chart sieht weit weniger dramatisch aus und gibt die Entwicklung auch viel besser wieder, denn wir sind ja an prozentualen Wertsteigerungen und nicht an absoluten interessiert.

Aktienkurse bewegen sich gewöhnlich in Trends.

Das ist die wichtigste Aussage von Charles Dow und die Grundlage der Chartanalyse. Ziele der Chartanalyse sind demnach:

- ◆ Die gegenwärtigen Trends erkennen,
- ◆ Trendänderungen möglichst früh erkennen,
- ◆ zukünftige Trends möglichst richtig prognostizieren.

Um diese Ziele zu erreichen, wurde ein sehr differenziertes Instrumentarium an Indikatoren und Oszillatoren entwickelt, welches in seinen Einzelheiten hier nicht diskutiert werden soll.

Dagobertas sind eher langfristig orientiert. Entsprechend betrachten wir hauptsächlich die langfristigen Trends unserer Aktien. Diese kön-

216

AMERICAN EXPRESS CO. SHARES DL -,20 | EUR

72.00 (12.09.00) 274% Schwankung

Jul Okt 99 Apr Jul Okt 00 Apr Jul 01 Apr | 70 65 60 55 50 45 40 35 30 25 20

19.26 (08.10.98) 731 Werte

— Kursverlauf

letzter Kurs vom 01.06.01

Stückvolumen   — Steigende Kurse   — Fallende Kurse

6T

© 2001 IS Innovative Software AG

Abb. 8: Drei-Jahres-Chart American Express Co.

nen uns Anhaltspunkte für den Einstieg oder eventuell auch für den Ausstieg geben.

Trends, Trendlinien, Trendkanäle

Betrachten wir den Chart von American Express (Abbildung 8): Von Oktober 1998 an befand sich die Aktie in einem Aufwärtstrend. Die 4. Regel von Charles Dow ist erfüllt: Jeder Tiefpunkt der Kursbewegung ist höher als der vorhergehende. Ende 2000 wurde dieser Trend gebrochen: ein steiler Abwärtstrend folgte.

Beim folgenden Chart von DaimlerChrysler (Abbildung 9) ist es genau umgekehrt: Die Aktie befand sich von April 1999 an in einem Abwärtstrend: Jeder Höchstpunkt war niedriger als der vorhergehende. Anfang 2001 wurde dieser Trend nach oben durchbrochen.

Um eine Trendlinie zu zeichnen, verbinden Sie in einem Aufwärtstrend die verschiedenen Tiefpunkte miteinander, in einem Abwärtstrend

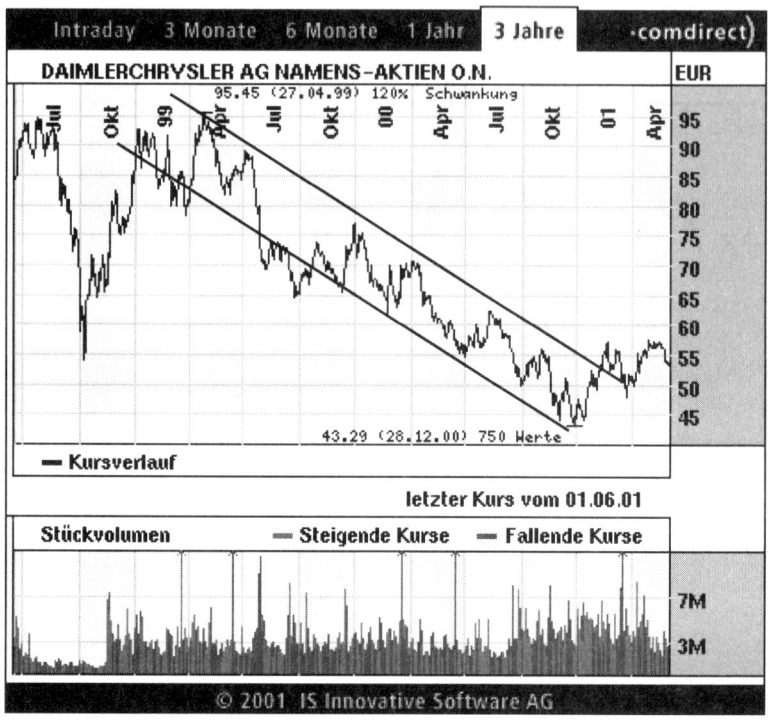

DAIMLERCHRYSLER AG NAMENS-AKTIEN O.N.   EUR

95.45 (27.04.99) 120% Schwankung

Jul Okt 99 Apr Jul Okt 00 Apr Jul Okt 01 Apr   95
                                                          90
                                                          85
                                                          80
                                                          75
                                                          70
                                                          65
                                                          60
                                                          55
                                                          50
                                                          45

43.29 (28.12.00) 750 Werte

— Kursverlauf

letzter Kurs vom 01.06.01

Stückvolumen   ▬ Steigende Kurse   ▬ Fallende Kurse

                                                          7M

                                                          3M

© 2001 IS Innovative Software AG

Abb. 9: Drei-Jahres-Chart DaimlerChrysler AG

die Hochpunkte. Zeichnen Sie eine Parallele dazu oberhalb der Höchst-kurse oder entsprechend unterhalb der Tiefkurse, so haben Sie einen Trendkanal, in welchem sich die Kurse bewegen.

Als ob sie an der Linie immer wieder zurückgepfiffen würden, drehen die Kurse an der Linie um, solange der Trend besteht. Ein Trend besteht so lange, bis er bricht, das heißt: bis er den Trendkanal verlässt und das nächste Hoch niedriger ist als das vorhergehende.

Und hier achten die technischen Analysten auf eine weitere Größe, auf das Handelsvolumen. Es ist in der unteren Grafik dargestellt. Die Regel besagt: Das Volumen sollte mit dem Trend gehen.

Technische Analyse in der Praxis

Wie können nun diese Erkenntnisse unsere Ergebnisse der Fundamen-talanalyse unterstützen? Betrachten wir American Express: Solange sich eine Aktie in einem Aufwärtstrend befindet, so lange besteht kein Grund,

Abb. 10: Ein-Jahres-Chart American Express Co.

sich von ihr zu trennen. Falls sie den Trend verlässt, signifikant verlässt, ist dies ein Alarmzeichen. Wie wir in Abbildung 10 sehen, ist American Express in einen Abwärtstrend übergegangen.

Genau umgekehrt verhält es sich mit DaimlerChrysler (Abbildung 11): Solange sich eine Aktie in einem Abwärtstrend befindet, besteht kein Anlass, sie zu kaufen. Die Amerikaner sagen: »Never catch a falling knife« – greife nie in ein fallendes Messer! Erst wenn die Aktie den Abwärtstrend verlässt, kann das ein Kaufanzeichen sein. Jedenfalls dann, wenn es unsere fundamentalen Daten untermauert.
Betrachten wir den Chart in einem kürzeren Zeitraum, hier ist es ein Jahr, so könnten sich erste Anzeichen für einen Aufwärtstrend ergeben: Zwei Tiefpunkte, die die oben genannte Regel befolgen. Und: Die obere Linie des Abwärtstrends bildet eine Unterstützung. Was ist das nun wieder?

Abb. 11: Ein-Jahres-Chart DaimlerChrysler AG

Unterstützung und Widerstand

Erreicht ein Kurs mehrmals eine imaginäre Linie und dreht dort wieder
ab, so spricht man von einem Widerstand, im umgekehrten Fall von einer Unterstützung. Der Chart der Allianz (Abbildung 12) zeigt, dass das
eine auch zum anderen werden kann.

Umkehrformationen

Verschiedene Chartformationen zeigen an, dass sich der Trend umkehrt.
Allen ist gemeinsam, dass ein früheres Hoch nicht mehr übertroffen
wird, das nächste Hoch also niedriger liegt oder gleich hoch.

Das erstgenannte Phänomen sieht man bei der sogenannten »Kopf-
Schulter-Formation« im Chart von Royal Dutch (Abbildung 13), das zweite beim »Doppeltop« im Chart von Yahoo (Abbildung 1).

ALLIANZ AG O.N.   EUR

441.16 (04.04.00) 104% Schwankung

Jul Okt 99 Apr Jul Okt 00 Apr Jul Okt 01 Apr

450
425
400
375
350
325
300
275
250
225

216.58 (09.10.98) 750 Werte

— Kursverlauf

 ⎯ 38–Tage Durchschnitt   letzter Kurs vom 13.07.01

Stückvolumen   — Steigende Kurse   — Fallende Kurse

2500T
1500T

© 2001 IS Innovative Software AG

Abb. 12: Drei-Jahres-Chart Allianz AG

Neben der Analyse der aktuellen Trends haben die technischen Analysten Indikatoren entwickelt, die Aussagen über die Richtung eines Trends
geben sollen. Zu diesen sogenannten »Trendfolgeindikatoren« gehören
als wichtigste Gruppe die »gleitenden Durchschnitte«. Sie geben den
Durchschnitt der Kurse der letzten 10, 38, 100 oder 200 Tage an, je nach
Lust und Laune. Ein steigender gleitender Durchschnitt zeigt einen Aufwärtstrend an, ein waagerecht verlaufender einen Seitwärtstrend (gleich-
bleibende Kurse) und ein abwärts verlaufender einen Abwärtstrend. Wird
der gleitende Durchschnitt, wie zum Beispiel in Abbildung 11 vom Chart
von oben nach unten durchschnitten, ist dies in der Regel kein gutes
Zeichen.

Wir wollen es bei diesem kurzen Ausflug in die Welt der technischen
Analyse bewenden lassen. Denn: Charttechnik ist keine Wissenschaft,
und Sie sollten die Möglichkeiten der charttechnischen Analyse nicht
überschätzen. Am besten verbinden Sie die Charttechnik immer mit der

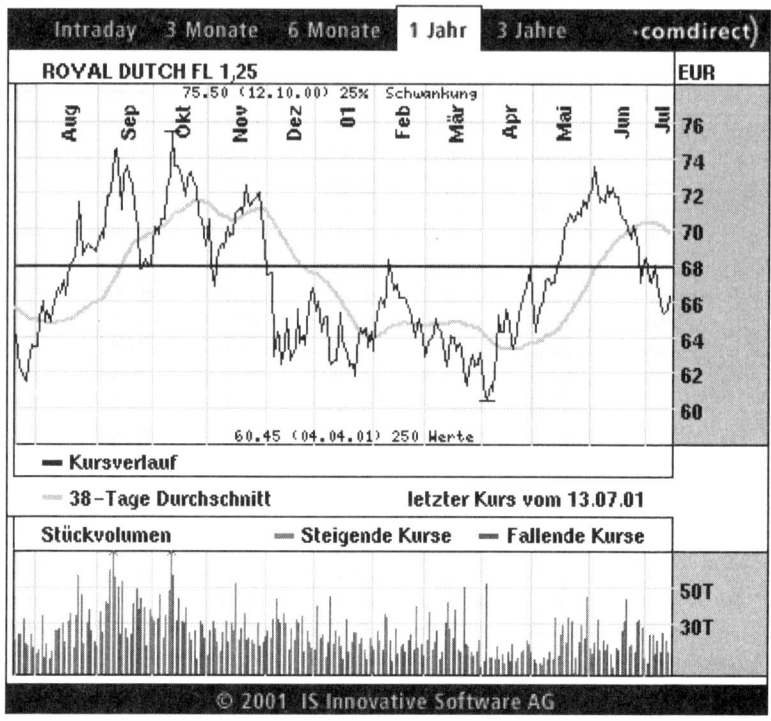

Abb. 13: Ein-Jahres-Chart Royal Dutch

fundamentalen Untersuchung. Haben Sie, gestützt auf fundamentale Daten, eine interessante Aktie gefunden, dann können Sie versuchen, mit Hilfe der Charttechnik den optimalen Zeitpunkt für Kauf oder später auch Verkauf zu ermitteln.

Verluste begrenzen

Und die Charttechnik kann Ihnen helfen, Verluste zu begrenzen. Wie das? Am Chart von DaimlerChrysler wollen wir das erläutern:

Sie liebäugeln schon länger mit dieser Aktie, haben sich über das Unternehmen informiert, kennen die fundamentalen Daten, sind sich der Tatsache bewusst, dass die Nachfrage nach Automobilen konjunkturabhängig ist. Und Sie suchen einen günstigen Einstiegszeitpunkt.

Im Januar durchschneidet der Kurs die 38-Tage-Linie – ein positives Zeichen. Wenig später durchbricht er den Abwärtstrendkanal.

Sie sind nicht sicher: Ist es die endgültige Trendwende? Oder nur ein kurzes Verlassen des Trendkanals? Aber Sie kaufen.

Um nun gegen ein Zurückfallen des Kurses gewappnet zu sein, kann Ihnen eine sogenannte »Stop-Loss-Order« helfen, zu deutsch: ein Verlustbegrenzungsauftrag. Sie erteilen Ihrer Bank den Auftrag, die Aktie zu verkaufen, wenn sie einen bestimmten Kurs unterschreitet.

Angenommen, Sie haben die Aktie zum Kurs von 53 Euro gekauft. Dann setzen Sie vielleicht ihr Stop-Loss bei 47,70 Euro, zehn Prozent unter dem Kaufkurs. In dem Moment, in dem der Kurs auf 47,70 Euro fällt, verwandelt sich die Stop-Loss-Order automatisch in einen Verkaufsauftrag. Die Aktien werden zum nächsten ermittelten Kurs verkauft. Dieser kann beispielsweise bei 47 Euro liegen. Sie haben dann zwar 11 Prozent Ihres eingesetzten Kapitals verloren. Das tut ein bisschen weh, weswegen auch Dagobertas manchmal Hemmungen haben, dieses Mittel einzusetzen. Auf der anderen Seite können Sie sicher sein, dass Sie nicht mehr verlieren, falls die Aktie noch weiter – und vielleicht ins Bodenlose – fällt. Sie haben Ihren Verlust begrenzt.

Manchmal fällt die Aktie allerdings unter die Stop-Loss-Marke und steigt dann wieder. Dann ärgern Sie sich: Denn Ihre Aktien sind verkauft. Sie müssen nun auf einen neuen günstigen Einstiegspunkt warten.

Wie eng Sie die Stop-Loss-Marke setzen, hängt zum einen von Ihrem Sicherheitsbedürfnis ab: Sind es zehn oder eher 20 Prozent unter dem Kaufkurs, die Sie riskieren wollen? Und zum anderen sollten Sie einen Blick auf den Chart werfen. Finden sich Unterstützungslinien, die Ihnen bei Ihrer Entscheidung helfen können?

Gewinne sichern, Pausen überbrücken

Entwickelt sich die Aktie in Ihrem Sinne, steigt also, so können Sie natürlich den Stop-Loss »nachziehen«, wie man sagt. Das bedeutet: Ist Ihre für 53 Euro gekaufte DaimlerChrysler-Aktie mittlerweile auf 58 Euro geklettert, so setzen Sie den Stopp zum Beispiel bei 50 Euro neu.

Die Stop-Loss-Methode ist auch wunderbar geeignet für eventuelle längere Urlaube, in denen Sie sich nicht täglich mit Ihren Aktien beschäftigen möchten. Sie legen vor Ihrem Urlaub einen Stop-Loss-Kurs fest und überlassen das Aufpassen Ihrer Bank. Sollte der Jahrhundertcrash nun ausgerechnet in Ihren Urlaub fallen, ist für Sie der Absturz abgefedert.

Der optimale Zeitpunkt

An der Börse gibt es nur drei Möglichkeiten zu handeln: Kaufen, Verkaufen und Abwarten. Für Ihren Aktienkauf ist natürlich der Tiefstkurs der Aktie und für den Verkauf der Höchstkurs der optimale Zeitpunkt – so einfach ist das. Nur schafft das in der Realität leider niemand. Mit den Mitteln, die wir in diesem Kapitel kennen gelernt haben, können wir aber unsere Taktik verbessern.

♦ Gerade für Anfängerinnen empfiehlt es sich, zur Verlustbegrenzung nach dem Kauf ein Stop-Loss zu setzen und dies bei steigenden Kursen nachzuziehen.

♦ In einem unsicheren Börsenumfeld kann es sinnvoll sein, den vorgesehenen Betrag nicht auf einmal, sondern in drei oder vier Teilen zu investieren, wie wir dies auch schon bei den Fonds beschrieben haben.

♦ Nach sehr starken Kursanstiegen und vor allem, wenn es sich um volatile Aktien handelt, sollten Sie zumindest über Teilverkäufe nachdenken und Ihre Gewinne einfahren, bevor die nächste Talfahrt beginnt. Generell aber sollten auch Sie sich an die alte Börsenregel halten:

Gewinne laufen lassen und Verluste begrenzen!

Gerade das Begrenzen der Verluste ist für Anfängerinnen oft eine psychologisch schwierige Angelegenheit. Sie haben die Aktie nach reiflichen Überlegungen gekauft. Und nun entwickelt sie sich nicht in die gewünschte, sondern gerade in die entgegengesetzte Richtung! Gerade, wenn Sie in stark steigenden Märkten gekauft haben und wenn es sich um eine Aktie handelt, die in der jüngeren Vergangenheit schon stark gestiegen ist, kann dieser Fall eintreten. Dann ist oft ein Ende mit Schrecken besser als ein Schrecken ohne Ende.

Auch Sie, liebe Leserin, werden an der Börse Fehler machen. Das gehört dazu. Aber Sie sollten Ihre Fehler korrigieren – und nicht der Selbstüberschätzung verfallen. Etwa indem Sie glauben, nur weil Sie diese Aktie gekauft haben, werde der Kurs schon steigen! Oder indem Sie hoffen, Ihr Sorgenkind, das zur Zeit im tiefen Keller sitzt, werde sich schneller erholen als der Rest aller Aktien. Bedenken Sie: Ein Kurs, der um 50 Prozent gefallen ist, muss um 100 Prozent steigen, um wieder auf seinem alten Wert zu sein.

Wir hoffen, unsere kleine Lektion in Sachen Börsenpsychologie hat Ihnen Spaß gemacht, und unser Ausflug in die Technische Analyse war interessant. Zum Schluss nun noch eine Zusammenfassung, und zwar in Form unserer zehn Gebote für erfolgreiche Börsianerinnen.

Zehn Gebote für Dagobertas

1. Investieren Sie nur das Geld in Aktien, welches Sie in den nächsten fünf bis sieben Jahren nicht benötigen!
2. Kaufen Sie nie Aktien auf Kredit!
3. Sammeln Sie so viele Informationen wie möglich über Ihre Aktien!
4. Streuen Sie Ihr Kapital – aber verzetteln Sie sich nicht! Zehn Aktien genügen fürs erste!
5. Investieren Sie Schritt für Schritt – Aktien sind ein langfristiges Investment!
6. Haben Sie Geduld!
7. Vertrauen Sie auf Ihren eigenen Verstand und Ihr Gefühl!
8. Glauben Sie nie blind einem heißen Tipp!
9. Begrenzen Sie Ihre Verluste!
10. Trennen Sie Geld und Liebe: Verlieben Sie sich nicht in Ihre Aktien!

Monikas Story: »Ich will im Süden überwintern.«

Monika F., 60, hat immer gearbeitet: In der DDR. Und im Westen.
Dank cleverer Geldanlagen kann sie sich nun manches leisten.

Der größte Einschnitt in meinem Leben war unsere Ausreise aus der DDR. Wir kamen Ende Februar 1989 in den Westen, ein halbes Jahr, bevor die Mauer fiel.

Bereits 1985, kurz nachdem Gorbatschow in der Sowjetunion an die Macht gekommen war, hatten mein Mann und ich den Ausreiseantrag gestellt. Und unser Sohn auch, obwohl er noch nicht 18 war. Unsere Tochter wollte dagegen in der DDR bleiben. Sie war schon verheiratet und hatte mit ihrem Mann ein Haus gebaut.

Materiell ging es uns gut in der DDR. Das war nicht unser Problem. Mein Mann ist Techniker, er hat immer gut verdient. Ich bin chemisch-technische Assistentin (CTA). Ich habe an einem großen Labor in Halle gearbeitet. Einige Jahre unterrichtete ich auch an einer Fachschule: Chemie. Damals verdiente ich 800 Mark Ost im Monat; das war ein gutes Gehalt.

Man muss bedenken, dass die Mieten niedrig waren: Für eine Wohnung mit viereinhalb Zimmern in einem Drei-Familien-Haus zahlten wir 110 Mark Miete im Monat. Teuer waren Luxusgegenstände wie elektronische Geräte. Ein Farbfernsehapparat zum Beispiel kostete 6000 Ostmark. Darauf musste man lange sparen.

Wir sind nicht des Geldes wegen in den Westen gegangen. Sondern weil wir die DDR nicht mehr ertragen konnten. Wir wollten das nicht mehr! Diese Unfreiheit. »Warum muss ich auf 1000 Quadratkilometern eingesperrt leben?«, habe ich mich oft gefragt. Ich wollte mich frei bewegen und reisen können wie die Deutschen aus dem Westen auch.

Schon als Kind habe ich das Lügengebäude durchschaut, auf dem dieses System ruhte. Wir lernten schon in der Schule, dass man manches zwar denken, aber nicht sagen darf. Dieses ewige Misstrauen in der ganzen Gesellschaft. Mein Vater hat sehr darunter zu leiden gehabt. Er war nach dem Krieg SED-Mitglied geworden – und ist nach fünf Jahren enttäuscht wieder ausgetreten.

Vielleicht am schlimmsten war das Gefühl, ein Deutscher zweiter Klasse zu sein. Dass jeder, der Westmark in der Tasche hat, mehr wert ist als ich, das hat mich schon sehr gestört! Wo man hinkam, Budapest oder Prag, überall wurden in den Lokalen die Westdeutschen hofiert, und wir aus dem Honecker-Staat wurden davongejagt. Selbst in Russland war es so – von wegen Bruderstaat!

Richtig hart wurde es für uns allerdings erst, nachdem wir den Ausreiseantrag gestellt hatten. Viereinhalb schlimme Jahre haben wir erlebt: Verhöre, Zurückweisungen, Haftandrohungen. Mein Mann wurde am Arbeitsplatz schikaniert, ich durfte nicht mehr unterrichten. Unser Sohn durfte kein Abitur machen; es hieß, seine Noten seien zu schlecht.

Unser Sohn war in seiner Haltung gegenüber der DDR sogar noch radikaler als wir. Wie oft hatte ich Angst, dass er einen Fluchtversuch unternimmt! Später hat er den Wehrdienst verweigert; darauf standen drei Jahre Gefängnis. Ein prominenter Rechtsanwalt, der uns und andere Ausreisewillige unterstützte, hat ihn knapp davor bewahrt.

Viereinhalb Jahre kämpften wir unermüdlich für unsere Ausreise, obwohl man uns keine Hoffnung machte. Ja, wir haben das System auch manchmal provoziert mit unseren ewigen Petitionen an unsere Regierung und auch an die Regierung der BRD. Man musste dranbleiben, sich in Erinnerung bringen. Aber man durfte den Bogen auch nicht überspannen. Es war eine Gratwanderung.

Im Dezember 1988 sagte uns unser Rechtsanwalt, der gute Kontakte hatte: »Sie können in einem halben Jahr mit Ihrer Ausreise rechnen.«

Im Januar 1989 kam mein Mann zu mir in das Labor, wo ich jetzt arbeitete. Ich war mitten in einer Messreihe, musste jede halbe Minute einen Messwert ablesen. »Monika, wir können weg«, sagte er. Ich murmelte nur etwas, war völlig vertieft in meine Arbeit. Da sagte er es noch einmal lauter: »Wir können weg. Ich habe die Genehmigung gekriegt!«

Da habe ich alle Geräte ausgemacht. Bin zum Chef, habe ihn angestrahlt: »Das ist mein letzter Arbeitstag.« Er hat mir gratuliert und mich sofort beurlaubt.

Den genauen Termin der Ausreise wussten wir noch nicht. Der wurde einem kurzfristig mitgeteilt. Es konnte zwischen 14 Tagen und zwei Monaten dauern. Zunächst musste man zahlreiche Ämter und Institutionen abklappern und sich überall abmelden: bei den Stadtwerken, der Sparkasse, selbst der Stadtbibliothek, die wir nie benutzten. Das taten wir tagsüber. Und abends kamen all unsere Freunde, um Abschied zu nehmen.

Am 28. Februar kam morgens ein Brief, dass wir mittags in den Zug steigen konnten. Jeder durfte zwei Koffer mitnehmen. Die waren natürlich längst gepackt. Geld durfte man nicht mitnehmen. Eigentlich. Na ja, inzwischen kann man es ja sagen: Wir hatten 500 Westmark gespart.

Die hat mein Mann unter der Leiterplatte seines Computers versteckt und rausgeschmuggelt. Unser Startkapital für das Leben im Westen!

Wir reisten zunächst nach Hildesheim, wo meine Mutter inzwischen lebte. Sie hatte als Rentnerin früher ausreisen dürfen als wir. Aber in Niedersachsen gab es keine Jobs. Also reisten wir nach ein paar Tagen weiter nach Baden-Württemberg zu einem Freund. Er lebte in einem kleinen Ort auf der Schwäbischen Alb. Als wir ankamen, hatte er bereits eine Ferienwohnung gemietet, in die wir vorübergehend einziehen konnten. Ein Super-Empfang!

Natürlich wollten wir so wenig wie möglich von unserem Geld ausgeben und lebten die erste Woche nur von Apfelsaft und Brötchen. Mehr hätte ich auch gar nicht runtergekriegt. Ich war mit den Nerven fertig, völlig neben mir. Ein eigenartiger Zustand. Mein Sohn war ganz aufgedreht. Im Supermarkt rief er: »Guck mal, fünferlei Sorten Tomatensaft!« Aber ich war ganz betäubt. Als wenn ich das nicht selbst erlebte, als wenn das alles mit mir passiert.

Einen Tag, nachdem wir in Schwaben angekommen waren, hatte mein Sohn Arbeit. Er ist Landschaftsgärtner und konnte in einer Gärtnerei anfangen. Er legte seinen ganzen Lohn für die Familie auf den Tisch. Nach drei Wochen habe ich ihm gesagt: »Nun gönn dir doch auch mal etwas. Geh mit deinen Kumpels mal ein Bier trinken!«

»Wäre es nicht einfacher für euch gewesen, ihr wärt noch etwas länger in der DDR geblieben? Bis die Grenze aufging?« Das fragten uns viele hier. Ich habe immer gesagt: Nein. Es ist gut, dass wir ein, zwei Jahre Vorsprung hatten vor den anderen Übersiedlern. Wir waren schon Ende 40, und wir hätten ein, zwei Jahre später vielleicht keine Arbeit mehr gefunden.

So aber hatten wir Glück: Mein Mann bewarb sich eifrig und fand in Stuttgart eine Stelle als Techniker in einem großen Betrieb. Ich folgte ihm und hatte bald selbst eine Anstellung, wieder in einem großen Labor.

Es war die Arbeit, die ich gewohnt war. Und doch war alles anders! Es gab Apparate, die hatte ich noch nie gesehen. Eine Kollegin drückte schnell mal auf die Knöpfe, erklärte etwas dazu und ging wieder. Und dann stand ich da!

Nach einem halben Jahr hatte ich einen Zusammenbruch. Es war nicht nur der Berufsstress. Ich fühlte mich – ja, wie ein Läufer, der am Ziel angekommen ist und dem in diesem Moment die Kräfte ausgehen. Ich war abgemagert, wog nur noch 100 Pfund. Ich bekam eine Nierenbekkenentzündung. Ein halbes Jahr war ich außer Gefecht.

Dann fand ich einen ruhigeren Job: in einem kleinen, umweltanalytischen Labor. Dort war ich die einzige CTA, sonst waren nur Männer um mich herum. Auch zu Hause war ich abends oft allein, wenn mein Mann Spätschicht hatte. Um nicht zu vereinsamen, ging ich in einen Kirchenchor. Ich hatte schon in der DDR gern gesungen, es machte mir wieder Spaß. Ich lernte neue Bekannte kennen, ein Freundeskreis entstand.

Durch eine der Chorbekanntschaften habe ich auch meinen neuen, meinen letzten Job gefunden: als Kundenberaterin in einem großen Sanitätshaus. Ja, ich war schon über 50, als ich mich darum bewarb, und dachte: »Dich stellt kein Mensch mehr ein.« Und ich hatte doch keinerlei Verkaufserfahrung!

Doch es kam anders. Der Personalchef unterhielt sich eine halbe Stunde mit mir, über meinen Werdegang, mein Leben in der DDR. Dann sagte er: »Sie können morgen anfangen.« Ich war überrascht: »Ich habe doch ein Vierteljahr Kündigungsfrist bei meinem jetzigen Arbeitgeber!«, sagte ich. »Dann kommen Sie eben in drei Monaten«, sagte der Personalchef. Und er fügte noch hinzu: »Wissen Sie, ich bin von Ihren Fähigkeiten überzeugt, auch wenn Sie sich hier sehr bescheiden präsentiert haben. Ich weiß ja, dass Sie aus der DDR kommen. Diese Leute können sich nicht so gut verkaufen.«

Und das stimmt! Verkaufen mussten wir uns drüben nie. Aber arbeiten mussten wir. Ich habe im Labor in einem Chemiewerk in Halle schuften müssen wie später nie mehr!

Nein, DDR-Frauen müssen sich wirklich nicht verstecken, was Leistung angeht. Es gab in der DDR keine Frau, die keinen Beruf hatte! Daneben mussten wir improvisieren und organisieren – im Beruf und zu Hause. Ich habe mich nebenher in Fernstudienkursen weitergebildet. Freizeit gab's nicht. Sich pflegen? Tennis spielen? Ach was! Wenn man mal ein paar Minuten mit den Kindern spielen konnte, war man schon froh.

Wir haben nicht gelernt aufzutreten und zu fordern. Unsere Sorgen waren andere: Kriege ich nachmittags noch ein Brot? Oder ein Schnitzel? Wir, die Wissenschaftler und das Laborpersonal, haben das so organisiert, dass die Putzfrau des Labors für alle einkaufen ging. Wir putzten so lange selbst. Ja, man hielt zusammen, das vermisse ich manchmal hier.

Die Grillpartys am Wochenende. Da kamen alle, von der Putzfrau bis zum Laborleiter. Wie der Garten aussieht, wie groß das Grundstück ist und welches Auto man fährt – das war nicht wichtig.

Geldanlage – das war auch so etwas, um das man sich in der DDR nicht kümmern musste. Aber mir war schnell klar, dass das im Westen anders ist. Anfangs habe ich Fehler gemacht. Ich habe mir von einem Bekannten eine Kapitallebensversicherung aufschwatzen lassen. Dass sie nichts taugt, habe ich wenig später herausgefunden.

Wie? Ich habe drei Lehrgänge mitgemacht, in denen die Versicherungsvertreter ausgebildet werden. Ich hatte tatsächlich mit dem Gedanken gespielt, so etwas als Nebenjob zu machen, merkte dann aber schnell: Das kann ich nicht! Ich kann den Leuten nicht so auf den Wekker gehen. Aber ich hatte genug über Strukturvertrieb gelernt, um zu wissen, dass auf diese Weise die Kunden nicht an die für sie günstigsten Versicherungen kommen. Dass vor allem der Vertreter ein Geschäft macht.

Ähnlich reingefallen sind mein Mann und ich beim Kauf einer Wohnung, die als Alterssicherung für uns gedacht war. Wir erwarben sie völlig überteuert; ich führe heute noch einen Prozess deswegen. Dass man so skrupellos übers Ohr gehauen wird, damit konnte ich lange nicht fertig werden!

Irgendwann Anfang der 90er Jahre dachte ich bei mir: »Wir haben genug Lehrgeld bezahlt. Jetzt reicht's«. Ich nahm unsere Finanzen in die eigenen Hände. Ich besorgte mir eine Menge Literatur: Immobilien-Ratgeber. Geldanlage-Ratgeber. Börsenhandbücher.

Irgendwann, es muss so etwa 1995 gewesen sein, ging ich zu meiner Stadtsparkasse. »Ich möchte ein Depot eröffnen«, sagte ich feierlich. Ich kaufte zwei Aktienpäckchen: Bank-Aktien und SAP-Aktien. Dann meldete ich mich im Stuttgarter Aktienclub an. Und später gründete ich hier in V., wo wir inzwischen wohnen, selbst einen Börsenclub. Ich hatte inzwischen meine SAP-Aktien mit Gewinn verkauft und konnte etwas Geld in das Gemeinschaftsdepot stecken. Zeitweilig verwaltete ich das Depot für die Gruppe.

Auch mein Mann ließ sich vom Börsenfieber anstecken. Er kann Charts interpretieren. Da ist er richtig gut drin, während ich eher etwas von der Wirtschaft verstehe. Ich setzte auf die Biochemie, habe Index-Zertifikate dieser Branche gekauft.

Ich bin ja jetzt Rentnerin und habe Zeit für mein Hobby. Bei meinem Mann ist es in zwei Jahren so weit. Wir haben in den letzten Jahren noch einmal ganz genau gerechnet, ob unser Geld im Alter reicht. Ja, wir werden auskommen. Zur Altersrente werden wir aus Versicherungen und aus unserem Depot rund 1000 Mark monatlich dazulegen können. Aktien werden sicher unser Rentenhobby bleiben, vielleicht werden wir uns sogar im Daytrading versuchen.

Schade ist nur, dass es mit der Gesundheit nicht mehr so gut geht. Ein chronisches Leiden, die Folgen einer berufsbedingten Infektion... Man hat vielleicht nicht genug geachtet auf solche Dinge, solange man jung und ständig beschäftigt war. Und in der DDR schon gar nicht.

Also, die großen Weltreisen werden wir wohl nicht mehr unternehmen. Aber zusammen mit meinem Mann in den Süden zu fliegen, kann ich mir gut vorstellen. Zum Beispiel nach Mallorca, dort eine Ferienwohnung mieten und von November bis April in der Sonne überwintern.

Die Rentner, die dort unten leben, haben eine höhere Lebenserwartung als die in Deutschland, habe ich gelesen. Und den Computer nehmen wir einfach mit. Für die Börsenkurse natürlich.

9. Geld, Liebe und eine Reise nach New York

Einmal Wall Street und zurück

Auf den Spuren des Geldes reisen die Dagobertas nach New York. Und Reporterin Judith Rauch begleitet sie.

Sonnig und lang ist der Nachmittag des 17. November 2000: Denn wir schweben über dem Atlantik. »Doch, ich war schon in New York«, sagt Carmen S. »Aber immer nur mit meinem Mann. Nie allein.« Streng genommen reist Carmen S. auch jetzt nicht allein, schließlich besteht unsere Reisegruppe aus 29 Frauen. Aber ich weiß, was sie meint.

Ich begleite die Gruppe, um eine Reportage für die Zeitschrift *Das Beste/Reader's Digest* zu recherchieren.[1] Und weil ich zusammen mit Irmtraud Potkowski und Andrea Sauter dieses Buch schreiben möchte. Carmen S. ist mir sympathisch, weil sie so jung wirkt und so unkompliziert. Erst später erfahre ich, was für ein schwieriges Leben die 58jährige hinter sich hat.

Carmen S. kennt New York noch aus Zeiten, als die Kriminalität groß war und frau sich kaum angstfrei auf den Straßen bewegen konnte. Jetzt aber ist alles anders. Bürgermeister Giuliani hat aufgeräumt, die Straßen sind wieder sicher. Und Carmen S. freut sich auf New York.

Und ich bin gespannt auf die Dagobertas. Was sind das für Frauen, die sich Monat für Monat treffen, um über Aktien zu sprechen? Immer wieder studiere ich die Gesichter der Mitreisenden, belausche ihre Gespräche und werde nicht schlau daraus. Manche der Frauen sind außergewöhnlich schick gekleidet, geradezu atemberaubend frisiert und geschminkt. Andere wirken leger, reisen mit kleinem Gepäck und lachen viel. Einige regen sich sofort auf, wenn etwas schief geht. Andere sind stille Genießerinnen. Die Altersspanne reicht von Anfang 20 bis Ende 60. So verschiedene Frauen – und die teilen etwas so Intimes wie Geld miteinander?

»Ich investiere schon länger gemeinsam mit meinem Mann«, sagt Frau M., Beamtin in einem Stuttgarter Ministerium. »Doch ich finde es wichtig, dass Frauen auch selbständig finanzielle Entscheidungen treffen. Und hier bei den Dagobertas können wir alle unser Wissen einbringen und auch erweitern. Es ist ein gegenseitiges Geben und Nehmen, von dem alle nur profitieren.« Da sie schon Anlage-Erfahrung hat, wurde sie im Mai 2000 Geschäftsführerin der Gruppe »Börsiana«.

»Ich bin durch meine Kollegin, Frau G., zu den Dagobertas gekommen«, erzählt Frau F. Die beiden arbeiten als Präparatorinnen in einem Naturkundemuseum und haben das Thema Geldanlage als Hobby entdeckt. Frau G. und Frau F. waren noch nie in New York. Sie sind äußerst gespannt und saugen alle Eindrücke mit großen Augen auf.

Frau T. ist selbständige Heilpraktikerin. Um Gelddinge hat sich früher ihr Mann gekümmert; doch seit sie geschieden wurde, verwaltet sie ihren Anteil allein. »Bei Dagoberta habe ich gelernt, wie ich mehr aus meinem Geld machen kann«, sagt sie. Auf die New-York-Reise hat Frau T. ihre Tochter Sandra mitgebracht, die gerade ihr Psychologie-Studium abgeschlossen hat. Auch sie hat mittlerweile ein kleines Aktiendepot.

Ansonsten reicht das Berufsspektrum von der Bankkauffrau über die Ingenieurin bis zur Krankenschwester. Auch Hausfrauen und Rentnerinnen sind dabei – und eine Moderatorin von Modeschauen. Und natürlich die Frauen, die die Reise initiiert und organisiert haben: die Gruppenleiterinnen Irmtraud Potkowski, Andrea Sauter, Heike Remmele und Astrid Frey, alle Finanzplanerinnen der »SRW Die Finanzplaner AG« in Ludwigsburg.

Zwischen Geld und Gospel

Unsere Reise steht im Zeichen des Geldes, das merken wir schon bei der Stadtrundfahrt. New York ist teuer! Wolfgang Ramböck, ein Österreicher, der seit zehn Jahren in der Stadt lebt und für uns den Fremdenführer spielt, hat erstaunliche Zahlen parat: Ab 1250 Dollar (2600 Mark) pro Nacht kostet ein Hotelzimmer im Trump Tower, 650 Dollar (1350 Mark) im Monat allein der Parkplatz im noblen Apartment-Haus »Dakota« am Central Park. Dabei verdient ein Durchschnitts-Amerikaner lediglich 24 307 Dollar (50 000 Mark) im Jahr. Das reicht nicht aus für das Schulgeld an einem der besseren Colleges des Landes. Was tun also vorausschauende Eltern? Sie investieren in Aktien – für die Ausbildung ihrer Kinder!

Uns Touristinnen rutscht das Geld durch die Finger. Auch wenn wir zu wenig Zeit haben, es bei Tiffany's auf der 5th Avenue in Juwelen anzulegen. Schon der Imbiss zwischendurch, die Eintrittspreise der Museen, die Oper am Abend und der Drink in der gemütlichen Hotelbar lassen die Barschaften schrumpfen.

Das Bezahlen des Abendessens wird zur mathematischen Herausforderung. Nur eine Rechnung gibt es pro Tisch; und auf die Nettopreise, die in der Speisekarte ausgewiesen sind, sind auf undurchschaubare Art und Weise Steuern und Bedienung aufgeschlagen worden. Wie sollen wir jetzt die Gesamtsumme gerecht aufteilen? Auch die Dagobertas sind nicht alle Rechenkünstlerinnen. Meist werfen wir nach grober Schätzung Scheine in die Mitte; und wenn es zu viel ist, werden ein paar Dollar zurückverteilt.

Aber am Samstagabend ist auf einmal zu wenig Geld da – es fehlen über 30 Dollar! Wer hat sich nun geirrt? Oder hat eine Frau bewusst gemogelt? Verdächtigungen keimen auf, Neid und Ärger unter den Dagobertas. Die Stimmung sinkt.

Am Sonntagmorgen ist alles vergessen. Wir sind mit dem Bus auf dem Weg nach Harlem zum Gospelgottesdienst. Das ehemalige Ghetto hat sich gemausert, die alten Brownstone-Häuser sind bei Schwarz und Weiß wieder zum Wohnen begehrt. Und Gospelgottesdienste, sagt Wolfgang Ramböck, seien »der am schnellsten wachsende Tourismus-Zweig überhaupt«.

Freilich – auch hier geht es um Geld. Die baptistischen Kirchengemeinden, die ihre Andachten in ehemaligen Varieté-Theatern aus den 20er Jahren feiern, der großen Zeit des Jazz, verlangen Eintritt von den europäischen und japanischen Touristengruppen.

Die Dagobertas aus Deutschland sind nach kurzer Zeit eingenommen vom Rhythmus der Musik, dem lauten Gesang von Jung und Alt, von den Witzen des Pastors und den Garderoben der schwarzen Ladies. Am meisten aber berühren sie die »Testimonials« der Gläubigen. Ohne Scheu erzählen Frauen der Gemeinde vor aller Ohren über Freud und Leid, über Krankheiten und Geldsorgen, und wie Gott ihnen geholfen hat. Die Gemeinde applaudiert.

»Ach, könnte ich nur besser englisch«, sagt eine der Dagobertas, als wir wieder in den Bus steigen. »Ich hätte auch eine Geschichte zu erzählen gehabt.«

Endlich an der Wall Street!
Am Nachmittag geht es los mit den harten Finanzthemen. Jürgen Nowacki und Ellen Sullivan von der internationalen Wertpapierhandelsfirma Hornblower Fischer bereiten uns in einem Workshop – er findet

standesgemäß im Bull Run Restaurant im Financial District statt – auf die Börsenbesuche der nächsten Tage vor, erklären Trends und werfen mit Fachbegriffen um sich.

»Hedge Fonds«, so lernen wir, sind eine Anlageform, mit der Großunternehmen und Banken ihr Risiko absichern, das durch schwankende Preise bei Rohstoffen oder Aktien entsteht. Aber in letzter Zeit, so Jürgen Nowacki, haben Kleinanleger vermehrt in Hedge Fonds investiert – in spekulativer Absicht. Nun seien aber die Kurse gefallen statt gestiegen, und die Kleinanleger hielten ihre Kontrakte fest, um keine Verluste einzufahren. »Sie blockieren den Markt und verderben uns an der Börse die Weihnachtsrallye.« So richtig losgehen werde das Geschäft erst wieder an Ostern, schätzt der Experte. Aber sicher weiß er es natürlich nicht!

Dann empfiehlt Jürgen Nowacki noch einige Biotech-Werte. Denn diese Sparte ist nicht so stark betroffen von der derzeitigen Krise der Technologie-Aktien. Biotechnologie weckt Menschheitsträume – auf Gesundheit, ein langes Leben, die Heilung schwerer Leiden. Was den Baptisten in Harlem der liebe Gott, scheint den Analysten an der Wall Street diese neue Branche zu sein, die auf das Wissen über die Gene baut. Aber auf welche der vielen jungen Biotech-Firmen soll man als Anlegerin langfristig setzen? Das löst unter den Dagobertas heftige Diskussionen aus.

Am Montag sehen wir sie endlich live: die Börsenhändler oder Broker an der New York Stock Exchange (NYSE). Das sind die Menschen, die an den großen Börsen New Yorks die Geschäfte machen, die im Namen der Anlegerinnen und Anleger Aktien kaufen und verkaufen.

Es sind fast alles Männer. Sie tragen Anzüge oder bunte Jacken (je nach Brokerfirma, für die sie arbeiten), brauchen laute Stimmen, spitze Ellenbogen und Nerven wie Drahtseile. Einige hängen am Telefon und nehmen Aufträge entgegen. Andere starren auf Bildschirme und geben Daten ein. Wieder andere gestikulieren wild und werfen mit Papier um sich. Und bei manchen hat man das Gefühl, dass sie alles gleichzeitig tun. Sogar essen; immer wieder werden Tabletts mit Fastfood hereingetragen. Es geht hektisch zu an der Wall Street.

Wall Street, zu deutsch Mauerstrasse – was bedeutet der Name eigentlich? Wurde eine Mauer errichtet, um die Millionenbeträge, die hier täglich über den Counter wechseln, zu beschützen? Oder um den Finanzdistrikt vor den vielen Touristen zu sichern? Keines von beiden. Die Geschichte ist schon etwas älter:

Im 17. Jahrhunderts gründete Peter Stuyvesant auf der Insel inmitten des Hudson River die Siedlung Nieuw Amsterdam. Der Anführer der dort siedelnden Holländer wollte gewappnet sein, falls die Engländer versuchen sollten, ihnen den Besitz streitig zu machen. Deshalb ließ er zur Befestigung des südlichen Teils der Insel einen mächtigen Wall errichten. Das war im Jahr 1652.

Leider erfolglos. Denn die Engländer kamen, und Stuyvesant musste die Stadt an den Herzog von York übergeben: New York war entstanden. Vom Wall der Holländer blieb nur der Name der dahinter liegenden Straße: Wall Street. So gab die Sicherheitsmaßnahme des Gouverneurs Stuyvesant dem weltweit bedeutendsten Börsenplatz ihren Namen.

Erstaunte Männerblicke

Noch interessanter als die NYSE finden wir die Rohstoff- und Warenbörse im sogenannten World Financial Center. Hier geht es besonders hektisch zu. Denn hier wird nicht mit Anteilen an Firmen gehandelt wie an der Wertpapierbörse in der Wall Street. Sondern mit ganz konkreten Stoffen: Gold, Silber, Erdöl oder Aluminium. Die Geschäfte werden für einen bestimmten Zeitpunkt abgeschlossen, der oft Monate, manchmal sogar Jahre entfernt ist.

Um einen schnellen und fairen Handel zu garantieren, werden alle Handelsstufen wie Auftrag, Angebot und Abschluss eines Geschäfts auf die Sekunde genau festgehalten. Die Broker schreiben darum das Wichtigste auf weiße Karten und werfen diese einem sogenannten »card clokker«, einem Kartenstempler in der Mitte des Börsenstandes, zu. Der fängt sie in einem Netz auf und schiebt sie in eine Stempeluhr. Der arme Mann! Damit er von den Wurfgeschossen aus Karton nicht verletzt wird, muss er eine Schutzbrille tragen.

Sicheren Schritts bewegen sich die Dagobertas, angeführt von Reiseleiterin Angelika Vogt-Heideker, durch Flure, Drehtüren und Treppenhäuser der großen Glaspaläste. Schließlich sind sie keine gewöhnlichen Touristinnen, sondern Investorinnen! Immer wieder aber ernten sie erstaunte Männerblicke. So viele Frauen! Hier im Finanzdistrikt! Und Ausländerinnen noch dazu!

Ein Fototermin mit Folgen

Nur Irmtraud Potkowski ist nicht dabei. Während die Dagobertas die Börsen New Yorks unsicher machen, muss sie ein Alternativ-Programm absolvieren. Sie sitzt mit Frau B., einer der älteren Dagobertas, im Flur des Öffentlichen Krankenhauses von Manhattan. Denn die hat sich den Arm gebrochen. Wie konnte das passieren?

Nun, daran bin ich schuld, die *Reader's-Digest*-Reporterin. Oder viel mehr die New Yorker Fotografin Robin Bowman, die für meine Reportage die Bilder machen soll. Robin Bowman hat sich nämlich in den Kopf gesetzt, die Dagobertas auf einer Aussichtsplattform in Brooklyn in Szene zu setzen, jenseits des Hudson River, und mit den Hochhäusern des Financial Districts im Hintergrund. Also müssen die Dagobertas morgens um halb sieben schon aufstehen, um gegen acht Uhr mit der U-Bahn in Brooklyn zu sein.

Und was sehen sie da? Strahlenden Sonnenschein. Eine Kulisse wie für einen Werbefilm. Da ist auch Frau B. beeindruckt. Während die Gruppe im Laufschritt zum Flussufer eilt, wo schon Ms. Bowman mit Fototaschen, Lampen, einer Leiter und einem hübschen jungen Assistenten agiert, zückt sie ihre kleine automatische Kamera und drückt im Gehen auf den Auslöser. Dabei muss sie wohl einen Bordstein übersehen haben, denn eine Sekunde später liegt sie am Boden – mit schmerzverzerrtem Gesicht.

Also wird mitten im Trubel des Foto-Shootings ein Krankenwagen herbeitelefoniert, und zur moralischen Unterstützung von Frau B. sowie zum Dolmetschen im Hospital steigt Irmtraud Potkowski mit ein.

Bis zum Nachmittag sind die beiden im Krankenhaus. Sie sitzen und warten. Gehen zur Untersuchung. Warten wieder. Gehen zum Röntgen. Und warten ... Die Ärzte sind die Ruhe selbst. Freiwillige Helfer kommen vorbei, erkundigen sich nach dem Befinden von Frau B., bringen Decken gegen die Kälte und raten zur Geduld. Nachmittags dann die Diagnose: Oberarmbruch. Frau B. will dennoch am nächsten Abend mit den anderen zurück nach Deutschland fliegen. Sie bekommt Schmerzmittel, ihr Arm wird fixiert. Irmtraud Potkowski bringt sie im Taxi ins Hotel.

An der Nasdaq

Am Dienstag Morgen, dem Abflugstag, besuchen die Dagobertas die Nasdaq. Genauer gesagt: das Presse- und Öffentlichkeitszentrum der relativ jungen elektronischen Börse am New Yorker Times Square. Paul, unser Gastgeber, häuft Superlativ auf Superlativ: 8000 Transaktionen pro Sekunde können die Rechenmaschinen der Nasdaq bewältigen, die in zwei großen Zentren in Connecticut und Maryland stehen. Und allein die Videowand an der Außenfront des Gebäudes, in dem wir uns befinden, ist so groß wie drei Basketballfelder und besteht aus 18 Millionen Dioden.

Die Dagobertas freuen sich, als sie ein bekanntes Gesicht erblicken: Kerstin Friemel, die blonde Börsen-Reporterin des Senders NTV, flitzt gerade noch rechtzeitig ins Fernsehstudio der Nasdaq. Hier moderiert sie live vor einer High-Tech-Anzeigetafel, auf der die interessantesten Kurse des Tages ganz nach ihren Wünschen eingeblendet werden. Bei den Internet-Firmen, aber auch bei Biotech sieht es heute mau aus. Paul verrät uns darum seine persönlichen Nasdaq-Favoriten: Chicago Pizza & Brewery und KrispyKreme Doughnuts!

Frau R., gelernte Zahnärztin, zur Zeit Mutter und Mitarbeiterin in der Arztpraxis ihres Mannes, hat ein Spielzeug entdeckt: eine Konsole mit einem Computer-Börsenspiel. Fasziniert schaue ich ihr zu, wie sie per Knopfdruck in Bruchteilen von Sekunden virtuelle Aktien kauft und verkauft. Zwischendurch blinkt eine Meldung auf: »Glückwunsch! Sie haben Ihr Vermögen verdoppelt!« Frau R. beachtet sie kaum, so vertieft ist sie in die Verlaufskurven ihrer Kurse.

Souvenirs zum Träumen

Beladen mit den letzten Einkaufsschnäppchen aus Manhattans Warenhäusern und Boutiquen steigen wir in den Flughafen-Bus. Carmen S. hat eine neue Handtasche. Sie ist schwarzglänzend, geräumig, praktisch und dabei hoch elegant. Sie hat sie für 30 Dollar bei einem der Straßenhändler erstanden, die mit ihren riesigen Handkarren ihr Sortiment mal hier, mal dort anbieten.

Am ersten Abend hat sie die dick eingemummten Männer und Frauen noch etwas skeptisch gemustert, als die gerade ihre Ware unter Planen verpackten. Doch bei Tageslicht sah alles anders aus. Carmen S. entdeckte »ihre« Tasche beim Gang zum Frühstückscafé. Und an den Folgetagen streifte sie immer wieder an dem Karren vorbei und kaufte schließlich.

Auf dem Rückflug schlafen alle tief und fest, so voll gepackt mit Eindrücken waren die vergangenen Tage. Beim Nachtreffen im Januar werden wir einige der stimmungsvollsten Szenen noch einmal nacherleben: Der bronzene Bulle auf der Wall Street, umringt von 29 deutschen Frauen (plus einem Mann: Herrn Nowacki). Die Lichtreklamen des Times Square. Die weihnachtlich geschmückten Geschäfte. Das wieder erstandene Harlem mit seinen Menschen im Sonntagsstaat. Das abendliche Eislaufstadion am Rockefeller Center, auf dem eine schmale ältere New Yorkerin gekonnt ihre Pirouetten dreht. Der atemberaubende Blick vom Dach des World Trade Centers. Ja, und natürlich auch die Freiheitsstatue

– mit Möwen im Vordergrund, von der Staten-Island-Fähre aus aufgenommen.

Die Dagobertas haben Fotomappen gestaltet oder ihre Erinnerungen in Form von Musicalprogrammen und Eintrittskarten aufbewahrt. Frau Sch. hat einen Film gedreht.

Es wird viel geredet, gelacht und geträumt. »Erinnerst Du Dich daran, wie kalt es im *Phantom der Oper* war? Ganz blau gefroren waren wir.« – »Ja, fast so blau wie die Lichterketten im Central Park. Nie hab' ich etwas Kitschigeres und trotzdem so Schönes gesehen«. Der Abend wird lang.

Wie Träume wahr werden (Teil 2)

Was die Dagobertas schon heute erreicht haben. Und was noch vor ihnen liegt.

»Träumen Sie manchmal davon, reich zu sein?« Mit den Träumen hat alles angefangen. Mit den Träumen von Geld, von Liebe, von Unabhängigkeit, von Freiheit, von Frieden und Glück. Und mit Zahlen und Fakten hat es aufgehört, unser Buch, mitten in der Realität.

Und was liegt dazwischen? Der Weg! Ihr Weg, der Sie wegführt von Ihren Träumen und hin zu Ihrem Leben. Träumen Sie nicht Ihr Leben, sondern leben Sie Ihre Träume! Das ist es, was wir Ihnen sagen wollen.

Ein gutes Stück des Wegs sind wir miteinander gegangen. Sie haben uns, die Autorinnen, und die Frauen des Investmentclubs Dagoberta kennen gelernt. Und Sie haben sich selbst kennen gelernt, etwas besser kennen gelernt, als Sie sich schon kannten. Leider haben wir Sie nicht kennen gelernt.

Sie und Ihre ganz persönlichen Träume und Wünsche. Erinnern Sie sich noch an die drei Wünsche, die sie am Anfang des Buches aufgeschrieben haben?

Wir sind überzeugt, auch ohne Sie zu kennen, dass Sie Ihren Wünschen schon etwas näher gekommen sind. Weil Ihre Wünsche schon konkretere Formen angenommen haben, weil aus Wünschen Ziele geworden sind.

Das Leben gestalten

Wenn aus Wünschen Ziele werden, verlieren sie zwar einige ihrer traumhaften Anteile. Aus Märchenprinzen werden Menschen, aus Schlössern werden Lebensräume. Dafür gewinnen Sie Realität und somit Zukunft.

Realität ... Sie sind vielleicht auch etwas realistischer geworden, was Ihre Beziehung zu Geld und das Zusammenspiel von Geld und Liebe angeht. Und ein Satz wie der folgende von Simone de Beauvoir schockiert Sie nicht mehr: »Statt zu denken, träumt die Frau. Ihr Leben geht mit Töpfescheuern dahin und ist dabei ein wundersamer Roman. Eine Sklavin des Mannes, hält sie sich für sein Idol.«[2] Sie haben mit Carmen erfahren, wie traumatisch es sein kann, wenn dieser Roman endet.

Sie haben erfahren, dass es ganz wesentlich an Ihnen liegt, dass Sie letztlich verantwortlich dafür sind, ob Sie viel Geld haben oder wenig. Und ob Sie glücklich sind oder nicht. Denn: »Glück findet sich nicht beim passiv Wartenden ein; es begeistert den Tätigen, der seine Kräfte nutzt und sein Leben gestaltet.«[3]

Und Sie sind schon mitten drin im Gestalten! Sie haben Ihre Ziele definiert, wir haben Ihnen verschiedene Wege aufgezeigt. Nun entscheiden Sie, auf welchem Weg und mit welchem Tempo Sie in die Zukunft streben.

Finanzplanung für Frauen

»Wenn du weißt, wohin du willst, kannst du gehen, wohin du willst«, das ist übrigens der Leitspruch von Stephan R. Wolf, dem Gründer der SRW Die Finanzplaner AG in Ludwigsburg. Ein reiner Männerbetrieb war das, bis 1997 Irmtraud Potkowski als erste Frau dazukam und mit den »Finanzplanerinnen der SRW AG« eine Gruppe von Beraterinnen aufbaute.

Ein Prozess, der nicht immer einfach war. »Mich in einer fast reinen Männerwelt durchzusetzen, war hart«, erinnert sich Irmtraud Potkowski. »Aber die Auseinandersetzung war auch etwas, was mich reizte. Und: Wo sonst konnte ich mehr lernen als bei einem Profi, der jahrelange Erfahrung hatte!«

Und so lernten beide Seiten: Voreingenommenheiten wurden überprüft, Standpunkte gerieten ins Wanken, Grundsatzdiskussionen wurden geführt, neue Wege ausprobiert. Dann wieder: Konzentration aufs Wesentliche, die Suche nach gemeinsamen Lösungen. »Wenn du weißt, wohin du willst, ...«

Wohin wollen die Finanzplanerinnen? Was wollen sie erreichen? Irmtraud Potkowski: »Wir wollen dazu beitragen, dass viele, ganz viele Frauen finanzielle Selbständigkeit und letztlich Freiheit erlangen. Und dass sie das Leben leben können, welches sie sich erträumt haben.« Ein großes Ziel.

Das Dagoberta-Netzwerk

Und da frau in der individuellen Beratung nur einen kleinen Teil der Frauen erreichen kann – auch der Tag der Finanzplanerinnen hat nur 24 Stunden, und einige davon sind für Kinder, Mann, Freunde und für sie selbst reserviert –, war die Gründung des Fraueninvestmentclubs »Dagoberta« eine logische Konsequenz.

Lernen, Lachen, Lukrative Gewinne – das war das Motto, unter dem die Dagobertas 1999 angetreten sind. Angetreten, um nicht nur gemeinsam Geld zu »machen«, sondern um es auch gemeinsam wieder auszugeben, wie der Reisebericht von Judith Rauch bezeugt hat.

Bei den Gruppentreffen wurde noch lange über diese Reise geredet. Für viele Frauen war es das erste Mal, dass sie den Atlantik überquerten, für einige die erste Reise ohne Ehemann, für einige die erste Reise, zu der sie allein aufbrachen. Ein Meilenstein nicht nur im Dagoberta-Leben, sondern auch im Leben der einzelnen Frauen.

Und wie wird es mit den Dagobertas weiter gehen? Im Herbst 2001 geht's nach Paris – der Börse wegen. Davor und danach: Gruppentreffen, Lernen, Vorträge, Besichtigungen – das fachliche Repertoire. Dazwischen: Kontakte knüpfen, Geschäftspartnerinnen finden, Freundschaften schließen, sich über Gott und die Welt unterhalten, Spaß haben und sich gegenseitig unterstützen.

Denn wenn es auch mittlerweile mehr oder weniger akzeptiert ist, dass Frauen sich treffen, um gemeinsam ihr Geld zu vermehren, der Weg zur finanziellen Freiheit liegt für viele noch in weiter Ferne.

Wenn mann diskutiert

Samstag, der 6. Mai 2001: Schon wieder ein ausgiebiger Artikel über das Thema, welches seit Wochen die Gemüter bewegt: Die Deutschen sterben aus. *Der Spiegel* zitierte schon im April beunruhigende Zahlen: Wurden 1900 noch 35,6 Kinder pro 1000 Einwohner geboren, so sind es 100 Jahre später nur noch 9,2.[4] Seltsam, dass ein Trend, der schon seit Jahren zu erkennen ist (1990 waren es 11,4 Kinder pro 1000 Einwohner), plötzlich so heftig diskutiert wird! Sind unsere Volksvertreter und deren Berater so selten zu Hause, dass ihnen das bisher nicht aufgefallen ist?

Da werden Berechnungen aufgestellt, die einfach zu albern wirken: Ein Kind kostet von der Geburt bis zum 18. Lebensjahr DM 715 801 Mark, zwei Kinder sind günstiger zu haben: 1 136 850 Mark.[5] Mann diskutiert, ob es sinnvoller ist, das Kindergeld um 20 Mark zu erhöhen oder vielleicht eine «Prämie» fürs Gebären einzuführen – arme reiche Welt!

Und bei mancher Diskussion fühlt frau sich zurückversetzt in die Zeit ihrer Großmütter. Da käme es wohl manchem Mann sehr zupass, würde die Frau sich wieder ihren »ursprünglichen Aufgaben« zuwenden – und wenn möglich, ausschließlich: Die Ehe als Lebensaufgabe. Da wird das Mutterglück gepriesen und die durch nichts zu ersetzende Bedeutung der Mutter-Kind-Beziehung aufgewärmt.

Damit wir uns nicht missverstehen: Eine stabile Beziehung eines Säuglings zu einer erwachsenen Person halten auch wir für wichtig, aber muss es die Mutter sein? Irmtraud Potkowski, selbst Mutter von vier Kindern, meint: »Nicht die Mutter ist die beste Mutter, die möglichst allumfassend ihr Kind vom frühen Morgen bis zum späten Abend betreut. Auch Kinder brauchen Freiräume!« Mütter auch.

Auf der anderen Seite kann es wiederum nicht die Lösung sein, wie eine andere Autorin schrieb, dass »einzig die ständige Berufstätigkeit der Frauen zu einer Gleichberechtigung mit ihrem männlichen Partner führen kann. (...) Denn sie führt dazu, dass das Erwerbsleben total überbewertet wird, dass Menschen nur noch in Kategorien von Macht, Einfluss und Geld wahrgenommen werden.«[6]

Auf neuen Bahnen geht's weiter

Aber wie kann es weitergehen? Die Dagobertas zeigen es uns: nur auf neuen Bahnen. Ob es Christine ist, die ihren Sohn mit auf Geschäftsreise nimmt; Carla, deren Tochter in ihrer Freundin Paula eine Ersatzmutter hat; oder Silke, deren Mann die Erziehung des kleinen Sohnes hauptamtlich übernimmt – sie alle haben neue, ungewöhnliche Lösungen für Elternschaft gefunden. Und junge Paare diskutieren heute schon die kompliziertesten Modelle: Sie nimmt ein Jahr Familienzeit, er arbeitet voll; dann nimmt er drei Monate Sabbatical, sie arbeitet halb. Dann arbeiten beide halb für ein Jahr, und dann wieder beide voll ...

Gewohnte Denk- und Lebensweisen müssen verlassen werden. Patchwork-Lebensläufe werden das Modell der Zukunft sein, und zwar für beide Geschlechter, für Frauen und Männer.

Nicht nur Männer, auch Frauen sind in alten Rollenbildern gefangen und oft noch weit davon entfernt, die Kindererziehung partnerschaftlich zu lösen. Solange es nur das Problem der Frau ist, wo die Kinder untergebracht sind, wenn sie arbeitet, solange sich Väter für die Erziehung ihrer Kinder nicht zuständig fühlen, solange Hausfrauen und berufstätige Frauen sich anfeinden und solange Silkes Mann von den Müttern schräg angeschaut wird, wenn er mit dem Kleinkind auf den Spielplatz kommt, so lange geht die Diskussion in die Hosen! Und solange Männer nicht erkennen, dass es auch ein Leben jenseits des Büros, jenseits der beruflichen Wichtigkeiten, jenseits des Fußballvereins und der Männerseilschaften gibt, ebenso.

Trennen sie Geld und Liebe – und genießen sie beides!

Liebe gedeiht nicht in Abhängigkeitsverhältnissen. Geld genauso wenig. Grundlage einer echten Partnerschaft im Finanziellen wie im Emotionalen können nur zwei selbständige Personen sein, die wichtige Entscheidungen gemeinsam treffen und beide verantwortlich sind. Finanzplanung ist darum ebenso Sache von beiden wie die Lebens- und Familienplanung.

Für Sie als Frau bedeutet das: Gleichgültig, in welcher beruflichen oder familiären Situation Sie sich befinden – Sie brauchen einen eigenständigen Vermögensaufbau und eine eigene Alterssicherung!

Junge Frauen, aufgepasst: Falls Sie sich entscheiden, zu Hause zu bleiben, für ein Jahr oder länger, denken Sie an Ihre finanzielle Selbständigkeit und an Ihre eigenständige Vorsorge, denn später ist es oft zu spät. 100 Euro monatlich in einen Investmentfonds eingezahlt, ab 20 bis 60, und Sie haben über 500 000 Euro. Das ist Ihr Geld, komme, was da wolle!

Und was die Qualität Ihrer Partnerschaft betrifft: Sie entscheiden, ob Geld für Sie bedeutet:

Gezeter	oder	Glück
Entsetzen		Eigenständigkeit
Lamentieren		Lust
Drohen		Dankbarkeit

Geld muss kein Konfliktherd in einer Beziehung sein. Im Gegenteil: Geld kann und sollte eine Quelle für das Gedeihen der Beziehung sein.

Nur Mut!

Beim Beschreiten der neuen Bahnen in Sachen Geld ist ein Netzwerk wie »Dagoberta« eine tolle Sache. Denn frau ist oft recht allein mit den neuen Anforderungen und den alten Glaubenssätzen, die immer noch in ihr stecken: »Du kannst das nicht«, »Du warst noch nie gut im Rechnen«, »Pass auf, damit du nicht stolperst«, »Denk daran, was alles passieren kann«.

Und wir passen auf, sind vorsichtig, denken daran, was alles passieren kann. Und anstatt dass wir mutig voran schreiten, schleicht sich Angst ein. Wir suchen regelrecht nach den Stolpersteinen des Lebens und stolpern über unsere Selbstzweifel. Das ist fatal: Denn wir müssen nur fest genug daran glauben, dass wir scheitern werden, und wir scheitern mit Sicherheit!

Auf der anderen Seite zeigen uns die Lebensgeschichten der Dagobertas, was frau alles erreichen kann, wenn sie an ihre Ziele glaubt. Denken Sie noch einmal an Eleonore, die sich gegen die eigene Mutter eine Ausbildung ertrotzte! An Petra, die wie eine Löwin um ein Zuhause für sich und ihre Töchter kämpfte! An Monika, die einem verhassten politischen System entkam und sich in der neuen Heimat ihren Platz an der Sonne eroberte.

Ja, die Welt ist so, wie Sie sie sehen. Sie können Ihre Ziele erreichen, wenn Sie es wollen. Die Voraussetzungen haben Sie – in sich. Und das nötige Grundlagenwissen haben Sie jetzt auch. Wir wünschen Ihnen den Mut, Ihre eigenen Entscheidungen zu treffen und verantwortungsvoll dazu zu stehen!

Üben müssen Sie alleine, wie das Vorbild vieler mutiger Mädchen, Ronja Räubertochter, es vormacht:

»›... und du hast Dir auch alles gemerkt, wovor du dich hüten musst?‹«

O ja, sie wusste es noch. Und während der folgenden Tage tat Ronja nichts anderes, als dass sie sich vor allem Gefährlichem hütete und sich darin übte, keine Angst zu haben. In den Fluss zu plumpsen, davor sollte sie sich hüten, hatte Mattis gesagt, und darum sprang sie am Ufer kühn und keck von einem glatten Stein zum anderen, dort wo das Wasser am wildesten toste. Schließlich konnte sie sich ja nicht im Wald davor hüten, in den Fluss zu plumpsen. Sollte das Sich-Hüten überhaupt irgendwo von Nutzen sein, dann musste sie es bei Stromschnellen und Strudeln und nirgendwo sonst üben. Wollte sie aber zu den Stromschnellen gelangen, musste sie den Mattisberg hinabklettern, der jäh und schroff zum Fluss hin abfiel. Auf diese Weise konnte sie sich gleichzeitig darin üben, sich auch davor nicht zu fürchten. Beim ersten Mal war es schwer, da packte sie eine solche Angst, dass sie die Augen zumachen musste. Doch nach und nach wurde sie immer wagemutiger, und bald kannte sie alle Spalten und Ritzen, wo ihre Füße Halt fanden und sie sich mit den Zehen festkrallen konnte, damit sie nicht rücklings in den Fluss stürzte.

Welch ein Glück, dachte sie, dass ich eine Stelle gefunden habe, wo ich mich davor hüten kann, in den Fluss zu plumpsen, und mich gleichzeitig üben kann, keine Angst zu haben!«[7]

ANHANG

1. Adressen

Die Autorinnen
Irmtraud Potkowski und Andrea Sauter arbeiten als selbständige Finanz-planerinnen in Kooperation mit der SRW Die Finanzplaner AG, Schwieberdingerstraße 52, 71636 Ludwigsburg. Telefon (07141) 47 67 26, E-Mail: i.potkowski@finanzplanerinnen.com, a.sauter@finanzplanerinnen.com, Internet: http://www.finanzplanerinnen.com

Judith Rauch erreichen Sie in ihrem Redaktionsbüro, Vor dem Kreuz-berg 28, 72070 Tübingen. E-Mail: judith.rauch@t-online.de.
    Schreiben oder mailen Sie uns Ihre Anregungen und kritischen Be-merkungen, stellen Sie uns Fragen. Wir sind für Sie da!

Die Dagobertas
Die Dagobertas erreichen Sie über Irmtraud Potkowski und Andrea Sauter, Adresse wie oben, Internet: http://www.dagoberta.de.

Fraueninvestmentclubs
in Ihrer Nähe finden Sie durch Hinweise in der Lokalpresse. Einige sind auf der Internetseite der Dagobertas zu finden, auch auf der Frauen-finanzseite im Internet sind einige eingetragen: http://www.frauenfinanzseite.de

Oder Sie richten eine Anfrage an die Deutsche Schutzvereinigung für Wertpapierbesitz e.V. (DSW), Renate Feller, Postfach 35 01 63, 40443 Düsseldorf, Internet: http://www.dsw-info.de. Dort ist auch ein »Leitfa-den zur Gründung von Investmentclubs« (10 Mark) zu bekommen.

Finanzplanerinnen
in Ihrer Nähe finden Sie am ehesten durch die Empfehlung kompeten-ter Frauen (Chefin, Kolleginnen, Frauennetzwerke). In Großstädten auch

in Frauenbranchenbüchern. Auch auf der Internetseite der Finanzplanerinnen finden Sie kompetente und engagierte Finanzplanerinnen und Beraterinnen.

Karriereberaterinnen
und Trainerinnen, Coaches und Expertinnen rund um den Beruf: Viele nützliche Adressen enthält das Buch von Isabel Nitzsche: *Abenteuer Karriere* (siehe Bücher). Besonders zu empfehlen sind hier:

Sabine Asgodom: Asgodom life – Training. Coaching. Potenzialentwicklung, Bülowstraße 5, 81679 München, Tel: (089) 98 24 749 – 0, Internet: http://www.asgodom.de

Und das Frauenkolleg GmbH, Kreuzäckerstraße 30, 70794 Filderstadt Tel: (0711) 778 70 44, E-Mail: FKgGmbH@aol.com

Frauennetzwerke
gibt es auch in Ihrer Nähe. Erkundigen Sie sich bei der örtlichen Frauenbeauftragten!
Mehr als 4600 bundesweite Adressen enthält die CD-ROM Frauennetze 2000/1 von diemedia (Helga Dickel und Carolina Brauckmann), Seyengasse 5, 50678 Köln (50 DM/25,56 Euro). Internet: http://www.diemedia.de

Viele berufsbezogene und allgemeine Frauennetzwerke (vom Akademikerinnenbund bis zum Zonta-Club) sind Mitglied des Dachverbands Deutscher Frauenrat, Axel-Springer-Straße 54a, 10117 Berlin. Internet: http://www.frauenrat.de

Auf den Internetseiten der Dagobertas und der Finanzplanerinnen finden Sie ebenfalls aktuelle Netzwerk-Adressen.

2. Bücher

Frauen und Geld:
Dowling, Colette: *Sterntaler. Wie Frauen mit Geld umgehen*, Fischer, Frankfurt am Main 1998

Willberger, Birgit: *Frauen brauchen Geld. So managen Sie Ihre Finanzen in jeder Lebensphase*, Econ, München 2001

Erfolg und Karriere:
Asgodom, Sabine: *Eigenlob stimmt. Erfolg durch Selbst-PR*, Econ Taschenbuch, Düsseldorf 1999

Asgodom, Sabine: *Erfolg ist sexy! Die weibliche Formel für mehr Erfolg im Beruf*, Kösel, München 1999

Asgodom, Sabine: *Greif nach den Sternen. Die 24 Erfolgsgeheimnisse für Glück, Geld und Gesundheit*, Kösel, München 2001

Eberspächer, Hans: *Ressource Ich. Der ökonomische Umgang mit Stress*, Hanser, München 1998

Ehrhardt, Ute: *Die Klügere gibt nicht mehr nach. Frauen sind einfach besser*, Krüger, Frankfurt am Main 2000

Nitzsche, Isabel: *Abenteuer Karriere. Ein Survival-Guide für Frauen*, Rowohlt Taschenbuch, Reinbek bei Hamburg 2001

Siegel, Monique R.: *Vom Lipstick zum Laptop! Die Frau in der Businesswelt*, Orell Füssli, Zürich 2000

Wolf, Kirsten: *Karriere durch Networking. Erfolgreich Beziehungen knüpfen im Beruf*, Falken, Niedernhausen 1999

Aktien und Börse
Jünemann, Bernhard und Dirk Schellenberger (Hg.): *Psychologie für Börsenprofis. Die Macht der Gefühle bei der Geldanlage*, Schäffer-Poeschel, Stuttgart 1997

Kostolany, André: *Kostolanys Börsenpsychologie. Vorlesungen am Kaffee-haustisch*, Econ Taschenbuch, München 1998

Lynch, Peter und John Rothchild: *Lynch III. Der Weg zum Börsenerfolg*, Börsen Medien, Kulmbach 1996

Murphy, John J.: *Technische Analyse der Finanzmärkte*, Finanzbuch Verlag, München 2000

Schäfer, Bodo: *Der Weg zur finanziellen Freiheit. In sieben Jahren die erste Million*, Campus, Frankfurt 1999

Schäfer, Bodo und Carola Ferstl: *Geld tut Frauen richtig gut*, MVG, Landsberg/Lech 1999 (Vorsicht, nicht so frauenbezogen, wie der Titel verspricht!)

Sieper, Hartmut: *Erfolgreich spekulieren, Börsengewinne mit System und Disziplin*, Gabler, Wiesbaden 1995

Shiller, Robert J.: *Irrationaler Überschwang, Warum eine lange Baisse an der Börse unvermeidlich ist*, Campus, Frankfurt 2000

Whitaker, Leslie: *Die Beardstown Ladies. Anlageerfolg durch gesunden Menschenverstand*, Norman Rentrop, Bonn 1997 (Kultbuch aus den USA, mit Vorsicht zu genießen, seit den Investorinnen aus der Kleinstadt Beardstown ein Rechenfehler nachgewiesen wurde.)

3. Internetseiten

Für Dagobertas
http://www.dagoberta.de, die Internetseite der Dagobertas.

Für Frauen
http://www.womanticker.de
News, vor allem für internet-interessierte Frauen.

http://www.woman.de
Hier findet frau die deutschsprachigen Seiten, die Frauen betreffen.

Für Investorinnen
http://www.frauenfinanzseite.de
Zum einen gibt Miss Moneypenny Tipps zum Thema Finanzen. Zum anderen hat die Website mit Aktienkursen, Finanzvergleichen, Firmenprofilen und vielem mehr einiges zu bieten.

http://www.aktiencheck.de
Welcher Analyst hat welche Aktienempfehlung gegeben? Hier steht die Antwort. Ob Dax, Neuer Markt, Nebenwerte, ausländische Aktien, Neuemissionen, sämtliche Aktien können abgefragt werden.

http://www.usfinance.de
Hier gibt es täglich amerikanische Marktberichte von Dow Jones und Nasdaq. Ausserdem Kommentare und Trend-Umfragen zu aktuellen Themen.

http://www.ariva.de
Bietet Kursentwicklungen am Neuen Markt, aktuelle Informationen, Ad-hoc-Mitteilungen, Charts und Foren. Fundamentale Kennziffern über Neue-Markt-Aktien sind abfragbar.

http://www.asiainternet.de
Asieninteressierte clicken sich hier ein, schließlich sind deutsche Spezialseiten zum Thema Asien rar gesät.

http://www.uptotrade.de
Nicht nur für Russland-Expertinnen. Mittlerweile gibt es auch Infos zu den Themen: Biotech, Pharma, Hightech.

http://www.gsc-research.de
Die Nebenwerte-Spezialisten liefern ausführliche Berichte von ausgewählten Hauptversammlungen.

http://www.goingpublic.de
Die Homepage des Neuer-Markt-Magazins ist ein Schlaraffenland für die Fans von Neuemissionen.

http://www.comdirect.de
Die Internetseite des Discountbrokers Comdirect.
Bei allen Discountbrokern können Sie Ihr persönliches Depot anlegen, auch wenn Sie keine Kundin sind.

http://www.yahoo.de
Hier haben Sie die Möglichkeit, nach sämtlichen Finanz-Stichworten zu suchen.

http://www.fnet.de
Wirtschaftsnachrichten. Und: Auswahl der besten und schlechtesten Aktien des Tages.

http://www.onvista.de
Abfragemöglichkeit sämtlicher fundamentaler Kennzahlen von Aktien. Außerdem erfahren Sie hier, wie die Aktie von Analysten bewertet wird.

http://www.wsj.com
Auf Englisch. Das Feinste aus allen Dow-Jones- Publikationen, also *Wallstreet Journal, Bussiness Week, Forbes und Barons.*

4. Inflationstabelle

Mit wie viel müssen Sie bei einer Inflationsrate von drei Prozent in Zukunft rechnen? Beispiel: Ihre Versorgungslücke beträgt DM 1700. Sie möchten den Realwert in 25 Jahren wissen: DM 3141 + 2 x DM 209 = DM 3559.

Jahre	DM 100	DM 500	DM 1000	DM 1500	DM 2000	DM 2500	DM 3000
5	116	580	1159	1739	2319	2898	3478
10	134	672	1343	2016	2688	3360	4032
15	156	779	1558	2337	3116	3895	4674
20	181	903	1806	2709	3612	4515	5418
25	209	1047	2094	3141	4188	5234	6281
30	243	1214	2427	3641	4855	6068	7281
35	281	1407	2814	4221	5628	7035	8442
40	326	1631	3262	4893	6524	8155	9786

5. Renten-Informationen

bekommen Sie von der Bundesversicherungsanstalt für Angestellte (BfA), 10704 Berlin, Tel. (030) 86 51. Im Internet: http://www.bfa.de. Oder von der Landesversicherungsanstalt: http://www.lva.de.

Höhe der gesetzlichen Rentenansprüche und Versorgungslücken

Monatliches Einkommen 1999			Altersrenten/Versorgungslücken mit Jahren								
Brutto	Netto I/O ledig	III/O verh.	62	ledig	verh.	63	ledig	verh.	65	ledig	verh.
2.000	1.513	1.582	702	811	880	745	768	837	837	676	745
2.200	1.601	1.740	771	830	969	819	782	921	921	680	819
2.400	1.697	1.898	840	857	1.058	893	804	1.005	1.005	692	893
2.600	1.796	2.057	909	887	1.148	967	829	1.090	1.089	707	968
2.800	1.883	2.215	978	905	1.237	1.041	842	1.174	1.173	710	1.042
3.000	1.971	2.362	1.047	924	1.315	1.115	856	1.047	1.257	714	1.105
3.200	2.060	2.481	1.116	944	1.365	1.189	871	1.292	1.341	719	1.140
3.400	2.155	2.601	1.186	969	1.415	1.263	892	1.338	1.425	730	1.176
3.600	2.250	2.717	1.256	994	1.461	1.338	912	1.379	1.508	742	1.209
3.800	2.342	2.833	1.326	1.016	1.507	1.412	930	1.421	1.592	750	1.241
4.000	2.434	2.947	1.395	1.039	1.552	1.486	948	1.461	1.676	758	1.271
4.200	2.524	3.052	1.465	1.059	1.587	1.561	963	1.491	1.760	764	1.292
4.400	2.614	3.159	1.535	1.079	1.624	1.635	979	1.524	1.844	770	1.315
4.600	2.702	3.260	1.605	1.097	1.655	1.709	993	1.551	1.927	775	1.333
4.800	2.790	3.342	1.674	1.116	1.668	1.783	1.007	1.559	2.011	779	1.331
5.000	2.876	3.442	1.744	1.132	1.698	1.858	1.018	1.584	2.095	781	1.347
5.200	2.962	3.541	1.814	1.148	1.727	1.932	1.030	1.609	2.179	783	1.362
5.400	3.048	3.631	1.884	1.164	1.747	2.006	1.042	1.625	2.263	785	1.368
5.600	3.130	3.719	1.953	1.177	1.766	2.081	1.049	1.638	2.346	784	1.373
5.800	3.213	3.805	2.023	1.190	1.782	2.155	1.058	1.650	2.430	783	1.375
6.000	3.294	3.891	2.066	1.228	1.825	2.201	1.093	1.690	2.482	812	1.409
6.200	3.375	3.976	2.107	1.268	1.869	2.244	1.131	1.732	2.531	844	1.445
6.400	3.454	4.071	2.132	1.322	1.939	2.271	1.183	1.800	2.561	893	1.510
6.600	3.547	4.181	2.169	1.378	2.012	2.311	1.236	1.870	2.606	941	1.575
6.800	3.637	4.291	2.205	1.432	2.086	2.348	1.289	1.943	2.648	989	1.543
7.000	3.727	4.400	2.222	1.505	2.178	2.367	1.360	2.033	2.669	1.058	1.731
7.200	3.830	4.523	2.254	1.576	2.269	2.400	1.430	2.123	2.707	1.123	1.816
7.400	3.900	4.614	2.266	1.634	2.348	2.414	1.486	2.200	2.722	1.178	1.892
7.600	3.986	4.722	2.294	1.692	2.428	2.443	1.543	2.279	2.755	1.231	1.967
7.800	4.067	4.829	2.319	1.748	2.510	2.470	1.597	2.359	2.785	1.282	2.044
8.000	4.150	4.936	2.325	1.825	2.611	2.476	1.674	2.460	2.792	1.358	2.144
8.200	4.228	5.039	2.345	1.883	2.694	2.498	1.730	2.541	2.817	1.411	2.222
8.500	4.347	5.197	2.376	1.971	2.821	2.531	1.816	2.666	2.854	1.493	2.343

(Rentenwerte Stand 1. 7. 1998)

6. Vermögenswirksame Leistungen

Wann haben Sie Anrecht auf eine Arbeitnehmer-Sparzulage?

Einkommensgrenzen von Arbeitnehmern für die Arbeitnehmer-Sparzulage

	Alleinstehende Arbeitnehmer *)			
	ohne Kinder	1 Kind	2 Kinder	3 Kinder
Bruttojahresarbeitslohn in DM	**40.996**	**51.580**	**56.548**	**61.518**
./. Arbeitnehmer-Pauschbetrag	2.000	2.000	2.000	2.000
./. Sonderausgaben-Pauschbetrag	108	108	108	108
./. Vorsorgepauschale	3.888	3.888	3.888	3.888
./. Haushaltsfreibetrag	–	5.616	5.616	5.616
./. Kinderfreibetrag	–	3.456	6.912	10.368
./. Betreuungsfreibetrag **)	–	1.512	3.024	4.536
= zu versteuerndes Einkommen	**35.000**	**35.000**	**35.000**	**35.000**

	Verheiratete Arbeitnehmer				
(ein Arbeitnehmer)	ohne Kinder	1 Kind	2 Kinder	3 Kinder	4 Kinder
Bruttojahresarbeitslohn in DM	**80.046**	**89.982**	**99.918**	**109.854**	**119.790**
./. Arbeitnehmer-Pauschbetrag	2.000	2.000	2.000	2.000	2.000
./. Sonderausgaben-Pauschbetrag	216	216	216	216	216
./. Vorsorgepauschale	7.830	7.830	7.830	7.830	7.830
./. Kinderfreibetrag	–	6.912	13.824	20.736	41.472
./. Betreuungsfreibetrag **)	–	3.024	6.048	9.072	12.096
= zu versteuerndes Einkommen	**70.000**	**70.000**	**70.000**	**70.000**	**70.000**

	Verheiratete Arbeitnehmer				
(zwei Arbeitnehmer)	ohne Kinder	1 Kind	2 Kinder	3 Kinder	4 Kinder
Zusammengefasster Bruttoarbeitslohn in DM	**82.046**	**91.982**	**101.918**	**111.854**	**121.790**
./. Arbeitnehmer-Pauschbetrag	4.000	4.000	4.000	4.000	4.000
./. Sonderausgaben-Pauschbetrag	216	216	216	216	216
./. Vorsorgepauschale	7.830	7.830	7.830	7.830	7.830
./. Kinderfreibetrag	-	6.912	13.824	20.736	41.472
./. Betreuungsfreibetrag **)	-	3.024	6.048	9.072	12.096
= zu versteuerndes Einkommen	**70.000**	**70.000**	**70.000**	**70.000**	**70.000**

*) Berücksichtigt werden Kinder unter 18 Jahren geschiedener oder dauernd getrennt lebender Eltern und nichteheliche Kinder, die einem Elternteil zugeordnet wurden und deren anderer Elternteil im Sparjahr seiner Unterhaltsverpflichtung gegenüber dem Kind nachkommt.

**) Der Betreuungsfreibetrag wurde zum 1. 1. 2000 neu eingeführt.

Bei den angegebenen Beträgen handelt es sich um Richtwerte, sie erhöhen sich, wenn z.B. höhere Werbungskosten und Sonderausgaben als die Pauschbeträge oder andere Abzüge zu berücksichtigen sind oder der Sparer mehr als vier Kinder hat. Die Berechnung gilt für sozialversicherungspflichtige Arbeitnehmer unter 65 Jahren.

7. Kapitalaufbau mit Zinseszinseffekt

Kapitalaufbau bei systematischen Anlagen von monatlich 100,00 DM bei verschiedenen Zinssätzen

Jahre	invest. Betrag	4%	5%	6%	7%	8%	9%	10%	12%
1	1.200	1.226	1.233	1.239	1.246	1.252	1.259	1.265	1.278
2	2.400	2.501	2.527	2.552	2.578	2.604	2.630	2.657	2.709
3	3.600	3.827	3.885	3.944	4.004	4.064	4.125	4.187	4.312
4	4.800	5.206	5.312	5.420	5.530	5.642	5.755	5.871	6.108
5	6.000	6.640	6.810.	6.984	7.163	7.345	7.532	7.723	8.119
6	7.200	8.132	8.383	8.642	8.909	9.185	9.468	9.760	10.371
7	8.400	9.683	10.035	10.400	10.779	11.171	11.579	12.001	12.894
8	9.600	13.297	11.769	12.263	12.379	13.317	13.879	14.466	15.719
9	10.800	12.975	13.590	14.238	14.919	15.634	16.387	17.178	18.883
10	12.000	14.719	15.502	16.331	17.208	18.137	19.120	20.161	22.427
11	13.200	16.534	17.310	18.550	19.658	20.840	22.100	23.442	26.397
12	14.400	18.422	19.618	20.972	22.280	23.759	25.347	27.051	30.842
13	15.600	20.385	21.831	23.395	25.085	26.912	28.887	31.021	35.821
14	16.800	22.426	24.155	26.038	28.087	30.317	32.745	35.388	41.398
15	18.000	24.549	26.596	28.839	31.299	33.994	36.951	40.192	47.643
16	19.200	26.757	29.158	31.808	34.735	37.966	41.535	45.476	54.639
17	20.400	29.053	31.848	34.956	38.411	42.255	46.531	51.289	62.473
18	21.600	31.411	34.073	38.292	42.346	46.888	51.978	57.683	71.248
19	22.800	33.925	37.639	41.829	46.556	51.891	57.914	64.716	81.076
20	24.000	36.508	40.754	45.577	51.060	57.294	64.385	72.453	92.083
21	25.200	39.194	44.024	49.551	55.880	63.129	71.438	80.963	104.411
22	26.400	41.988	47.458	53.763	61.037	69.432	79.126	90.324	118.218
23	27.600	44.894	51.063	58.228	66.555	76.238	87.506	100.622	133.682
24	28.800	47.915	54.849	62.962	72.459	83.589	96.640	111.949	151.002
25	30.000	51.058	58.824	67.977	78.777	91.529	106.596	124.409	170.401
26	31.200	54.326	62.997	73.295	85.537	100.103	117.448	138.115	192.127
27	32.400	57.725	67.380	78.931	92.770	109.363	129.277	153.191	216.460
28	33.000	61.260	71.981	84.906	100.509	119.364	142.171	169.776	243.713
29	34.800	64.937	76.813	91.240	108.790	130.165	156.224	188.018	274.237
30	36.000	68.760	81.886	97.953	117.651	141.831	171.543	208.085	308.423

Kapitalaufbau bei einmaliger Anlage von 10.000,00 DM mit verschiedenen Zinssätzen

Jahre	invest. Betrag	4%	5%	6%	7%	8%	9%	10%	12%
1	10.000	10.400,00	10.500,00	10.600,00	10.700,00	10.800,00	10.900,00	11.000,00	11.200,00
2	10.000	10.816,00	11.025,00	11.236,04	11.449,00	11.664,00	11.881,00	12.100,00	12.544,00
3	10.000	11.248,60	11.576,30	11.910,20	12.250,40	12.597,10	12.950,30	13.310,00	14.049,20
4	10.000	11.698,60	12.155,10	12.624,80	13.108,00	13.604,90	14.115,80	14.641,00	15.735,10
5	10.000	12.166,50	12.762,80	13.382,30	14.025,50	14.693,30	15.386,20	16.105,10	17.523,40
6	10.000	12.653,20	13.401,00	14.185,20	15.007,30	15.868,70	16.771,00	17.715,60	19.738,20
7	10.000	13.159,30	14.071,00	15.036,30	16.057,80	17.138,20	18.280,40	19.487,20	22.106,80
8	10.000	13.685,70	14.774,60	15.938,50	17.181,90	18.509,30	19.925,60	21.435,90	24.759,60
9	10.000	14.233,10	15.513,30	16.894,80	18.384,60	19.990,00	21.718,90	23.579,50	27.730,70
10	10.000	14.802,40	16.228,90	17.908,50	19.671,50	21.589,30	23.673,60	25.937,40	31.058,40
11	10.000	15.394,50	17.100,40	18.983,00	21.048,50	23.316,40	25.804,30	28.531,20	34.785,40
12	10.000	16.010,30	17.958,60	20.122,00	22.521,90	25.181,70	28.126,60	31.384,30	38.959,70
13	10.000	16.650,70	18.856,50	21.329,30	24.098,50	27.196,20	30.658,00	34.522,70	43.634,90
14	10.000	17.316,80	19.799,30	22.609,40	25.785,30	29.371,90	33.417,30	37.975,00	48.871,10
15	10.000	13.009,40	20.789,30	23.965,60	27.590,30	31.721,70	36.424,80	41.772,50	54.735,60
16	10.000	18.729,80	21.828,70	25.403,50	29.521,60	34.259,40	39.703,10	45.949,70	61.303.90
17	10.000	19.479,00	22.920,20	26.927,70	31.588,20	37.000,20	43.276,30	50.544,70	68.660,40
18	10.000	20.258,20	24.166,20	28.543,40	33.799,30	39.960,20	47.171,20	55.599,20	76.899,60
19	10.000	21.068,50	25.269,50	30.256,00	36.165,30	43.157,00	51.466,10	61.159,10	86.127,60
20	10.000	21.911,20	26.533,00	32.071,40	38.696,80	46.609,60	56.044,10	67.275,00	96.462,90
21	10.000	22.787,70	27.859,60	33.995,60	41.405,60	50.338,30	61.088,00	74.002,50	108.038,40
22	10.000	23.699,20	29.252,60	36.035,40	44.304,00	54.365,40	66.586,00	81.402,70	121.003,10
23	10.000	24.647,20	30.715,20	38.197,50	47.405,30	58.714,60	72.578,70	89.543,00	135.523,40
24	10.000	25.633,00	32.251,00	40.489,30	50.423,70	63.411,80	79.110,80	98.497,30	151.786,20
25	10.000	26.658,40	33.863,50	42.918,70	54.274,30	68.484,80	86.230,80	108.347,10	170.000,60
26	10.000	27.724,70	35.556,70	45.493,80	58.073,50	73.963,50	93.991,60	119.181,80	190.400,70
27	10.000	28.833,70	37.334,60	48.223,50	62.138,70	79.880,60	102.450,80	131.099,90	213.248,80
28	10.000	29.987,00	39.201,30	51.116.90	66.488,40	86.271,10.	111.671,40	144.209,90	238.838,60
29	10.000	31.186,50	41.161,40	54.183,90	71.142,60	93.172,70	121.721,80	158.630,90	267.499,30
30	10.000	32.434,00	43.219,40	57.434,90	76.122,60	100.626,60	132.676,80	174.494,00	299.599,20

Anmerkungen

Kapitel 1

1 Johnson, Rebecca, »For Love or Money«. In: Vogue. August 1997, S. 78. Hier zitiert nach: Dowling, Colette, Sterntaler. Wie Frauen mit Geld umgehen. Frankfurt am Main 1998, S. 174

2 Woolf, Virginia, Ein Zimmer für sich allein. Frankfurt am Main 2000, S. 124

3 Diese Zahlen wurden von den Vereinten Nationen und der International Labour Organisation (ILO) zusammengetragen und anlässlich der Weltfrauenkonferenz in Kopenhagen 1980 in einem UN World Report veröffentlicht.

4 Dowling, Colette, Sterntaler. Wie Frauen mit Geld umgehen. Frankfurt am Main 1998, S. 250

5 Lauryn Hill im Interview mit der Zeitschrift Stern. Jessen, Ann und Christian Seidl: »Mach, was du für richtig hältst«. In: Stern Nr. 20 (1999), S. 50-54, hier S. 54

6 Bei der DSW, Postfach 350163, 40443 Düsseldorf, gibt es auch einen »Leitfaden für die Gründung von Investmentclubs« (Schutzgebühr 10 Mark).

Kapitel 2

1 siehe zum Beispiel Höhler, Gertrud und Michael Koch, Der veruntreute Sündenfall. Entzweiung oder neues Bündnis. Stuttgart 1998; Höhler, Gertrud, Wölfin unter Wölfen. Warum Männer ohne Frauen Fehler machen. München 2000

2 siehe zum Beispiel Keuler, Dorothea, Undankbare Arbeit. Die bitterböse Geschichte der Frauenberufe. Tübingen 1993

3 Ernestine, »Welches sind die natürlichen Vertreter der Rechte der Frauen?« In:

Frauen-Spiegel, Vierteljahresschrift für Frauen. Leipzig 1840. Hier zitiert nach: Schröder, Hannelore (Hg.), Die Frau ist frei geboren. Texte zur Frauenemanzipation. Band I: 1789-1870. München 1979, S. 183

4 Titel eines Buchs von Louise Otto-Peters, 1866

5 von Kürthy, Ildikó, »Wie lange hält die Liebe?« In: Stern 12 (2001), S. 60-64, hier S. 60

6 Dowling, Sterntaler, S. 168-169

7 Dowling, Sterntaler, S. 176

8 Dowling, Sterntaler, S. 200

9 Dowling, Sterntaler, S. 59

10 Woolf, Virginia, Ein Zimmer für sich allein. Frankfurt am Main 2000, S. 31

11 Deutsche Bundesbank, 27. September 1999

12 Keuler, Undankbare Arbeit, S. 81ff

13 Bischoff, Sonja, Frauen sind zu bescheiden! In: Emma 1 (1999), S. 84-85

14 Asgodom, Sabine, Eigenlob stimmt. Erfolg durch Selbst-PR. Düsseldorf (1996), S. 10

15 Kucklick, Christoph, Neuer Mann – was nun? In: Geo Wissen 26 (2000), S. 44 – 53, hier S. 50

16 Daniels, Arne und Anette Lache, Courage, Mütter! In: Stern 10 (2001), S. 30-35, hier: S. 35

17 Daniels/Lache, Courage, Mütter!, S. 35

18 Statistisches Bundesamt, 9. Oktober 2000

Kapitel 3

1 Schwarzer, Alice, »Die gläserne Wand. Siege und Niederlagen der Frauen im Kampf gegen die Männerherrschaft«. In:

Der Spiegel Nr. 41 (2000), S. 80-84, hier
S. 84

2 Diese Ergebnisse der 13. Shell-Jugendstudie
»Jugend 2000« sind im Internet unter
http://www.shell-jugend2000.de abzurufen.

3 Lieberman, Annette und Vicki Lindner,
Unbalanced Accounts. New York 1988. Hier
zitiert nach Dowling, Sterntaler, S. 152

4 Kling, Cynthia, »Why Are Women Still Afraid
of Money?« In: Harper's Bazaar 1 (1997),
hier zitiert nach Dowling, Sterntaler, S. 68

5 Odean, Terrance und Brad Barber, »Boys
will be Boys: Gender, Overconfidence, and
Common Stock Investment.« In: Quarterly
Journal of Economics Vol. 116 Nr. 1 (2001),
S. 261-29

6 Zu finden auf der Homepage von NAIC
unter http://www.better-investing.org/
press/articles/women_articles/
women_art_home.htm

Kapitel 4

1 zum Beispiel: Asgodom, Sabine, Greif nach
den Sternen. Die 24 Erfolgsgeheimnisse für
Glück, Geld, Gesundheit. München 2001

2 Ergebnis einer Capital-Umfrage. Nachzule-
sen in: Kahlen, Rudolf, »Angst vor Altersarmut.« In: Capital 3 (1998), S. 208

3 Statistisches Bundesamt, 9. Oktober 2000

4 Kahlen, Altersarmut, Capital 3 (1998)

Kapitel 6

1 Odean, Terrance und Brad Barber, »Boys
will be Boys: Gender, Overconfidence, and
Common Stock Investment.«, In: Quarterly

Journal of Economics Vol. 116 Nr. 1 (2001),
S. 261-29 (siehe auch Kapitel 3 dieses
Buches!)

Kapitel 7

1 Deutsches Aktieninstitut, 23.4.2001

Kapitel 8

1 Lynch, Peter, Der Weg zum Börsenerfolg.
Kulmbach 1999, S. 220

2 Diese Angaben sind der Zeitschrift Euro am
Sonntag Nr. 17 vom 29. April 2001 entnommen.

3 Zu den Zeitungen und Zeitschriften, die die
Dagobertas zu Rate ziehen, gehören Financial Times Deutschland, Handelsblatt, Börse
online, Euro am Sonntag und andere.

4 Wo finden Sie Unternehmens- und Börsen-
informationen im Internet? Wir haben im
Anhang dieses Buches einige Web-Adres-
sen für Sie zusammengestellt. Konsultieren
Sie immer auch die Webseiten der jeweili-
gen Firmen.

5 alle Angaben aus: Euro am Sonntag 17
(2001)

6 Kostolany, André, Kostolanys Börsenpsychologie. München 1991, S. 142

7 Kostolany, André, Kostolanys Börsenpsychologie. München 1991, S. 19

8 Le Bon, Gustave, Psychologie der Massen.
Stuttgart 1982, S. 89

9 Le Bon, Psychologie der Massen, S. 30

10 Kostolany, Börsenpsychologie, S. 83

11 Murphy, John J., Technische Analyse der
Finanzmärkte. München 2000, S. 21, 22

1 Die Reportage von Judith Rauch erschien im Aprilheft 2001 der Zeitschrift *Das Beste/ Reader's Digest* unter dem Titel »Auf Onkel Dagoberts Spuren«. Einige Passagen des vorliegenden Texts waren dort bereits zu lesen.

2 Simone de Beauvoir, zitiert nach: Emma, Juni 1986, S. 27

3 Höhler, Gertrud, Das Glück. Analyse einer Sehnsucht. Düsseldorf 1996, S. 292

4 Der Spiegel Nr. 15 vom 9.4.2001, S. 108. Quelle: Statistisches Bundesamt

5 Summe aller öffentlichen und privaten Aufwendungen, in: Der Spiegel Nr. 15 vom 9.4.2001, S. 101

6 Frenkel, Ulrike, Powerfrau oder Vollzeitmutter, oder was? In: Stuttgarter Zeitung, 5.5.2001, S. 49

7 Lindgren, Astrid, Ronja Räubertochter. Hamburg 1982, S. 24-25